U0620599

# 陳澧集

增訂本

〔清〕陳澧 著

黄國聲 主編

## 第六册

莫仲予 蘇森祜 黄國聲 李福標 整理

上海古籍出版社

# 第六册目録


聲律通考……莫仲予、蘇森祜 點校 一
琴律譜……蘇森祜 標點 一九九
摹印述……蘇森祜 點校 二〇九
字體辨誤(附引書法)……蘇森祜 點校 二二三
陳氏家譜……黄國聲 點校 二四一
東塾讀書簡端記五種……黄國聲、李福標、宋綿有 輯録 三六一
附録一 東塾先生年譜簡編……黄國聲 編 四五一
附録二 東塾先生著述考録……黄國聲、李福標 考録 四九一

# 聲律通考

莫仲予 蘇森祐 點校

# 點校説明

《聲律通考》十卷，初印於咸豐十年，由陳澧門人殷保康承命校刊，詳見卷首咸豐八年陳澧自序及卷末殷保康識語。汪宗衍《陳東塾先生年譜》咸豐十年條下云：「此書初印本題《鍾山别業叢書》，後彙輯《東塾叢書》，遂削去。」陳氏早年著述，每好題作《鍾山别業叢書》，示不忘祖籍也。汪氏之説，即其一例。迨光緒間，陳氏家刻本《東塾叢書》，其後粵東刻《廣雅叢書》，均收有《聲律通考》，均源出此初印本。此本既係初刻，又經東塾過目審定，自較後出諸本爲善。今即以此爲底本點校。其中引據文獻間有疏漏或出入者，均據原書出校補正。

# 序

《周禮》：「六律六同」，「皆文之以五聲」。《禮記》：「五聲、六律、十二管，還相爲宫。」言聲律者，此兩言盡之矣。自漢以來，至於趙、宋，古樂衰而未絶。惟今之俗樂，有七聲而無十二律，有七調而無十二宫，有工尺字譜而不知宫、商、角、徵、羽。余懼古樂之遂絶也，乃考古今聲律爲一書。蓋自《周禮》「三大祭」之樂，爲千古疑義。今考唐時「三大祭」各用四調，而《周禮》乃可通，以此知古樂十二宫本有轉調。又據《隋書》及《舊五代史》而知梁武帝萬寶常皆有八十四調；宋時姜堯章最爲知樂，乃謂八十四調出於蘇祇婆琵琶，近時凌次仲著《燕樂考原》之書，遂沿其誤矣。又古樂十二律，立法簡易，後人衍算術，説陰陽，皆失其旨，今爲辨正，以祛其惑。至唐宋俗樂，凌氏已徵引羣書，披尋門徑；然二十八調之四均，實爲宫、商、角、羽，其四均之第一聲皆名爲黄鍾，凌氏於此未明，故其説尚多不合。且宋人以工尺配律吕，今人以工尺代宫商，此今人失宋人之法，律吕由是而亡。凌氏乃以今人之法駁宋人，此尤不可不辯者也。若夫古今樂聲高下，則有《隋志》所載歷代律尺，皆以晉前尺爲比，而晉前尺則有王厚之《鐘鼎款識》，傳刻尚存，今依尺以製管，隋以前樂律，皆可考見。《宋史》

載王朴律準尺，亦以晉前尺爲比，又可以晉前尺求王朴樂。由是以王朴樂求唐、宋、遼、金、元、明樂高下異同，史籍具在，可以排比句稽而盡得之矣。至於晉泰始之笛，可仿而造；唐開元之譜，可按而歌；古器古音，千載未泯，更非徒紙上之空談也。自念少時惟好世俗之樂，老之將至，因讀凌氏書，考索故籍，覃思逾年，始得粗通此學；其中參差變易，紛如亂絲，細如秋毫，故多爲圖表，使覽者易明焉。繕寫甫成，再值兵燹，幸未亡失，當此亂離之際，何暇言樂，惟當存此一編，以今曉古，以古正今，庶幾古樂不墜於地。其有疏謬，俟知音者正之爾。咸豐八年十月，番禺陳澧序。

# 目録

點校説明……三
序……五
卷一　古樂五聲十二律還宫考……九
卷二　古樂五聲十二律相生考……二六
卷三　晉十二笛一笛三調考……四一
卷四　梁隋八十四調考……六二
卷五　唐八十四調考……七六
卷六　唐宋遼俗樂二十八調考……九一
卷七　宋八十四調考……一一七

卷八　宋俗樂字譜考……一四一
卷九　歷代樂聲高下考……一五四
卷十　風雅十二詩譜考……一七二

# 卷一

## 古樂五聲十二律還宮考

《周禮·大師》曰：「掌六律六同，以合陰陽之聲。陽聲：黄鍾、大蔟、姑洗、蕤賓、夷則、無射；陰聲：大吕、應鐘、南吕、函鍾、小吕、夾鍾。皆文之以五聲：宫、商、角、徵、羽。」又《大司樂》曰：「凡樂，圜鍾爲宫，鄭注云：「圜鍾，夾鍾也。」黄鍾爲角，大蔟爲徵，姑洗爲羽。」「冬日至，於地上之圜丘奏之。若樂六變，則天神皆降，可得而禮矣。凡樂，函鍾爲宫，鄭注云：「函鍾，林鍾也。」大蔟爲角，姑洗爲徵，南吕爲羽。」「夏日至，於澤中之方丘奏之。若樂八變，則地示皆出，可得而禮矣。凡樂，黄鍾爲宫，大吕爲角，大蔟爲徵，應鐘爲羽。」「於宗廟之中奏之。若樂九變，則人鬼可得而禮矣。」

《禮記·禮運》曰：「五聲、六律、十二管還相爲宫也。」正義曰：「黄鍾爲第一宫，下生林鍾爲徵，上生大蔟爲商，下生南吕爲羽，上生姑洗爲角。林鍾爲第二宫，上生大蔟爲徵，下生南吕爲商，上生姑洗爲羽，下生應鐘爲角。大蔟爲第三宫，下生南吕爲徵，上生姑洗爲商，下生應鐘爲羽，上生蕤賓爲角。南呂爲第四宮，上生姑洗爲徵，下生應鐘爲商，上生蕤賓爲羽，上生大呂爲角。姑洗爲第五宮，下生應鐘爲徵，上生蕤賓爲商，上生大呂爲羽，下生夷則爲角。應鐘爲第六宮，上生蕤賓爲徵，上生大呂爲商，下生夷則爲羽，上生夾鍾爲角。蕤賓爲第七宮，上生大呂爲徵，下生夷則爲商，上生夾鍾爲羽，下生無射爲角。大呂爲第八宮，下生夷則爲徵，上生夾鍾爲商，下生無射爲羽，上生中呂爲角。夷則爲第九宮，上生夾鍾爲徵，下生無射爲商，上生中呂爲羽，上生黄鍾爲角。夾鍾爲第十宮，下生無射爲徵，上生中呂爲商，上生黄鍾爲羽，下生林鍾爲角。無射爲第十一宮，上生中呂爲徵，上生黄鍾爲商，下生林鍾爲羽，上生大蔟爲角。中呂爲第十二宮，上生黄鍾爲徵，下生林鍾爲商，上生大蔟爲羽，下生南呂爲角。」又曰：「黄鍾爲宮，大蔟爲商，姑洗爲角，林鍾爲徵，南呂爲羽，應鐘爲變宮，蕤賓爲變徵。」

| 黄 | 大 | 太 | 夾 | 姑 | 仲 | 蕤 | 林 | 夷 | 南 | 無 | 應 |
|---|---|---|---|---|---|---|---|---|---|---|---|
| 宮 | | 商 | | 角 | | | 徵 | | 羽 | | |
| | 宮 | | 商 | | 角 | | | 徵 | | 羽 | |
| | | 宮 | | 商 | | 角 | | | 徵 | | 羽 |
| 羽 | | | 宮 | | 商 | | 角 | | | 徵 | |

羽　宮商角　徵
徵羽　宮商角
徵羽　宮商角
徵羽　宮商角
角徵羽　宮商
角徵羽　宮商
商角徵羽　宮
商角徵羽　宮

**右十二管還相爲宮**

黃大太夾姑仲蕤林夷南無應
宮商角徵羽　　黃鍾爲宮，宗廟奏之。
商角徵羽　宮
角徵羽　宮商　　黃鍾爲角，圜丘奏之。
徵羽　宮商角

羽　宮　商　角　徵

大太夾姑仲蕤林夷南無應黄半

宮　商　角　徵　羽

商　角　徵　羽　宮

角　徵　羽　宮　商　大吕爲角，宗廟奏之。

徵　羽　宮　商　角

羽　宮　商　角　徵

太夾姑仲蕤林夷南無應黄半大半

宮　商　角　徵　羽

商　角　徵　羽　宮

角　徵　羽　宮　商　太蔟爲角，方丘奏之。

徵　羽　宮　商　角　太蔟爲徵，圜丘奏之，宗廟奏之。

羽 宮 商 角 徵

夾姑仲蕤林夷南無應黃半大半太半

宮 商 角 徵 羽　圜鐘爲宮，圜丘奏之。

商 角 徵 羽 宮

角 徵 羽 宮 商

徵 羽 宮 商 角

羽 宮 商 角 徵

姑仲蕤林夷南無應黃半大半太半夾半

宮 商 角 徵 羽

商 角 徵 羽 宮

角 徵 羽 宮 商

徵 羽 宮 商 角　姑洗爲徵，方丘奏之。

羽　宮　商　角　徵　姑洗爲羽，圜丘奏之。

| | | | | | |
|---|---|---|---|---|---|
| 仲 | 宮 | 商 | 角 | 徵 | 羽 |
| 蕤 | | | | | |
| 林 | 商 | 角 | | 羽 | |
| 夷 | | | 徵 | | 宮 |
| 南 | 角 | | | | |
| 無 | | 徵 | 羽 | 宮 | 商 |
| 應 | | | | | |
| 黄半 | 徵 | 羽 | | 商 | 角 |
| 大半 | | | 宮 | | |
| 太半 | 羽 | | | 角 | |
| 夾半 | | 宮 | 商 | | 徵 |
| 姑半 | | | | | |

| | | | | |
|---|---|---|---|---|
| 蕤 | 宮 | 商 | 角 | 徵 |
| 林 | | | | |
| 夷 | 商 | 角 | | 羽 |
| 南 | | | 徵 | |
| 無 | 角 | | | |
| 應 | | 徵 | 羽 | 宮 |
| 黄半 | | | | |
| 大半 | 徵 | 羽 | | 商 |
| 太半 | | | 宮 | |
| 夾半 | 羽 | | | 角 |
| 姑半 | | 宮 | 商 | |
| 仲半 | | | | |

羽　宮　商　角　徵

林夷南無應黃半大半太半夾半姑半仲半蕤半

宮　商　角　徵　羽

函鐘爲宮，方丘奏之。

商　角　徵　羽　宮

角　徵　羽　宮　商

徵　羽　宮　商　角

羽　宮　商　角　徵

夷南無應黃半大半太半夾半姑半仲半蕤半林半

宮　商　角　徵　羽

商　角　徵　羽　宮

角　徵　羽　宮　商

徵　羽　宮　商　角

| | | | | | | |
|---|---|---|---|---|---|---|
| 羽 | 南 | 宮 | 商 | 角 | 徵 | 羽 |
| | 無 | | | | | |
| | 應 | 商 | 角 | | 羽 | |
| 宮 | 黃半 | | | 徵 | | 宮 |
| | 大半 | 角 | | | | |
| 商 | 太半 | | 徵 | 羽 | 宮 | 商 |
| | 夾半 | | | | | |
| 角 | 姑半 | 徵 | 羽 | | 商 | 角 |
| | 仲半 | | | 宮 | | |
| | 蕤半 | 羽 | | | 角 | |
| 徵 | 林半 | | 宮 | 商 | | 徵 |
| | 夷半 | | | | | |

南呂爲羽，方丘奏之。

| | | | | |
|---|---|---|---|---|
| 無 | 宮 | 商 | 角 | 徵 |
| 應 | | | | |
| 黃半 | 商 | 角 | | 羽 |
| 大半 | | | 徵 | |
| 太半 | 角 | | | |
| 夾半 | | 徵 | 羽 | 宮 |
| 姑半 | | | | |
| 仲半 | 徵 | 羽 | | 商 |
| 蕤半 | | | 宮 | |
| 林半 | 羽 | | | 角 |
| 夷半 | | 宮 | 商 | |
| 南半 | | | | |

羽　宮　商　角　徵

應　黄半　大半　太半　夾半　姑半　仲半　蕤半　林半　夷半　南半　無半

宮　商　角　徵　羽

商　角　徵　羽　宮

角　徵　羽　宮　商

徵　羽　宮　商　角

羽　宮　商　角　徵　應鐘爲羽，宗廟奏之。

右六律六同皆文之以五聲

「五聲：宫、商、角、徵、羽」，始見於《周禮》，下至趙、宋，未之有改。近世俗樂，以工尺字譜代之，遂不知宮爲何聲，商爲何聲；工、尺行而宫、商廢矣。凌次仲著《燕樂考原》，從明鄭世子之説，上字爲宮，尺字爲商，工字爲角，合字爲徵，四字爲羽，一字爲變宫，凡字爲變徵，斯爲定論。審聲知音，必自此始矣。十二管還相爲宫者，宫與商、商與角、徵與羽，皆隔一律；角與徵、羽與宫，皆隔二律。加二變，則角與變徵、羽與變宫，皆隔一律；變徵與徵、變宫與宫，皆相連二律，不隔也。五聲相距不均，故必有十二律而後可以還宮。今俗樂勻分七聲，而十二律亡矣。以七聲還爲七調，而十二宮缺矣。使七聲可以還宮，則伶倫造七律可也，何必造十二律哉?! 凌次仲云：「五聲二變」「還相爲宮。」此凌氏之囿於俗樂也。

六律六同，皆文之以五聲者，蓋黃鍾之律，文之以五聲，則黃鍾爲宮、黃鍾爲商、黃鍾爲角、黃鍾爲徵、黃鍾爲羽也。《周禮》但曰五聲，在後世言之，則謂之一均五調也。六律六同皆如此，則十二均六十調也。《隋書·音樂志》云：「邳國公世子蘇夔曰：『《韓詩外傳》所載樂聲感人，案：《韓詩外傳》云：「湯作護聞其宮聲，使人温良而寬大，聞其商聲，使人方廉而好義，聞其角聲，使人惻隱而愛仁，聞其徵聲，使人樂養而好施，聞其羽聲，使人恭敬而好禮。」《白虎通》、《風俗通》、《公羊·隱五年傳》何氏注略同。及《月令》所載五音所中，並皆有五。』又『《春秋》左氏所云，七音六律以奉五聲，准此而言，每宮應立五調。』」案：蘇夔此説，正可以解《周禮》，蓋十二律還爲十二宮，譬則八卦也；每宮立五調，譬則八卦重爲六十四卦也。必有六律六同皆文之以五聲，而後十二律還宮之義乃備也。《舊五代史·樂志》載王朴奏疏云：「十二律旋迭爲均，均有七調，合八十四調」。「宗周而上，率由斯道。」案：此以八十四調爲宗周之樂，則未必然也。《周禮》云「文之以五聲」，則每宮五調，十二宮合六十調耳。陳暘《樂書》謂古無七音，且不信十二律旋宮，則乖謬不必論矣。

《周禮》「三大祭」之樂，鄭注以爲三宮，則角、徵、羽所用之律皆不合，以爲三宮，則圜鐘爲宮，當以函鍾爲角，無射爲徵，黄鍾爲羽也；函鍾爲宫，當以應鍾爲角，太蔟爲徵，姑洗爲羽也；黄鍾爲宫，當以姑洗爲角，函鍾爲徵，南吕爲羽也。且但有宫、角、徵、羽而無商，其説難通。沈存中《筆談》、程易田《通藝録》曲爲之説，仍不可通。《魏書·樂志》載長孫稚祖瑩表曰：「臣等謹詳《周禮》」，「布置不得相生之次，兩均異宫，並無商聲，而同用一徵。」案：此謂圜鍾爲宫，太蔟爲徵；黄鍾爲宫，亦太蔟爲徵。「計五音不具，則聲豈成文」，「莫曉其旨」。《隋書·音樂志》載牛弘、姚察、許善心、劉臻、虞世基等議曰：《周禮》「四聲，非直無商，又律管乖次，以其爲樂，無克諧之理」。案：此皆不言鄭注之誤，而反以疑經。然鄭注之誤，亦因此而明矣。考《舊唐書·音樂志·圓丘樂章》：「圜鍾宫三成，黄鍾角一成，太蔟徵一成，姑洗羽一成，以上六變。」《汾陰樂章》：「林鍾宫、太蔟角、姑洗徵、南吕羽，各再變。」《享太廟樂章》：「黄鍾宫三成，大吕角二成，太蔟徵二成，應鍾羽二成，總九變。」《新唐志》略同。此唐人依仿《周禮》「三大祭」之樂，《五禮通考》云：「此能全用《周禮》，而各依其律者。」其圜鍾宫三成，則圜鍾爲宫、自爲一調也，黄鍾角、太蔟徵、姑洗羽各一成，則黄鍾爲角、又爲一調，太蔟爲徵、又爲一調，姑洗爲羽、又爲一調也。林鍾爲宫以下，皆仿此。然則唐人解《周禮》之宫、角、徵、羽，乃宫、角、徵、羽四調，非一調中之宫、角、徵、羽四聲也。惟其各爲一調，故謂之變也。《唐會要》載開元八年趙愼言《論郊廟用樂表》曰：「《周禮》三處大祭，俱無商調，商，金聲也，周家木德，金能尅木，作者去之。今皇唐土王，即殊周室，其三祭並請加商調去角調。」此説亦可證宫、角、徵、羽各爲一調，故可以請去角調而用商調，此皆《周禮》之定解，其說必有所出，而今不可考矣。然即出自唐人，亦可代《周禮》義疏也。李文貞《古樂經傳》註云：「列代用樂，惟唐樂與《周禮》最相近。」其以四樂爲四曲，尤爲得之，李氏此說，考史證經，真可謂心知其意者矣。惠天牧《禮說》云：「圜丘六變，三宮四均；方丘八變，宗廟九變，四宮四均。」此即四樂爲四曲之說，然謂之三宮、四宮，尚未精審。「三大祭」之樂，除圜鐘爲宮、函鐘爲宮、黄鍾爲宮之外，餘皆不得謂之宮，但可謂之調。惠氏蓋以調之名不古，改而謂之宮耳。謂圜丘三宮，尤未精審，太蔟爲徵，姑洗爲羽，雖皆以函鐘爲宮，然一爲太蔟均之徵調，一爲姑洗均之羽調，不可混也。惠氏之意則是，其語則未當也。孔撝約《禮學卮言》云：「《大司樂》四律各爲一均。」則精確之至矣。〇 陳晉之《樂書》云：「周之作樂，非不備五聲，其無商者，文去而實不去。」此則語意未明，讀之不甚可解也。

《宋史·樂志》云：「劉几等謂：『明堂、景靈宮降天神之樂六奏，舊用夾鍾之均三奏，謂之夾鍾爲宮；夷則之均一奏，謂之黄鍾爲角；林鍾之均二奏，謂之太蔟爲徵、姑洗爲羽。』則祀天之樂，無夷則、林鍾而用之，有太蔟、姑洗而去之矣。」案：此宋人沿襲唐人三成、二成、一成之法，而又誤矣。劉几譏之是也。當時不知黄鍾爲角，乃黄鍾均之轉調，但知夷則宮以黄鍾爲角，遂以夷則宮奏之；依唐人之例，此當謂之夷則均之黄鍾角，不得徑謂之黄鍾角也。說見唐《八十四調考》。不知太蔟爲徵、乃太蔟均之轉調，不知姑洗爲羽、乃姑洗均之轉調，但知林鍾宮以太蔟爲徵、姑洗爲羽，遂皆以林鍾宮奏之。依唐人之例，此當謂之林鍾均之太蔟徵、林鍾均之姑洗羽，不得徑謂之太蔟徵、姑洗羽也。此但知有十二宫，不知有轉調故也。然几能糾其謬，而几自爲説則更謬。其言曰：「用黄鍾均之七聲，以其角聲爲始終，是謂黄鍾爲角；用太蔟均之七聲，以其徵聲爲始終，是謂太蔟爲徵；用姑洗均之七聲，以其羽聲爲始終，是謂姑洗爲羽。」案：此更謬也。用黄鍾均之七聲，則黄鍾爲宫，姑洗爲角，安得謂之黄鍾爲角乎？用太蔟均之七聲，則太蔟爲宫，南吕爲徵，安得謂之太蔟爲徵乎？用姑洗均之七聲，則姑洗爲宫，大吕爲羽，安得謂之姑洗爲羽乎？亦由但知十二宫，而不知有轉調故也。

《宋史·樂志》又載朱子與學者共講琴法云：「以《禮運正義》推之，則每律各爲一宫，每宫各有五調。」案：此朱子《答吴元士書》也。又載蔡元定《六十調篇》云：十二律旋相爲宫，各有七聲，合八十四聲。宫聲十二，商聲十二，角聲十二，徵聲十二，羽聲十二，凡六十聲，爲六十調。其變宫十二，變徵十二，不可爲調。黄鍾宫至夾鍾羽，並用黄鍾起調，黄鍾畢曲；大吕宫至姑洗羽，並用大吕起調，大吕畢曲云云。黄鍾宫至夾鍾羽者，黄鍾均五調，黄鍾爲宫、爲商、爲角、爲徵、爲羽也。黄鍾爲羽，則夾鍾爲宫。蔡氏謂之夾鍾羽，實則黄鍾羽也。凡蔡氏所言羽調皆仿此。此乃南宋人語，姜堯章《歌曲》、張叔夏《詞源》皆然。後别有説，此不具論。其起調、畢曲，即劉几所謂以某聲爲始終。然劉几謂用黄鍾均之七聲，以其角聲爲始終，是謂黄鍾爲角，其説自謬。蔡氏謂黄鍾宫五調，用黄鍾起調、畢曲，則不謬也。凌氏《燕樂考源》深詆蔡氏之説，後别有辯。案：朱、蔡之説與蘇夔同，皆《周禮》之確解。蓋必每均有五調，然後宫、角、徵、羽可各爲一調。宫、角、徵、羽各爲一調，然後《周禮》乃可通。且蔡氏《律吕新書》已引據《周禮》，凌次仲不察，乃詆其六十調爲鄭譯所愚，蓋淩氏未考《周禮》「三大祭」之樂及《隋志》蘇夔之説耳。《朱子語類》云：「如黄鍾爲宫，大吕爲角，太蔟爲徵，應鐘爲羽，自是四樂各舉其一者而言之。以大吕爲角，則南吕爲宫；太蔟爲徵，則林鍾爲宫；應鐘爲羽，則太蔟爲宫。」案：此朱子説《周禮》，不言每律一宫，每宫五調。乃言大吕爲角，則南吕爲宫云云，則似同於劉几所譏景靈宫舊法矣，豈朱子明於琴法，而説《周禮》則偶忘之歟？

《宋史·樂志》又云：姜夔「議古樂，止用十二宫。周六樂，奏六律，歌六吕，惟十二宫也。『王大食，三侑』注云：『朔日月半。』隨月用律，亦十二宫也。齊景公作《徵招》、《角招》之樂，師涓、師曠有清商、清角、清徵之操，漢、魏以來，燕樂或用之，雅樂未聞有以商、角、徵、羽爲調者，惟迎氣有五引而已。」案：姜氏之説誤也。但引《周禮·大司樂》奏六律、歌六吕，及「王大食，三侑」注以爲止用十二宫，何不引「三大祭」之樂，而亦以十二宫解之乎？齊景公作《徵招》、《角招》，安知其非雅樂？至漢、魏以來，則《晉書》、《宋書》載荀勖笛有正聲調、下徵調、清角調。其清角調下自注云「不合雅樂」，然則下徵調固雅樂也。姜氏豈未聞乎？且既云雅樂未聞，又云惟迎氣有五引，則更不能自守其説矣。

姜氏之説，蓋本於《隋書·音樂志》牛弘等議，無用商、角、徵、羽爲别調之法，然弘等又曰：「韓《詩》云：『聞其宫聲，使人温厚而寬大；聞其商聲，使人方廉而好義。』及古有《清角》、《清徵》之流，此則當聲爲曲。今以五引爲五聲，迎氣所用者是也。」案：弘等亦不能自守其説。《隋志》言弘不能精知音律，則其説固未可依據矣。

或曰：「十二均轉爲六十調，得無繁複乎？」曰：「似複而非複也。」《通典》云：「五聲十二律旋相爲宮。黄鍾之均、大吕之均、太蔟之均，用正律；夾鍾之均，黄鍾爲羽，黄鍾正律聲長，用其子聲；姑洗之均，大吕爲羽，大吕正聲長，用其子聲。」以下七均皆仿此，文多不録。案：子聲者，半律也。凡樂一均，以一律爲主。金石以一簴爲一均，絲樂以一弦爲一均。黄鍾均以黄鍾爲主，餘十一律依次而下，皆正律也；大吕均以大吕爲主，餘十律依次而下，皆正律，其末則黄鍾半律也；太蔟均以下，皆以此推之。《通典》謂大吕、太蔟二均皆用正律者，但論十二宮，則大吕爲宮，不用黄鍾，太蔟爲宮，不用黄鍾、大吕，故云皆用正律耳。若論十二均，每均十二律之次第，則大吕均之末[二]爲黄鍾半律；太蔟均之末，黄鍾、大吕皆半律也。故宗廟樂既有黄鍾爲宮，方丘樂之南吕爲羽，亦以黄鍾爲宮，此似複矣。然而不同者，宗廟用黄鍾均，其宮、商、角、徵、羽五聲，皆正律也。方丘用南吕均，惟南吕爲羽用正律，其宮、商、角、徵四聲，皆半律也。此所以不同也。宗廟既有大吕爲角；方丘之姑洗爲徵，亦以大吕爲角，然而非複也。一用大吕均，一用姑洗均也。圜丘、宗廟既有太蔟爲徵，圜丘之姑洗爲羽；方丘之函鐘爲宮，亦以太蔟爲徵，然而非複也。一用太蔟均，一用姑洗均，一用函鐘均也。均不同，則或用正律，或用半律，皆不同，此其所以不複也。此如今笛之尺字調，與簫之正宮調相應。然在笛則爲尺字調，在簫則爲正宮調，笛與簫各一均故也。

「三大祭」之樂，有宮、角、徵、羽而無商。《朱子語類》云：「恐是無商調，不是無商音。奏起來，五音依舊皆在。」案：朱子此説，最爲精確。蓋明乎五音皆在，則知《周禮》無商者，非無商聲，乃無商調矣。明乎商自爲調，則知宫、角、徵、羽，亦各自爲調矣。五聲各自爲調，則一均有五調，十二均有六十調矣。正惟不用商調，而十二均之各轉五調，了然無疑也。朱子此説，與《答吴元士書》每宫五調之説，皆《周禮》確解也。《五禮通考》云：「歌聲則五音不可缺一，調則商聲有殺氣，故祭祀不用商調而只有四調。」案：此即朱子之説也。

惠天牧《禮説》云：「非無商也，商不爲均也。宫君、商臣，以商爲均，君臣易位，故商不爲均。」當云商不爲調。案：惠氏此説，推求所以不用商調之故，蓋由宋人四清之説而得之，以爲每均第一聲最大，若第一聲爲商，則商大於宫，故不可用。沈存中《補筆談》云：「律有四清宫，自黄鍾而降，至林鍾，宫、商、角不失尊卑之序；至夷則，即以黄鍾爲角，南吕，以大吕爲角，則民聲皆過於君聲，須當折而用黄鍾、大吕之清宫；無射以黄鍾爲商，太蔟爲角；應鐘以大吕爲商，夾鍾爲角；不可不用清宫。」「其餘徵、羽，自是事、物過於君聲，無嫌。」此惠氏之説之所本也。然宋人之樂有四清聲，則商、角二聲，不至大於宫聲。故《補筆談》所載有七商調、七角調。若《周禮》則不知有清聲歟？無清聲歟？無清聲，則惠氏之説得之矣；有清聲，則商聲大於宫聲者，亦如宋人用其清聲可矣，又何商調之不可用乎？周樂有清聲、無清聲，今無可考。《周禮·小胥》鄭注云：「鍾磬者編懸之，二八十六枚而在一簴。」賈疏引《左傳》服注云：「一縣十九鍾，鍾七律。」賈氏解之云：「十二鍾當一月，十二月十二辰，辰加七律之鍾，則十九鍾。」《隋書·音樂志》云：「後周故事，懸鍾磬法，七正七倍，合爲十四。」牛弘等以爲非。而據「鄭玄曰：『鍾磬編懸之二八十六而在一簴。』」「又引《樂緯》宫爲君、商爲臣，君臣皆尊，各置一副，故加十四而懸十六。」案：鄭、服之説雖不同，然十六、十九，皆多於十二律之數，皆似有清聲。牛弘、賈公彦所謂加者，亦似指清聲而言也。有清聲，則惠氏之説非也。蓋《周禮》三大樂之無商，其爲不用商調無疑也。至其所以不用之故，則闕疑可矣。陳氏《樂書》謂四清非古制，疑鄭氏、傅會漢得石磬十六而妄爲之説，此尤武斷矣。

# 卷二

## 古樂五聲十二律相生考

《管子·地員篇》曰：「凡將起五音，凡首，先主[二]一而三之，四開以合九九，以是生黄鍾小素之首，以成宫。三分而益之以一，爲百有八爲徵，不無案此二字疑誤。有三分而去其乘，適足以是生商。有三分而復於其所，以是成羽。有三分去其乘，適足以是成角。」

《吕氏春秋·仲夏紀·古樂篇》曰：「昔黄帝令伶倫作爲律。伶倫自大夏之西，乃之阮隃之陰，取竹於嶰谿之谷，以生空竅厚鈞者，斷兩節間，其長三寸九分而吹之，以爲黄鍾之宫，吹曰舍少。次制十二筒，以之阮隃之下，聽鳳皇之鳴，以别十二律。其雄鳴爲六，雌鳴亦六，以比黄鍾之宫適合，黄鍾之宫皆可以生之。故曰黄鍾之宫，律吕之本。」

又《季夏紀·音律篇》曰：「黄鍾生林鍾，林鍾生太蔟，太蔟生南吕，南吕生姑洗，姑洗生應鐘，應鐘生蕤賓，蕤賓生大吕，大吕生夷則，夷則生夾鍾，夾鍾生無射，無射生仲吕。三分所生，益之一分以上生；三分所生，去其一分以下生。黄鍾、大呂、太蔟、夾鍾、姑洗、仲呂、蕤賓爲上，林鍾、夷則、南呂、無射、應鐘爲下。」案：《説苑·修文篇》與此略同。其云林鍾生大呂，夷則生太蔟，南呂生夾鍾，無射生姑洗，蓋傳寫之誤也。太玄則盡同，并識於此。

《淮南鴻烈解·天文訓》曰：「黄鍾之律九寸，而宫音調；因而九之，九九八十一，故黄鍾之數立焉。律之數六，分爲雌雄十二，各以三成，故置一而十一三之，爲積分十七萬七千一百四十七，黄鍾大數立焉。凡十二律：黄鍾爲宫，太蔟爲商，姑洗爲角，林鍾爲徵，南呂爲羽。黄鍾其數八十一，下生林鍾；林鍾之數五十四，上生太蔟；太蔟之數七十二，下生南呂；南呂之數四十八，上生姑洗；姑洗之數六十四，下生應鐘；應鐘之數四十三，案：刻本作四十二，誤也。《宋書·律志》作四十三，今據以正之。上生蕤賓；蕤賓之數五十七，上生大呂；大呂之數七十六，下生夷則；夷則之數五十一，上生夾鍾；夾鍾之數六十八，下生無射；無射之數四十五，上生仲呂；仲呂之數六十，極不生。宫生徵，徵生商，商生羽，羽生角，角生案：此生字誤。[三]姑洗，姑洗生應鐘，比於正音，故爲和；應鐘生蕤賓，不比正音，故爲繆。」

《史記·律書》曰：「律數：九九八十一，以爲宫；三分去一五十四，以爲徵；三分益一七十二，以爲商；三分去一四十八，以爲羽；三分益一六十四，以爲角。黄鍾長八寸十分一，宫；索隱曰：「舊本多作七分，蓋誤也。」大呂長七寸五分三分一；程易田《通藝録》曰：「落『之二强』

三字。」大蔟長七寸七分二，角；程曰：「『十』字譌作『七』字。」夾鍾長六寸一分三分一；程曰：「『七』字譌作『一』字，又落『之一强』三字。」姑洗長六寸七分四，羽；程曰：「『十』字譌作『七』字。」仲吕長五寸九分三分二，徵；程曰：「『三分一之二强』譌作『三分二』。」蕤賓長五寸六分三分一；程曰：「落『之二强』三字。」林鍾長五寸七分四，角；程曰：「『十』字譌作『七』字。」夷則長五寸四分三分二，商；程曰：「衍『四分』二字，又落『弱』字。」南吕長四寸七分八，徵；程曰：「譌『十』字爲『七』字。」無射長四寸四分三分二；程曰：「『三分』下落『一之』字，『二』下又落『强』字。」應鐘長四寸二分三分二，羽。」程曰：「落『一之』字。」又曰：「十二律下有書五音字者，有不書者，不知其義。」〇案：《史記》文多譌脱，朱子、蔡季通皆嘗訂正，而程氏審定，尤爲精密，故録之。

又曰：「生鐘分：子一分，丑三分二，寅九分八，卯二十七分十六，辰八十一分六十四，巳二百四十三分一百二十八，午七百二十九分五百一十二，未二千一百八十七分一千二十四，申六千五百六十一分四千九十六，酉一萬九千六百八十三分八千一百九十二，戌五萬九千四十九分三萬二千七百六十八，亥十七萬七千一百四十七分六萬五千五百三十六。」「生黄鍾：術曰：以下生者，倍其實，三其法。以上生者，四其實，三其法。上九商八羽七角六宫五徵九置一而九三之以爲法，實如法，得長一寸，凡得九寸，命曰黄鍾之宫。故曰：音始於宫，窮於角。」

《漢書·律曆志》曰：黄鍾之長，「參分損一，下生林鍾；參分林鍾益一，上生太蔟；參分太蔟損一，下生南吕；參分南吕益一，上生姑洗；參分姑洗損一，下生應鐘；參分應鐘益一，上生蕤賓；參分蕤賓損一，下生大吕；參分大吕益一，上生夷則；參分夷則損一，下生夾鍾；參分夾鍾益一，上生無射；參分無射損一，下生中吕。」又載劉歆《三統曆》曰：「上生六而倍之下生六而損之，皆以九爲法。」

又曰：「以子穀秬黍中者，一黍之廣，度之九十分，黄鍾之長。一爲一分，十分爲寸。」

又曰：「以子穀秬黍中者，千有二百實其龠。」「龠者黄鍾律之實也。」

鄭氏《禮記·月令》注曰：「凡律空圍九分。」《月令》注又有十二律長數，《周禮·大師》注同，其文繁，今不録。

蔡邕《月令章句》曰：「黄鍾之管長九寸，孔徑三分，圍九分。其餘皆稍短，惟大小圍數無增減。」《續漢書·律曆志》注、《太平御覽》○韋昭《國語》注云：「黄鍾管長九寸，徑三分，圍九分。」

《續漢書·律曆志》曰：「京房曰：『竹聲不可以度調。』」

律吕之度，見於古書者，以《吕氏春秋》爲最古。其云三寸九分爲黄鍾之宫，自來無知其説者。惟《律吕正義》云：「閒嘗截竹爲管，詳審其音，黄鍾之半律，不與黄鍾合；而合黄鍾者，爲太蔟之半律。」《吕氏春秋》以三寸九分之管，爲聲中黄鍾之宫，非半太蔟合黄鍾之義耶。《正義後編》云：「半太蔟長四寸，其音比黄鍾微低，再短一分，則恰與黄鍾合。」謹案：三寸九分爲黄鍾之宫，至是而昭然若發矇矣。蓋絲聲倍半相應竹聲倍半不相應，必半之而又稍短乃相應，即京房所謂「竹聲不可以度調」也。《月令》中央土律中黄鍾之宫。鄭注云：「黄鍾之宫最長也。」孔疏云：「蔡氏及熊氏以爲黄鍾之宫，謂黄鍾少宫也，半黄鍾九寸之數，管長四寸五分。」《新唐書·禮樂志》之説與此同。《月令》亦出於《吕氏》，其所謂黄鍾之宫，即三寸九分之管。鄭注以爲最長，固失之矣。蔡氏、熊氏知其爲黄鍾少宫，而云管長四寸五分，則又不知竹聲倍半不相應也。京房所謂「竹聲不可以度調」，實樂律至要之關鍵。蔡伯喈且不知，况後儒乎！李安溪《古樂經傳》引武進惲遜菴説，以三寸九分爲黄鍾、應鐘之較。江慎修《律吕闡微》、戴東原《考工記圖》以三寸九分爲四寸五分之譌，皆非也。惟胡氏彦昇《樂律表微》知三寸九分與九寸之聲相應耳。

五聲以數相求之法，見於《管子》者爲最古。其云「先主一而三之，四開以合九九」者，以宫求徵，以徵求商，以商求羽，以羽求角，皆當三分損益。將用四次三分，故先四次三乘爲實，然後四次三分，皆無奇零也。置一而四次三乘之，故爲八十一也。四開者，四次析開也。一析爲三，又析爲九，又析爲二十七，又析爲八十一也。《管子》房玄齡注未明四開之義，今遵《律吕正義後編》之説以解之。《淮南》、《史記》所云九九八十一，皆與此同。惟《史記》以宫數三分去一爲徵，商數三分去一爲羽。《管子》則宫數三分益一爲徵，商數三分益一爲羽。其云「有三分而去其乘，適足以是生商」者，「有」讀與「又」同。「去其乘」者，去其一也。「適足」者，無多少也。「有三分而復於其所以是成羽」者，亦如以宫求徵，三分益一也。「有三分去其乘，適足以是成角」者，與生商句同義。 此徵、羽爲《淮南》、《史記》之倍數，宮聲居五聲之中，故《漢書·律曆志》云：宮，中也，居中央，爲四聲綱也。江氏《律呂闡微》專明此義，今俗人云，工、尺、上、四、合，亦以上字居中也。

《淮南》、《史記》皆言黄鍾九寸。又言九九八十一，何也？九寸者，九寸之管也，實數也。八十一者，以九寸之管，命爲八十一，使四次三分，皆無奇零也，虚數也。且《史記》但云九九八十一爲宮，而不云九九八十一爲黄鍾者，十二律皆可爲宮，隨其長短，皆可命爲「八十一」以求徵、商、羽、角，非獨黄鍾爲然也。《史記》又言「黄鍾長八寸十分一」者，即以九寸之管，命爲八寸一分，此寸分亦虚數也。索隱云：「黄鍾長九寸者，九分之寸。 劉歆、鄭玄等皆以爲長九寸，即十分之寸，不依此法」，此小司馬之臆説耳。《左傳》昭二十年孔疏云： 以黄鍾九寸自乘爲九九八十一，定之爲宮數。因宮而損益以定商、角、徵、羽之差，唯相準況耳，非言實有此數可用之也。

以黄鍾求大呂以下十一律，當用十一次三分損益。故先置一而十一次三乘之，爲十七萬七千一百四十七。則十一次三歸皆無奇零，此尤虚數也。安有樂器可以分畫爲十七萬七千一百四十七者哉？此陳仲儒所謂「離朱之明，猶不能窮而分之」者，陳仲儒語，見《魏書·樂志》。 故《淮南子》雖以十七萬七千一百四十七爲黄鍾大數，而其算十一律，仍以黄鍾八十一起數也。

《史記》則以十七萬七千一百四十七起數，以此爲黄鍾之實，置一而九三之，得一萬九千六百八十三爲法除之，得九寸。由是以黄鍾之實三分之二，得十一萬八千零九十八，爲林鍾之實，所謂丑三分二也。以黄鍾之實九分之八，得十五萬七千四百六十四，爲太蔟之實，所謂寅九分八也。以下九律之實皆仿此。於是下生則倍其實、三其法。如黄鍾下生林鍾，則倍黄鍾之實，得三十五萬四千二百九十四；而三倍黄鍾除法，得五萬九千零四十九爲法除之，得六寸也。凡下生者，皆仿此。上生則四其實、三其法。如林鍾上生太蔟，則四倍林鍾之實，得四十七萬二千三百九十二，亦以五萬九千零四十九除之，得八寸也。凡上生者，皆仿此。惟所謂「上九商八羽七角六宫五徵九」者不可解。索隱云：「此文似數錯，未暇研覈。」余則研覈而未解；有解之者，亦未敢信以爲然也。

十二律之相生，非真有陰陽之氣以生也。乃以此律求彼律之法耳。其相生以黄鍾爲本，非真十一律皆由黄鍾之氣而生也。乃以黄鍾起數，以求十一律耳。古人以聲不可文載、口傳，此語本《續漢書·律曆志》注引蔡伯喈《月令章句》。故以律示人，使其依律而自得之。然律多奇零之數，故惟以黄鍾之律示人，其餘十一律，則以黄鍾三分損益，轉轉而盡得之此易簡之法也。《考工記》每一器但記一數爲起數之根，而轉生他數，即是此法。如《輪人》「六分其輪崇，以其一爲之牙圍，參分其牙圍而漆其二」云云。此以輪崇之數生諸數，豈輪能生牙、牙能生漆哉？亦爲易簡之法，使人易知、易從而已。律吕相生，正如是矣。黄鍾爲律本，正如是矣。

凡物之形，長者高，短者下。故十二律長生短，則曰下生；短生長，則曰上生。《吕氏》、《淮南》蕤賓生大吕，夷則生夾鍾，無射生仲吕，皆爲上生；大吕生夷則，夾鍾生無射，則爲下生。京房六十律，鄭氏《周禮》注皆同此説。惟《漢書·律曆志》蕤賓生大吕，夷則生夾鍾，無射生仲吕，皆曰下生；大吕生夷則，夾鍾生無射，皆曰上生。然所得大吕、夾鍾、仲吕皆半律，必倍之乃得全律，不如《吕氏》、《淮南》之法爲直截矣。《史記》律數，大吕長於太蔟，夾鍾長於姑洗，仲吕長於蕤賓，此與《吕氏》、《淮南》之法同也。其生鐘分，未二千一百八十七分一千二十四，此以黄鍾爲二千一百八十七分，而大吕得一千零二十四分。大吕不及黄鍾之半，乃大吕半律也。其酉爲夾鍾分數，亥爲仲吕分數，皆仿此。此則大吕、夾鍾、仲吕皆半律，與《漢志》同，即《漢志》之説所自出也。《續漢書·律曆志》乃云：「陽生陰曰下生，陰生陽曰上生。」此則不據長短之實形而説陰陽之虚理。蔡季通遂謂《吕氏》、《淮南》陰陽錯亂矣。然又謂大吕、夾鍾、仲吕，用倍數，方與十二月之氣相應，則仍是《吕氏》、《淮南》之數耳。

《續漢書·律曆志》云：元帝時郎中京房受學故小黄令焦延壽六十律相生之法。中吕上生執始，執始下生去滅，上下相生，終於南事，六十律畢矣。故作準以定數。準之狀如瑟，長丈、而十三弦，隱間九尺，以應黄鍾之律九寸，中央一弦，下有畫分寸，以爲六十律清濁之節。《志》載六十律之數，文多不録。案：仲吕爲宫，則黄鍾半律爲徵，而仲吕之數三分損一，不合黄鍾半律之數，倍之不合黄鍾全律之數。黄鍾十七萬七千一百四十七，仲吕十三萬一千七十二，三分益一，十七萬四千七百六十二。焦、京乃創立執始之名，由此推算爲六十律，然終不能復合黄鍾之數也。蔡季通則於京房所增四十八律取其六，謂之變律。《隋書·律曆志》載：「何承天立法制議云：『上下相生，三分損益其一，蓋是古人簡易之法，猶如古曆周天三百六十五度四分之一，後人改制，皆不同焉。而京房不悟，謬爲六十。』」《宋書·律志》云：凡三分益一，三分損一，此其大略，京房不思此意，爲六十律，竟復不合，彌益其疏。案：何承天之説，千古卓識，沈約之説，實本於承天也。《隋志》云：「劉焯曰：『舊計未精，終不復始。』」明鄭世子載堉《律呂精義》云：「三分損益，舊率疏舛。」案：焯與載堉之説，皆何承天所謂「不悟」者也。惟其爲簡易大略之法，故仲呂爲宮，黄鍾爲徵，不必論其數之小有不合，還相爲宮，十二律而足矣。《魏書·樂志》云：「公孫崇以十二律還相爲宮，清濁悉足。」《魏書·樂志》載：陳仲儒言：房準九尺之内，爲一十七萬七千一百四十七分，雖復離朱之明，猶不能窮而分之。尤深中焦、京之病。而錢樂之、沈重、祖孝孫又增衍爲三百六十律，見《隋志》及《舊唐書·祖孝孫傳》皆傅會曆數，假託占候，而實無施於樂也。《續漢志》云：京房六十律，其術施行於史官，候部用之。《宋書·律志》云：荀勖奏六十律，「無施於樂。」今爲六十律表於左，以著其謬。至三百六十律，更不足辯矣。

| | |
|---|---|
| 黄鍾下生林鍾 | 林鍾上生太蔟 |
| 執始下生去滅 | 去滅上生時息 |
| 丙盛下生安度 | 安度上生屈齊 |
| 分動下生歸嘉 | 歸嘉上生隨期 |
| 質未下生否與 | 否與上生形晉 |

太簇　下生南呂
南呂　上生姑洗
姑洗　下生應鐘
應鐘　上生蕤賓
蕤賓　上生大呂
大呂　下生夷則
夷則　上生夾鍾
夾鍾　下生無射
無射　上生中呂
中呂　上生執始

時息　下生結躬
結躬　上生變虞
變虞　下生遲內
遲內　上生盛變
盛變　上生分否
分否　下生解形
解形　上生開時
開時　下生閉掩
閉掩　上生南中
南中　上生丙盛

屈齊　下生歸期
歸期　上生路時
路時　下生未育
未育　上生離宮
離宮　上生凌陰
凌陰　下生去南
去南　上生族嘉
族嘉　下生鄰齊
鄰齊　上生內負
內負　上生分動

隨期　下生未卯
未卯　上生形始
形始　下生遲時
遲時　上生制時
制時　上生少出
少出　下生分積
分積　上生爭南
爭南　下生期保
期保　上生物應
物應　上生質未

形晉　下生夷汗
夷汗　上生依行
依行　上生色育
色育　下生謙待
謙待　上生未知
未知　下生白呂
白呂　上生南授
南授　下生分烏
分烏　上生南事
南事　不生

自執始十二律至丙盛，又十二律至分動，又十二律至質未，皆當黃鍾之位，而其數愈少，愈不合黃鍾之數。丙盛十七萬二千四百一十，分動十七萬八十九，質未十六萬七千八百。又五律至色育，當應鐘之位；自應鐘至色育，降四等矣。十二律應鐘最短，又降四等，幾及於黃鍾半數矣。故夷汗上生依行，依行當下生色育；乃不循下生之次第，而又上生色育，雖自亂其例而不顧者，欲倍色育之數以及於黃鍾也。無如其數仍不及黃鍾。色育十七萬六千七百七十六。是終不能復於黃鍾也。故推至南事爲六十律而不復推也。此沈約所謂竟復不合，彌益其疏者也。甄鸞《五經算術》云：「此乃苟欲充六十之數，其於義理，未之前聞。」

《隋書·律曆志》云：何承天更設新率，則從中呂還得黃鍾。黃鍾長九寸，太蔟長八寸二氂，林鍾長六寸一氂，應鐘長四寸七分九氂强。其中呂上生所益之分，還得十七萬七千一百四十七。案：《宋書·律志》新律度分，即何承天所設也。又云：劉焯校定「黃鍾長九寸，太蔟長八寸一分四氂，林鍾長六寸，應鐘長四寸二分八氂七分之四。」明鄭世子載堉《律呂精義·内篇》云：「新法算律用勾股術，命平方一尺爲黃鍾之率；勾自乘，股自乘，相并開平方，得弦即蕤賓倍律之率；以勾乘之，開平方，即南呂倍律之率；仍以勾乘之，又以股乘之，開立方，即應鐘倍律之率。」案：何承天、劉焯所增之數，史家不言其算法，載堉則云用勾股術。《四庫提要》以爲即諸乘方連比例相求法云。勾股術者，飾詞也。澧謂連比例三率，有首率、末率[四]，求中率之法，以首率、末率相乘，開平方，得中率。此當以黃鍾與黃鍾半律相乘，開平方，得蕤賓。若以黃鍾倍律與黃鍾相乘，開平方，則得蕤賓倍律。載堉以兩黃鍾各自乘相并者，即黃鍾倍律與黃鍾相乘之數也。由是以黃鍾、蕤賓求夾鍾，以蕤賓與黃鍾半律求南吕，皆以首率、末率求中率。更以黃鍾、夾鍾求大吕、太蔟，以夾鍾、蕤賓求姑洗、仲吕，以蕤賓、南吕求林鍾、夷則，以南吕與黃鍾半律求無射、應鐘，則連比例；四率有一率、四率，求二率、三率。其法：以一率自乘，又以四率乘之，開立方，得二率；以四率自乘，又以首率乘之，開立方，得三率也。然此於算法則密矣，而非古人易簡之意。古法三分損益，人人皆解；若連比例算法，則必明算而後能知之。載堉著書，可以精研算法，如欲通行於天下，安能使工人學算而後製其器，伶人學算而後按其聲乎。且黃鍾九寸三分損益之數，與連比例之數，所差者不多，固可以不必計也。古無連比例算法，然三分損益，即連比例之意，故所差不多也。今各列其數於左：

三分損益十二律

黃鍾九寸

大吕八寸四分二釐七毫有奇

太蔟八寸

夾鍾七寸四分九釐一毫有奇

姑洗七寸一分一釐一毫有奇

仲吕六寸六分五釐九毫有奇

連比例十二律

黃鍾九寸

大吕八寸四分九釐四毫有奇

太蔟八寸〇一釐八毫有奇

夾鍾七寸五分六釐八毫有奇

姑洗七寸一分四釐三毫有奇

仲吕六寸七分四釐二毫有奇

| | |
|---|---|
| 蕤賓六寸三分二釐有奇 | 蕤賓六寸三分六釐三毫有奇 |
| 林鍾六寸 | 林鍾六寸〇〇六毫有奇 |
| 夷則五寸六分一釐八毫有奇 | 夷則五寸六分六釐九毫有奇 |
| 南吕五寸三分三釐三毫有奇 | 南吕五寸三分五釐一毫有奇 |
| 無射四寸九分九釐四毫有奇 | 無射五寸〇五釐一毫有奇 |
| 應鐘四寸七分四釐有奇 | 應鐘四寸七分六釐七毫有奇 |

黄鍾九寸三分損益十一律之數，與連比例十一律之數，其林鍾、太蔟二律所差甚微，南吕、姑洗二律所差猶甚微，其餘諸律所差乃稍多耳。以黄鍾爲宫，生林、太、南、姑四律，爲徵、商、羽、角。五聲已備，而所差皆甚微，可以不計。故《管子》、《史記》皆以宫聲爲八十一，以生徵、商、羽、角，蓋隨舉一律以爲宫，皆命爲八十一，《朱子語類》云：「且如大吕爲宫，則大吕用黄鍾八十一之數，而三分損一，下生夷則，其餘皆然。」則其所生徵、商、羽、角四律，皆不覺其微差。故三分損益之法，不爲疏也。且京房、朱載堉推衍算法而不憚煩者，皆以爲合於數而後合於音也。而房與載堉所算之數則不同。房之音合，則載堉之音不合矣；載堉之音合，則房之音不合矣。然而房與載堉皆自以其音爲密合也，此尤可見數雖微差，而音則不覺有差也，古法誠不必改也。

三分損益之數，較之連比例之數稍少，古人固已知之矣。《淮南子》黄鍾八十一、林鍾五十四、太簇七十二、南吕四十八、姑洗六十四，皆無奇零。自姑洗以下，以三分損益算之，應鐘當得四十二又三分一之二，而《淮南》乃云，應鐘之數四十三；蕤賓當得五十六又三分一之二强，乃云蕤賓之數五十七；大吕當得七十五又三分一之二强，乃云大吕之數七十六；夷則當得五十又三分一之二弱，乃云夷則之數五十一；夾鍾當得六十七又三分一之一强，乃云夾鍾之數六十八；無射當得四十四又三分一之二强，乃云無射之數四十五；仲吕當得五十九又三分一之二强，乃云仲吕之數六十。《淮南》於此七律之數，皆稍增之者，非徒取其無奇零也；若欲無奇零，則何不減去其奇零乎？蓋其所以增者，以其數稍少故也。是固知三分損益之未密，而增之使幾於密也。林鍾、太蔟、南吕、姑洗四律不增者，以其差甚微也。奚待何承天、劉焯、朱載堉而後設新率哉？

京房言「竹聲不可以度調」，謂三分損益相生，倍半清濁相應，弦音則然，管音則否也。蓋定黄鍾之聲必以管，定大吕以下十一律必以弦。先吹黄鍾管以定黄鍾弦，其餘十一律以三分損益，按弦而彈之，即盡得十一律聲矣。按弦之半而彈之，即得黄鍾半律之聲矣。若製大吕以下十一管，則下生者三分損一而稍短，上生者三分益一而稍長，其聲乃合也。然此亦非獨京房知之，而古人皆不知也。《吕氏春秋》以三寸九分爲黄鍾之宫，而《淮南子》言黄鍾九寸，則古人固知竹聲倍半不相應也。近代則鄭世子知之，其説：竹管黄鍾半律與全律不相合，大吕半律乃與黄鍾略差不遠。《律吕正義》謂半太蔟合黄鍾，蓋由此而審定之也。

古書但言黄鍾管之長，《漢志》則兼言容黍之數，然猶未言圍徑之數。蓋其管長九十黍，容千二百黍，吹之即得黃鍾聲，不必言圍徑，而圍徑在其中矣。鄭氏、蔡氏始言圍九分、徑三分。徑一圍三，古率最疏，蔡氏言圍九分、徑三分，本大略之數，不可據之以入算。後人乃以長九寸、圍九分、徑三分而算其中容之積，或以積而算其圍徑。然所算之積，乃方分，而黍則圓而長，其在管中橫斜無定，尤無可算之理。且不獨管中容黍不可算，即排黍爲尺，而黍有大、小，亦多不確。《漢書》言子穀秬黍中者亦約略之語耳。《隋書·律曆志》云：周宣帝時，達奚震牛弘等議曰：「時有水旱之差，地有肥瘠之異，取黍大小，未必皆得中。」《宋史·律曆志》云：「丁度等言：『歲有豐儉，地有磽肥。就令一歲之中，一境之内，取以校驗，亦復不齊。是蓋天物之生理難均一，古之立法存其大概爾。故前代制尺，非特累黍，必求古雅之器以雜校焉。』」蔡氏《律呂新書》亦譏王朴專恃累黍，皆通論也。凌次仲不取累黍之説，是其有識也。《皇祐新樂圖記》云：黃鍾管，每長一分，積九分，空徑三分四釐六毫。自注云：「算法：置九分，三分益一，得十二分，以開方除之，得空徑之數。」案：此乃徑一圍三積七五之法，最爲疏闊，蔡氏《律呂新書》云：「圍十分三釐八毫，徑三分四釐六毫。」[五]此亦徑一圍三之數。《苑洛志樂》乃云：「多取竹管，必求徑三分四釐六毫，周十分三釐八毫者而後用之，庶得聲氣之元。」夫聲氣之元，豈由於算法？況算法疏闊如此而篤信之，未免失之愚矣。〇《新樂圖記》繪十二律四清聲之管，各記其長數及空徑之數，然黃鍾至林鍾，空徑皆三分四釐六毫，而自夷則以下，空徑遞減，此當時吹律、審音者，覺下生之管三分損一而聲未合，又覺四清聲之管，用本律之半而聲亦未合，然不敢減其長數，故減其空徑以遷就之。此可見竹聲不可以度調，當時已稍知之，惜未從而深究之耳。《律呂新書》譏其圍徑不同，以就黃鍾清聲，而未知其所以不同之故也。

# 卷三

## 晉十二笛一笛三調考

《宋書·律志》曰：晉泰始十年，中書監荀勖、中書令張華出御府銅竹律二十五具，部太樂郎劉秀等校試。其三具，與杜夔及左延年律法同；其二十二具，視其銘題尺寸，是笛律也。問協律中郎將列和，辭：昔魏明帝時，令和承受[六]笛聲，以作此律，歌聲濁者用長笛、長律，歌聲清者用短笛、短律。凡弦歌調張清濁之制，不依笛尺寸名之，則不可知也。勖等奏：如和對辭，笛之長短，無所象則，率意而作，不由曲度。考以正律，皆不相應；吹其聲均，多不諧合。又辭：先師傳笛，别其清濁，直以長短，工人裁制，舊不依律。是爲作笛無法。而知寫笛造律，[七]又令琴瑟歌詠，從之爲正，非所以稽古先哲，垂憲于後者也。案《周禮》調樂金石，有一定之聲。是故造鍾磬者，先依律調之，然後施於廂懸。作樂之時，諸音皆受鍾磬之均，即爲悉應律也。至于饗宴殿堂之上，無廂懸鍾磬，以笛有一定調，故諸弦歌皆從笛爲正，是爲笛猶鍾磬，宜必合於律呂。如和所對，直以意造，率短一寸，七孔聲均，不知其皆應何律。調與不調，無以檢正。輒部郎劉秀、鄧昊、王豔、魏邵等[八]與笛工參共作笛，工人造其形，律者定其聲，然後器象有制，音均和協。又問和：若不知律吕之義，作樂音均高、下、清、濁之調，當以何名之？和辭：每合樂時，隨歌者聲之清、濁，用笛有長、短。假令聲濁者用三尺二笛，因名曰此三尺二調也；聲清者用二尺九笛，因名曰此二尺九調也。漢魏相傳，施行皆然。案：《周禮》奏六樂，乃奏黄鍾，歌大吕；乃奏太蔟，歌應鐘。皆以律吕之義，紀歌奏清濁。而和所稱以二尺、三尺爲名，雖漢、魏用之，俗而不典。謹依典記，以五聲十二律還相爲宫之法，制十二笛象，記注圖側，如别。省圖，不如視笛之了。故復重作蕤賓伏孔笛。其制云：黄鍾之笛，正聲應黄鍾，下徵應林鍾，長二尺八寸四分四氂有奇。正聲調法：以黄鍾爲宫，則姑洗爲角，翕笛之聲應姑洗，故以四角之長爲黄鍾之笛也。其宫聲正而不倍，故曰正聲。

正聲調法，黄鍾爲宫，第一孔也。應鐘爲變宫，第二孔也。南吕爲羽，第三孔也。林鍾爲徵，第四孔也。蕤賓爲變徵，第五附孔也。姑洗爲角，笛體中聲。太蔟爲商。笛後出孔也。商聲濁於角，當在角下，而角聲以在體中，故上其商孔，令在宫上，清於宫也。然則宫、商正也，餘聲皆倍也。是故從宫以下，孔轉下、轉濁也。此章説笛孔上下，大律之名也；下章説律吕相生，笛之制也。正聲調法，黄鍾爲宫。作黄鍾之笛，將求宫孔，以姑洗及黄鍾律，從笛首下度之，盡二律之長而爲孔，則得宫聲也。宫生徵，黄鍾生林鍾也。以林鍾之律從宫孔下度之，盡律作孔，則得徵聲也。徵生商，林鍾生太蔟也。以太蔟律從徵孔上度之，盡律以爲孔，則得商聲也。

商生羽，太蔟生南吕也。以南吕律從商孔下度之，盡律爲孔，則得羽聲也。羽生角，南吕生姑洗也。以姑洗律從羽孔上行度之，盡律而爲孔，則得角聲也。然則出於商孔之上，吹笛者左手所不及也。從羽孔下行度之，盡律而爲孔，亦得角聲。出於附孔之下，則吹者右手所不逮也，故不作角孔。推而下之，復倍其均，是以角聲在笛體中，古之制也。音家舊法，雖一倍再倍，但令均同，適足爲唱和之聲，無害於曲均故也。角生變宮，姑洗生應鍾也。上句所謂當爲角孔而出於商上者，墨點識之，以應律也，從此點下行度之爲孔，則得變宮之聲也。變宮生變徵，應鍾生蕤賓也。以蕤賓律從變宮下度之，盡律爲孔，則得變徵之聲。十二笛之制，各以其宮爲主；相生之法，或倍或半，其便事用，例皆一者也。下徵調法，林鍾爲宮，第四孔也。本正聲黄鍾之徵，徵清當在宮上，用笛之宜倍令濁下，故曰下徵。下徵更爲宮者，《記》所謂五聲十二律，還相爲宮者也。然則正聲調清，下徵調濁也。南吕爲商，第三孔也。本正聲黄鍾之羽，今爲下徵之商。應鍾爲角，第二孔也。本正聲黄鍾之變宮，今爲下徵之角也。黄鍾爲變徵，下徵之調，林鍾爲宮。大吕當變徵，而黄鍾笛本無大吕之聲，故假用黄鍾以爲變徵也。假用之法：當變徵之聲，則俱發黄鍾及太蔟、應鍾三孔。黄鍾應濁而太蔟清，大吕律在二律之間，俱發三孔，而徵磑礦之，則得大吕變徵之聲矣。諸笛下徵調求變徵之法，皆如此。太蔟爲徵，笛後出孔。本正聲之商，今爲下徵之徵。姑洗爲羽，笛體中翕聲也。本正聲之角，今爲下徵之羽也。蕤賓爲變宮。附孔是也。本正聲之變徵也。今爲下徵之變宮也。然則正聲之調，孔轉下、轉濁，下徵之調，孔轉上、轉清也。清角之調，以姑洗爲宮，即是笛體中翕聲也。於正聲爲角，於下徵爲羽，清角之調，乃以爲宮，而哨吹令清，故曰清角。唯得爲宛故[九]，謡俗之曲，不合雅樂也。蕤賓爲商，正也。林鍾爲角，非正也。南吕爲變徵，非正也。應鐘爲徵，正也。黄鍾爲羽，非正也。太蔟爲變宫。非正也。清角之調，唯宫、商及徵，與律相應，餘四聲非正者，皆濁，一律哨吹令清，假而用之，其例一也。

凡笛體用角律，其長者八之，蕤賓、林鍾也。短者四之。其餘十笛，皆四角也。宫中實容，長者十六[一〇]。短笛竹宜受八律之黍也。若長、短、大、小不合於此，或器用不便聲均法度之齊等也。然笛竹率上大下小，不能均齊，必不得已，取其聲均合。三宫：一曰正聲，二曰下徵，三曰清角。二十一變也。宫有七聲，錯綜用之，故二十一變也。諸笛例皆一也。[一一]伏孔四所以便用事也[一二]。一曰正角，出於商上者也；二曰倍角，近笛下者也；三曰變宫，近於宫孔，倍令下者也；四曰變徵，遠於徵孔，倍令高者也。或倍、或半、或四分一，取則於琴徽也。四者皆不作其孔而取其度，以應進、退、上、下之法，所以協聲均，便事用[一三]也。其本孔隱而不見，故曰伏孔。大吕之笛，正聲應大吕，下徵應夷則，長二尺六寸六分三釐有奇。太蔟之笛，正聲應太蔟，下徵應南吕，長二尺五寸三分一釐有奇。夾鍾之笛，正聲應夾鍾，下徵應無射，長二尺四寸。姑洗之笛，正聲應姑洗，下徵應應鐘，長二尺二寸三分三釐有奇。澧案：《志》無仲吕之笛，蓋有闕文也。《律吕正義後編》依其法補之，云：「仲吕之笛，正聲應仲吕，下徵應黄鍾，長二尺一寸三分二釐有奇。」蕤賓之笛，正聲應蕤賓，下徵應大吕，長三尺九寸九分五釐有奇。變宫近宫孔，故倍半令下，便於用也，林鍾亦如之。林鍾之笛，正聲應林鍾，下徵應太蔟，長三尺七寸九分二釐有奇。夷則之笛，正聲應夷則，下徵應夾鍾，長三尺六寸。變宫之法，亦如蕤賓，體用四角，故四分益一也。南吕之笛，正聲應南吕，下徵應姑洗，長三尺三寸七分有奇。無射之笛，正聲應無射，下徵應中吕，長三尺二寸。應鐘之笛，正聲應應鐘，下徵應蕤賓，長二尺九寸九分六釐有奇。」案：《晉書・律曆志》與此同，其有小異，則以《宋志》爲主，以《晉志》校正之。

自《周禮》之後，《史記》、《漢書》但載漢樂章，而不載宮調。宮調之名，起於後世，漢時未有，然《周禮》所謂圜鍾爲宮，黃鍾爲角之類，即宮調也。《續漢書・律曆志》載京房六十律，「各自爲宮」，然謂「其術施行於史官，候部用之」，則是無施於樂。《隋書・牛弘傳》載弘上議曰：「京房之法，漢世已不能行。」是也。此後則列和之笛爲最古，且和云：「漢、魏相傳，施行皆然。」然則和之笛，即漢、魏之笛矣。凡金石，以一簴爲一均，絲樂以一弦爲一均，皆具十二律，故轉五調可也，轉七調可也，轉十二調亦可也。竹聲則不然，若一管作十二孔，則手指不能按。《隋書・音樂志》云：「笛凡十二孔，漢武帝時丘仲所作。」案：此殊可疑，十二孔不可吹也，蓋以代律管耳。故一管不能具十二律，本不可以轉調。漢、魏之笛七孔，聲均而不依律者，蓋以一笛爲一均，故遷就其聲，勻排其孔，使可轉調，與今笛勻排六孔、轉爲七調者正同。但不知漢、魏共有幾笛？史載列和辭，有太樂東廂長笛，正聲長四尺二寸；又有三尺二笛，二尺九笛，餘不可考。若十二笛，一笛可轉七調，則已有八十四調矣。《通典》云：「漢章帝建初三年，鮑鄴始請用旋宮。」既用旋宮，則當用十二笛矣。

荀勖創爲應律之笛，史載其制，分釐畢具，古書言樂器，未有如此之詳備者。余取宋王厚之《鐘鼎款識》册内晉前尺，即荀勖律尺，《隋書・律曆志》云：「荀勖律尺，爲晉前尺。」截竹仿造十二笛，使西晉之音，復存於今日，誠快事也。荀勖笛制，文義間有隱晦，今爲圖表於左，復詳釋之，庶後之讀史者，皆能仿造矣。《鐘鼎款識》，阮文達公有刻本，其晉前尺，今摹於第九卷内。

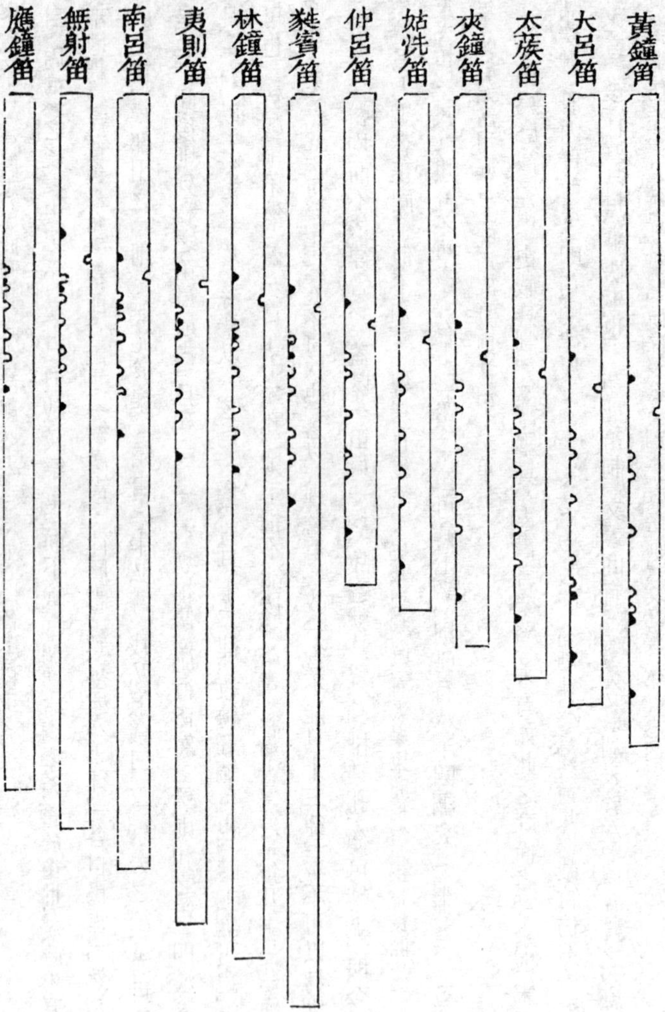
黃鐘笛
大呂笛
太蔟笛
夾鐘笛
姑洗笛
仲呂笛
蕤賓笛
林鐘笛
夷則笛
南呂笛
無射笛
應鐘笛

黃鍾笛

| 孔 | 律 | 正聲調 | 下徵調 | 清角調 |
|---|---|---|---|---|
| 伏孔 | 姑 | 角 | | |
| 後出孔 | 太 | 商 | 徵 | 變宮非正 |
| 第一孔 | 黃 | 宮 | 變徵假用 | 羽非正 |
| 第二孔 | 應倍 | 變宮 | 角 | 徵 |
| 第三孔 | 南倍 | 羽 | 商 | 變徵非正 |
| 第四孔 | 林倍 | 徵 | 宮 | 角非正 |
| 第五孔 | 蕤倍 | 變徵 | 變宮 | 商 |
| 伏孔 | 姑倍 | 角 | | |
| 體中聲 | 姑再倍 | 角 | 羽[一四] | 宮 |

大呂笛

| 孔 | 律 | 正聲調 | 下徵調 | 清角調 |
|---|---|---|---|---|
| 伏孔 | 仲 | 角 | 羽[一五] | |
| 後出孔 | 夾 | 商 | 徵 | 變宮非正 |
| 第一孔 | 大 | 宮 | 變徵假用 | 羽非正 |
| 第二孔 | 黃 | 變宮 | 角 | 徵 |
| 第三孔 | 無倍 | 羽 | 商 | 變徵非正 |
| 第四孔 | 夷倍 | 徵 | 宮 | 角非正 |
| 第五孔 | 林倍 | 變徵 | 變宮 | 商 |
| 伏孔 | 仲倍 | 角 | | |
| 體中聲 | 仲再倍 | 角 | 羽 | 宮 |

太蔟笛

| | | 正聲調 | 下徵調 | 清角調 |
|---|---|---|---|---|
| 伏孔 | 蕤 | 角 | | |
| 後出孔 | 姑 | 商 | 徵 | 變宮非正 |
| 第一孔 | 太 | 宮 | 變徵假用 | 羽非正 |
| 第二孔 | 大 | 變宮 | 角 | 徵 |
| 第三孔 | 應倍 | 羽 | 商 | 變徵非正 |
| 第四孔 | 南倍 | 徵 | 宮 | 角非正 |
| 第五孔 | 夷倍 | 變徵 | 變宮 | 商 |
| 伏孔 | 蕤倍 | 角 | | |
| 體中聲 | 蕤再倍 | 角 | 羽 | 宮 |

夾鍾笛

| | | 正聲調 | 下徵調 | 清角調 |
|---|---|---|---|---|
| 伏孔 | 林 | 角 | | |
| 後出孔 | 仲 | 商 | 徵 | 變宮非正 |
| 第一孔 | 夾 | 宮 | 變徵假用 | 羽非正 |
| 第二孔 | 太 | 變宮 | 角 | 徵 |
| 第三孔 | 黃 | 羽 | 商 | 變徵非正 |
| 第四孔 | 無倍 | 徵 | 宮 | 角非正 |
| 第五孔 | 南倍 | 變徵 | 變宮 | 商 |
| 伏孔 | 林倍 | 角 | | |
| 體中聲 | 林再倍 | 角 | 羽 | 宮 |

| 姑洗笛 | | 正聲調 | 下徵調 | 清角調 |
|---|---|---|---|---|
| 伏孔 | 夷 | 角 | | |
| 後出孔 | 蕤 | 商 | 徵 | 變宮非正 |
| 第一孔 | 姑 | 宮 | 變徵假用 | 羽非正 |
| 第二孔 | 夾 | 變宮 | 角 | 徵 |
| 第三孔 | 大 | 羽 | 商 | 變徵非正 |
| 第四孔 | 倍應 | 徵 | 宮 | 角非正 |
| 第五孔 | 倍無 | 變徵 | 變宮 | 商 |
| 伏孔 | 倍夷 | 角 | | |
| 體中聲 | 再倍夷 | 角 | 羽 | 宮 |

| 仲呂笛 | | 正聲調 | 下徵調 | 清角調 |
|---|---|---|---|---|
| 伏孔 | 南 | 角 | | |
| 後出孔 | 林 | 商 | 徵 | 變宮非正 |
| 第一孔 | 仲 | 宮 | 變徵假用 | 羽非正 |
| 第二孔 | 姑 | 變宮 | 角 | 徵 |
| 第三孔 | 太 | 羽 | 商 | 變徵非正 |
| 第四孔 | 黃 | 徵 | 宮 | 角非正 |
| 第五孔 | 倍應 | 變徵 | 變宮 | 商 |
| 伏孔 | 倍南 | 角 | | |
| 體中聲 | 再倍南 | 角 | 羽 | 宮 |

| 蕤賓笛 | | 正聲調 | 下徵調 | 清角調 |
|---|---|---|---|---|
| 伏孔 | 無 | 角 | | |
| 後出孔 | 夷 | 商 | 徵 | 變宮非正 |
| 第一孔 | 蕤 | 宮 | 變徵假用 | 羽非正 |
| 第二孔 | 仲 | 變宮 | 角 | 徵 |
| 第三孔 | 夾 | 羽 | 商 | 變徵非正 |
| 第四孔 | 大 | 徵 | 宮 | 角非正 |
| 第五孔 | 黃 | 變徵 | 變宮 | 商 |
| 伏孔 | 無倍 | 角 | | |
| 體中聲 | 無再倍 | 角 | 羽 | 宮 |

| 林鍾笛 | | 正聲調 | 下徵調 | 清角調 |
|---|---|---|---|---|
| 伏孔 | 應 | 角 | | |
| 後出孔 | 南 | 商 | 徵 | 變宮非正 |
| 第一孔 | 林 | 宮 | 變徵假用 | 羽非正 |
| 第二孔 | 蕤 | 變宮 | 角 | 徵 |
| 第三孔 | 姑 | 羽 | 商 | 變徵非正 |
| 第四孔 | 太 | 徵 | 宮 | 角非正 |
| 第五孔 | 大 | 變徵 | 變宮 | 商 |
| 伏孔 | 應倍 | 角 | | |
| 體中聲 | 應再倍 | 角 | 羽 | 宮 |

夷則笛

| 孔 | 律 | 正聲調 | 下徵調 | 清角調 |
|---|---|---|---|---|
| 伏孔 | 黃半 | 角 | | |
| 後出孔 | 無 | 商 | 徵 | 變宮非正 |
| 第一孔 | 夷 | 宮 | 變徵假用 | 羽非正 |
| 第二孔 | 林 | 變宮 | 角 | 徵 |
| 第三孔 | 仲 | 羽 | 商 | 變徵非正 |
| 第四孔 | 夾 | 徵 | 宮 | 角非正 |
| 第五孔 | 太 | 變徵 | 變宮 | 商 |
| 伏孔 | 黃 | 角 | | |
| 體中聲 | 黃倍 | 角 | 羽 | 宮 |

南呂笛

| 孔 | 律 | 正聲調 | 下徵調 | 清角調 |
|---|---|---|---|---|
| 伏孔 | 大半 | 角 | | |
| 後出孔 | 應 | 商 | 徵 | 變宮非正 |
| 第一孔 | 南 | 宮 | 變徵假用 | 羽非正 |
| 第二孔 | 夷 | 變宮 | 角 | 徵 |
| 第三孔 | 蕤 | 羽 | 商 | 變徵非正 |
| 第四孔 | 姑 | 徵 | 宮 | 角非正 |
| 第五孔 | 夾 | 變徵 | 變宮 | 商 |
| 伏孔 | 大 | 角 | | |
| 體中聲 | 大倍 | 角 | 羽 | 宮 |

無射笛

| | | 正聲調 | 下徵調 | 清角調 |
|---|---|---|---|---|
| 伏孔 | 太半 | 角 | | |
| 後出孔 | 黃半 | 商 | 徵 | 變宮（非正） |
| 第一孔 | 無 | 宮 | 變徵（假用） | 羽（非正） |
| 第二孔 | 南 | 變宮 | 角 | 徵 |
| 第三孔 | 林 | 羽 | 商 | 變徵（非正） |
| 第四孔 | 仲 | 徵 | 宮 | 角（非正） |
| 第五孔 | 姑 | 變徵 | 變宮 | 商 |
| 伏孔 | 太 | 角 | | |
| 中體聲 | 太倍 | 角 | 羽 | 宮 |

應鐘笛

| | | 正聲調 | 下徵調 | 清角調 |
|---|---|---|---|---|
| 伏孔 | 夾半 | 角 | | |
| 後出孔 | 大半 | 商 | 徵 | 變宮（非正） |
| 第一孔 | 應 | 宮 | 變徵（假用） | 羽（非正） |
| 第二孔 | 無 | 變宮 | 角 | 徵 |
| 第三孔 | 夷 | 羽 | 商 | 變徵（非正） |
| 第四孔 | 蕤 | 徵 | 宮 | 角（非正） |
| 第五孔 | 仲 | 變徵 | 變宮 | 商 |
| 伏孔 | 夾 | 角 | | |
| 中體聲 | 夾倍 | 角 | 羽 | 宮 |

黃鍾之律長九寸，三分損益，以爲其餘十一律之度。詳見上卷。荀勖製笛，每一笛，四倍其角

聲之律之長，以爲其笛之長。黄鍾笛以姑洗爲角，姑洗長七寸一分一釐有奇，四倍姑洗，故長二尺八寸四分四釐有奇也。大呂笛，以仲呂爲角，仲呂長六寸六分五釐有奇，四倍仲呂，故長二尺六寸六分三釐有奇也。太蔟以下四笛，夷則以下四笛，皆仿此。惟蕤賓、林鍾二笛，八倍其角聲之律者，蓋十二笛若皆四倍角律，則蕤賓、林鍾二笛最短，蕤賓以無射爲角，林鍾以應鐘爲角，故最短。其最長者，夷則笛也。夷則以黄鍾爲角，故最長。夷則以下四笛長，黄鍾以下八笛短，其數不均。故使蕤賓、林鍾二笛加長，則短長各六也。

十二笛皆以本律及角聲之律，從笛首下度爲第一宫孔；以徵聲之律，從宫孔下度爲第四徵孔；以商聲之律，從徵孔上度爲後出商孔；古之笛直吹之，即今之簫也，故有後出孔。以羽聲之律，從商孔下度爲第三羽孔；以角聲之律，從羽孔上度爲正角伏孔；又從羽孔下度爲倍角伏孔；以變宫之律，從正角伏孔下度爲第二變宫孔；蕤賓以下六笛，則此爲伏孔，而稍下爲變宫孔。以變徵之律，從變宫孔下度爲第五變徵孔；黄鍾、大呂二笛，則此爲伏孔，而稍上爲變徵孔。荀勖詳其法於黄鍾笛，其餘十一笛，可依例而推也。

黄鍾笛上度下度所用諸律之度，皆全律也。大呂以下十一笛，則有用半律者，故荀勖自注云：「相生之法，或倍、或半也。」倍非倍律之謂，但對半律言之，則全律爲倍耳。所以用半律者，十二笛之聲，以漸而高。其作孔之度，亦以漸而短。故前一笛用應鐘律者，後一笛則用黄鍾半律，又後一笛則用大吕半律矣。以下皆仿此。今備列大吕以下十一笛所用全律、半律，以便尋覽。　大吕笛，用大吕、夾鍾、仲吕、林鍾、夷則、無射，皆全律，用黄鍾，半律。黄鍾笛變宫用應鐘律，故大吕笛變宫用黄鍾半律也。　太蔟笛，用太蔟、姑洗、蕤賓、夷則、南吕、應鐘，皆全律，用大吕，半律。　夾鍾笛，用夾鍾、仲吕、林鍾、南吕、無射，皆全律，用黄鍾、太蔟，皆半律。　姑洗笛，用姑洗、蕤賓、夷則、無射、應鐘，皆全律，用大吕、夾鍾，皆半律。　仲吕笛，用仲吕、林鍾、南吕、應鐘，皆全律，用黄鍾、太蔟、姑洗，皆半律。　蕤賓笛，用蕤賓、夷則、無射，皆全律，用黄鍾、大吕、夾鍾、仲吕，皆半律。　林鍾笛，用林鍾、南吕、應鐘，皆全律，用大吕、太蔟、姑洗、蕤賓，皆半律。　夷則笛，用夷則、無射，皆全律，用黄鍾、太蔟、夾鍾、仲吕、林鍾，皆半律。　南吕笛，用南吕、應鐘，皆全律，用大吕、夾鍾、姑洗、蕤賓、夷則，皆半律。　無射笛，用無射，全律，用黄鍾、太蔟、姑洗、仲吕、林鍾、南吕，皆半律。　應鐘笛，用應鐘，全律，用大吕、夾鍾、仲吕、蕤賓、夷則、無射，皆半律。

伏孔有四，皆手指所不能按，但以墨點識之而不作孔，但存其虚位而已。其一曰正角伏孔，即所謂左手不及者也。其二曰倍角伏孔，即所謂右手不逮者也。倍角不必作伏孔，但作孔而不以指按，如今笛之出音孔可也。如此則十二笛竹可以同長，不必以四角、八角爲長度矣。荀勖未知作出音孔耳。其三曰變宫伏孔，此惟蕤賓以下六笛有之，仲吕以上六笛所無也。十二笛之孔，以次而密。蕤賓以下六笛變宫孔與宫孔，相去無幾，不能容兩指。故於當作變宫孔之處，但爲伏孔，而於其下别作變宫孔。其變宮孔與伏孔相距之數，則用下度之律四分之一也。蕤賓笛，以仲呂半律，從正角伏孔下度爲變宮伏孔；乃以仲呂半律四分之一，從變宮伏孔下度爲變宮孔。林鍾以下五笛皆仿此。荀勖自注云：「近於宮孔倍令下。」又云：「倍半令下。」又云：「四分益一。」皆謂此也。倍半者，半而又半，即四分之一也。其四曰變徵伏孔。黄鍾、大呂二笛之孔最疏，其羽、徵、變徵三孔，右手三指按之，幾不能及，故於當作變徵孔之處但爲伏孔，而於其上别作變徵孔，謂之附孔。其附孔距伏孔之數，則荀勖無明文，但取手指能按之處可也。二變之聲非正，故作孔可稍高稍下。

黄鍾之笛，宮、商皆正，餘聲皆倍者，黄鍾笛第一孔爲黄鍾，第二孔爲應鐘，第二孔聲濁於第一孔，第一孔爲黄鍾正聲，則第二孔爲應鐘倍聲矣。第三孔以下皆仿此。以此推之，其餘諸笛，凡黄鍾、大呂孔之下，皆倍聲也；無射、應鐘孔之上，皆半聲也。自黄鍾至林鍾八笛，第五孔下之伏孔爲倍角，則體中爲再倍也。夷則以下四笛，則此伏孔爲正角，而體中爲倍角也。此伏孔爲正角，則後出孔上之伏孔爲半角也。凡云體中者，翕笛聲也。十二笛體及作孔，皆有長短之度，惟無圍徑大小之度，但云：「短笛竹宜受八律之黍。」又云：「笛竹率上大、下小，不能均齊，必不得已，取其聲均合。」案：竹管受黍之數，最無定準，今幸有荀勖律尺，則不必論黍數矣。余以其尺度竹管空徑三分者，截九寸吹之，爲黄鍾聲。又取今製笛之竹，從首下度一尺六寸一分一釐，黄鍾笛，以黄鍾、姑洗二律，從笛首下度爲宫孔，黄鍾九寸，姑洗七寸一分一釐，共一尺六寸一分一釐也。作孔吹之，高於九寸管聲。然則今笛竹小於荀勖笛竹也。於是取稍大之竹，從首下度一尺六寸一分一氂作孔，而以九寸管校之，取其聲相應者，以仿造十二笛，此荀勖所謂「取其聲均合」者也。

「竹聲不可以度調」，故自古無製笛作孔應律之法。漢、魏笛孔，不能應律，實由於此。《晉書》謂：「勖於千載之外，推百代之法，度數既宜，聲韻又契，可謂切密，信而有徵。」余謂勖特創此法，實古人所未及。然亦大略之數而非極密之數也。弦聲三分損益，本大略之數，竹聲下度、上度，亦大略之數。使工人有法可循，則不至如漢、魏時之作笛無法耳。必知其爲大略之數者，如黃鍾笛，從笛首下度一尺六寸一分一氂爲黃鍾之孔。黃鍾九寸，姑洗七寸一分一氂，共一尺六寸一分一氂也。大呂笛，則從笛首下度一尺六寸零三氂爲黃鍾之孔。大呂八寸四分二氂，仲呂六寸六分五氂，共一尺五寸零七氂爲宮孔；加夷則五寸六分一氂，得二尺零六分八氂爲徵孔；減夾鍾七寸四分九氂，得一尺三寸一分九氂爲商孔；加無射四寸九分九氂，得一尺八寸一分八氂爲羽孔；減仲呂六寸六分五氂，得一尺一寸五分三氂爲正角伏孔；加黃鍾半律四寸五分，得一尺六寸零三氂爲變宮孔，即黃鍾聲也。二者相較差八氂，則非極密也。不獨大呂笛有微差，其餘諸笛，皆有微差。不獨黃鍾孔有微差，其餘諸孔，皆有微差。其數太繁，今不盡述。吾故曰：大略之數，而非極密之數也。況笛竹又必上大下小，故荀勖云：「工人造其形，律者定其聲，然後器象有制，音均和協。」正以算數，但得其大略，必再定其聲，乃能和協。蓋以弦聲定之。如有不協，則必稍移其孔，蓋上度、下度之數，細極毫氂，而笛孔則徑數分，今笛孔徑今尺二分半，爲荀勖尺四分。荀勖笛孔，亦當如是。孔雖稍移，而上度、下度之點，仍在孔中也。其笛體四角、八角，尤爲大略之數。故荀勖云：「必不得已，取其聲均合。」然則笛體，亦可以稍長、稍短，非必拘泥四角、八角矣。

荀勖笛孔應律與列和異本，但可吹一調，而不可轉調。其轉爲下徵調，假用黄鍾爲變徵，尚可以應鐘、太蔟二孔，磓礳而成。至清角調，則羽聲、角聲、變宮聲、變徵聲，俱失之濁，須加哨令清矣。哨，若今頭管觱篥之哨。然必轉爲三調者，蓋以漢、魏相傳之笛，可以轉調，故猶勉强而爲此也。觀其「下徵調」自注云：「下徵更爲宫者，《記》所謂五聲十二律還相爲宫。」然則每一宫必有轉調，而後還宫之法乃備，非止十二宫而已也。

姜堯章自製曲《徵招》、《角招》序云：「依《晉史》名曰黄鍾下徵調、黄鍾清角調。」案：姜氏之説非也。《晉史》之黄鍾下徵調者，用黄鍾笛而以林鍾之孔爲宫；黄鍾清角調者，用黄鍾笛而以體中姑洗爲宫也。姜氏《徵招》序云：「不可多用變徵蕤賓、變宫應鐘。」然則姜氏之《徵招》以黄鍾爲宫，故蕤賓爲變徵，應鐘爲變宫，非《晉史》之黄鍾下徵調。以此推之，其《角招》亦非《晉史》之黄鍾清角調矣。姜氏實未解晉笛三調也。

惠天牧《禮説》以晉笛三調爲《周禮》不用商調之證。其説云：「古者一宫四調，沿及魏、晉，三調猶存：曰正宫調，曰清角調，曰下徵調，而羽調亡矣。」案：惠氏此説亦非也。晉黄鍾笛清角調者，以黃鍾之孔爲宮，則體中姑洗爲角。轉以體中姑洗爲宮，則謂之清角調，而非如《周禮》所謂黃鍾爲角也。太蔟笛下徵調者，以太蔟之孔爲宮，則南吕之孔爲徵。轉以南吕之孔爲宮，則謂之下徵調，而非如《周禮》所謂太蔟爲徵也。惠氏亦未解晉笛三調也。且荀勖云：「清角調唯得爲謡俗之曲，不合雅樂[一六]。」又不可以爲《周禮》之證也。

凌次仲云：「絲聲之度，長短不齊，今之琴徽可驗也。竹聲之度，長短如一，今之笛孔可驗也。故今時所用之笛，七孔相距，長短如一；與琴徽之相距不同，稽之古法正合。荀勖不知竹聲之度異於絲聲，乃依京房之術，妄以笛孔取則琴徽，反譏列和作笛無法。」案：凌氏之譏荀勖尤非也。荀勖正以竹聲之度異於絲聲，故不用三分損益之法，而别創上度、下度之法，安得謂之不知乎？竹聲之度異於絲聲，即京房所謂「竹聲不可以度調」，此説出自京房，何反譏京房之術乎？京房但知竹聲不可以度調，至荀勖乃悟竹聲可以上度、下度，此則荀勖自創之術，豈用京房之術乎？荀勖所云，或倍、或半、或四分一，取則於琴徽者，琴弦之半爲七徽，四分一爲四徽，其音皆相應，荀勖笛上度、下度，或用全律、或用半律、或用四分之一，故云取則於琴徽，非謂琴徽疏密不齊，而作笛孔疏密不齊者以則之也。凌氏未解其説耳。惠天牧《琴笛理數考》云：「笛孔疏密，取則琴徽」，此亦誤解荀勖之説者也。惠氏此書余未見，此據錢辛楣所爲《惠先生傳》。荀勖所以譏列和者，以諸弦歌皆從笛爲正，笛不應律，則弦歌皆不應律，安得而不譏之乎？凌氏以今笛孔相距如一者，爲竹聲真度。

如其說，則但有七聲而無十二律矣。此凌氏囿於今之俗樂，安得以譏荀勖乎？蓋荀勖笛制，雖載在《晉》、《宋》二史，而自來罕知其説者。以姜堯章之深於音律，惠天牧、凌次仲之精於考古，而皆不得其解，信乎難索解人矣！胡氏彦昇《樂律表微》謂荀勖黄鍾一笛，具七律之調，則全不解荀勖笛制者也。

《隋書·音樂志》云：「笛有七孔，以應七聲。黄鍾之笛，長二尺八寸四分四釐有奇。」案：此黄鍾笛之長，正與荀勖同。然則荀勖笛制，流傳至隋猶用之。凌氏謂荀勖笛當時不能用，後世不可行，非也。荀勖笛六孔，而《志》云七孔，或隋時增角聲一孔爲出音孔歟？荀勖言，列和之笛「七孔聲均」，則漢、魏之笛已七孔矣。今笛出音孔作二孔、四孔，乃俗工所爲，便於繫繩耳。如琴之兩旁屈曲，無一定度數，亦俗工所爲。古人作此屈曲，必以識十二律之位，後來失其傳耳。詳見余所著《琴律譜》附識於此。

或曰：「今笛孔相距如一，有七聲而無十二律則然矣。凌氏以此爲竹聲真度，何以明其不然耶？」曰：「此易明也。今笛孔相距七分有奇，簫孔相距一寸許。若竹聲真度，相距如一，則簫、笛皆竹也，簫孔與笛孔，亦當如一。何以笛聲清則孔密，簫聲濁則孔疏乎？觀簫、笛二管，其孔之疏密，不能如一。可悟一管，亦同此理。距吹口近則聲清，而孔當密；距吹口遠則聲濁，而孔當疏。由近漸遠，由清漸濁，亦由密漸疏，無可疑者。若必以疏密如一者爲竹聲真度，試問笛孔是真度乎？簫孔是真度乎？將何所適從哉？」六孔疏密如一，便於造笛工人，此是巧法。試觀吹笛者，吹工字調，盡按六孔爲合字，開下一孔爲四字，二孔爲一字，次第而上，至凡字當盡開六孔。而今只開第一孔、第四孔，可見第一孔失之高，而吹笛者補救之也。蓋盡開六孔，則手不能執笛，惟遷就之，使其孔稍高，則可不盡開矣。此乃巧法也，豈真度乎？若以爲真度，試於今笛第一孔上，作二三孔，第六孔下作二三孔，皆相距如一，則其差多矣。此可試之而立見者也。《律吕正義後編》雖不盡信荀勖笛，然謂唐以下，簫、笛孔相距適均，尤不可爲典要。律吕相生，其差以漸，而少無適均者，此乃定論也。

欲求竹聲真度，則當用連比例十三率算之，乃可得也。其法以黄鍾少宫三寸九分爲一率，黄鍾九寸爲十三率，以三寸九分除九寸，得二三〇七六九二三爲實，十一乘方開之，得一〇七二一七二，爲連比例屢乘法，自三寸九分遞乘之，得應鐘至大吕十一律之數。此近者南海鄒特夫所算竹聲真度。若用鄭世子法，則以黄鍾九寸，與黄鍾少宫三寸九分相乘，開方得蕤賓亦可也。求餘十律同前。連比例算法，非俗工所解，然論真度，則必如此，數理乃通。凌氏固明算者，蓋未之思耳。

竹聲連比例十三律

黄鍾九寸

大吕八寸三分九釐四毫

太蔟七寸八分二釐九毫

夾鍾七寸三分〇二毫

姑洗六寸八分一釐一毫
仲吕六寸三分五釐三毫
蕤賓五寸九分二釐五毫
林鍾五寸五分二釐六毫
夷則五寸一分五釐四毫
南吕四寸八分〇七毫
無射四寸四分八釐四毫
應鐘四寸一分八釐二毫
黄鍾少宫三寸九分

古法：黄鍾九寸爲宫，三分損一，下生林鍾六寸爲徵。《律吕正義》則黄鍾爲宫，夷則爲徵。觀此竹聲真度，而了然明白矣。古法林鍾六寸，非竹聲真度。故京房云「竹聲不可以度調」也。竹聲真度，林鍾五寸五分二釐六毫，與古法夷則五寸六分一釐八毫相近。《正義》謂黄鍾爲宫，夷則爲徵，以此故也。《正義》律吕，與古不同，皆由於此也。

# 卷四

## 梁隋八十四調考

《隋書·音樂志》曰：鄭譯云：周武帝時，有龜茲人曰蘇祗婆，善胡琵琶。聽其所奏，一均之中，間有七聲。因而問之，答云：「父在西域，稱爲知音，代相傳習。」調有七種，以其七調，勘校七聲，冥若合符：一曰娑陁力，華言平聲，即宮聲也；二曰雞識，華言長聲，即南呂聲也；凌次仲曰：「南呂聲，當爲商聲之誤。」三曰沙識，華言質直聲，即角聲也；四曰沙侯加濫，華言應聲，即變徵聲也；五曰沙臘，華言應和聲，即徵聲也；六曰般贍，華言五聲，即羽聲也；七曰俟利箑，華言斛牛聲，即變宮聲也。鄭譯因習而彈之[一七]，始得七聲之正。然其就此七調，又有五旦之名。旦作七調，以華言譯之，旦者，則謂均也。其聲亦應黃鍾、太蔟、林鍾、南呂、姑洗，五均已外，七律更無調聲。譯遂因其所捻琵琶弦柱，相飲爲均，推演其聲，更立七均，合成十二，以應十二律。律有七音，音立一調，故成七調，十二律合八十四調，旋轉相交，盡皆和合。

又《萬寶常傳》曰：父大通從梁將王琳歸于齊，後復謀還江南，事泄伏誅。由是寶常被配爲樂户，因而妙達鍾律，大爲時人所賞。然歷周洎隋，俱不得調。開皇初，沛國公鄭譯等定樂，每召與議。寶常奉詔，造諸樂器〔一八〕，其聲率下鄭譯調二律。并撰《樂譜》六十四卷，具論八音旋相爲宫之法，改弦移柱之變，爲八十四調。時人以《周禮》有旋宫之義，自漢、魏已來，知音者皆不能通，見寶常特創其事，皆哂之。《北史》同

《舊五代史·樂志》曰：兵部尚書張昭等議曰：梁武帝素精音律，自造四通十二笛，以鼓八音。又引古五正、二變之音，旋相爲宫，得八十四調。侯景之亂，其音又絶。隋沛公鄭譯因龜茲琵琶七音，以應月律，五正、二變，七調克諧，旋相爲宫，復爲八十四調。

《遼史·樂志》曰：「隋高祖詔求知音者，鄭譯得西域蘇祇婆七旦之聲，案：「七旦當作五旦。」求合七音、八十四調之説。由是雅俗之樂，皆此聲矣。」

**黄鍾均七調**

黄大太夾姑仲蕤林夷南無應

宫　商　角　變徵　徵　羽　變宫

商　角　變徵　徵　羽　變宫　宫

| | | | | |
|---|---|---|---|---|
| 角 | 變徵 | 徵 | 羽 | 變宮 |
| | 徵 | | | 宮 |
| 變徵 | | 羽 | 變宮 | |
| 徵 | 羽 | | 宮 | 商 |
| | | 變宮 | | |
| 羽 | 變宮 | 宮 | 商 | 角 |
| | 宮 | | | |
| 變宮 | | 商 | 角 | 變徵 |
| 宮 | 商 | | | 徵 |
| | | 角 | 變徵 | |
| 商 | 角 | | 徵 | 羽 |
| | | 變徵 | | |

## 大吕均七調

| | | | | | |
|---|---|---|---|---|---|
| 大 | 宮 | 商 | 角 | 變徵 | 徵 |
| 太 | | | | 徵 | |
| 夾 | 商 | 角 | 變徵 | | 羽 |
| 姑 | | | 徵 | 羽 | |
| 仲 | 角 | 變徵 | | | 變宮 |
| 蕤 | | 徵 | 羽 | 變宮 | 宮 |
| 林 | 變徵 | | | 宮 | |
| 夷 | 徵 | 羽 | 變宮 | | 商 |
| 南 | | | 宮 | 商 | |
| 無 | 羽 | 變宮 | | | 角 |
| 應 | | 宮 | 商 | 角 | |
| 半黃 | 變宮 | | | | 變徵 |

| | |
|---|---|
| 羽 | 變宮 |
| | 宮 |
| 變宮 | |
| 宮 | 商 |
| | |
| 商 | 角 |
| | |
| 角 | 變徵 |
| | 徵 |
| 變徵 | |
| 徵 | 羽 |
| | |

## 太蔟均七調

| | | | | | | | |
|---|---|---|---|---|---|---|---|
| 太 | 宮 | 商 | 角 | 變徵 | 徵 | 羽 | 變宮 |
| 夾 | | | | 徵 | | | 宮 |
| 姑 | 商 | 角 | 變徵 | | 羽 | 變宮 | |
| 仲 | | | 徵 | 羽 | | 宮 | 商 |
| 蕤 | 角 | 變徵 | | | 變宮 | | |
| 林 | | 徵 | 羽 | 變宮 | 宮 | 商 | 角 |
| 夷 | 變徵 | | | 宮 | | | |
| 南 | 徵 | 羽 | 變宮 | | 商 | 角 | 變徵 |
| 無 | | | 宮 | 商 | | | 徵 |
| 應 | 羽 | 變宮 | | | 角 | 變徵 | |
| 黃半 | | 宮 | 商 | 角 | | 徵 | 羽 |
| 大半 | 變宮 | | | | 變徵 | | |

## 夾鍾均七調

| | | | | | | | |
|---|---|---|---|---|---|---|---|
| 夾 | 宮 | 商 | 角 | 變徵 | 徵 | 羽 | 變宮 |
| 姑 | | | | 徵 | | | 宮 |
| 仲 | 商 | 角 | 變徵 | | 羽 | 變宮 | |
| 蕤 | | | 徵 | 羽 | | 宮 | 商 |
| 林 | 角 | 變徵 | | | 變宮 | | |
| 夷 | | 徵 | 羽 | 變宮 | 宮 | 商 | 角 |
| 南 | 變徵 | | | 宮 | | | |
| 無 | 徵 | 羽 | 變宮 | | 商 | 角 | 變徵 |
| 應 | | | 宮 | 商 | | | 徵 |
| 半黃 | 羽 | 變宮 | | | 角 | 變徵 | |
| 半大 | | 宮 | 商 | 角 | | 徵 | 羽 |
| 半太 | 變宮 | | | | 變徵 | | |

## 姑洗均七調

| | |
|---|---|
| 姑 | 宮 |
| 仲 | |
| 蕤 | 商 |
| 林 | |
| 夷 | 角 |
| 南 | 變徵 |
| 無 | 徵 |
| 應 | |
| 半黃 | 羽 |
| 半大 | |
| 半太 | |
| 半夾 | 變宮 |

| | | | | | |
|---|---|---|---|---|---|
| 商 | 角 | 變徵 | 徵 | 羽 | 變宮 |
| | | 徵 | | | 宮 |
| 角 | 變徵 | | 羽 | 變宮 | |
| | 徵 | 羽 | | 宮 | 商 |
| 變徵 | | | 變宮 | | |
| 徵 | 羽 | 變宮 | 宮 | 商 | 角 |
| | | 宮 | | | |
| 羽 | 變宮 | | 商 | 角 | 變徵 |
| | 宮 | 商 | | | 徵 |
| 變宮 | | | 角 | 變徵 | |
| 宮 | 商 | 角 | | 徵 | 羽 |
| | | | 變徵 | | |

## 仲呂均七調

| | | | | |
|---|---|---|---|---|
| 仲 | 宮 | 商 | 角 | 變徵 |
| 蕤 | | | | 徵 |
| 林 | 商 | 角 | 變徵 | |
| 夷 | | | 徵 | 羽 |
| 南 | 角 | 變徵 | | |
| 無 | | 徵 | 羽 | 變宮 |
| 應 | 變徵 | | | 宮 |
| 半黃 | 徵 | 羽 | 變宮 | |
| 半大 | | | 宮 | 商 |
| 半太 | 羽 | 變宮 | | |
| 半夾 | | 宮 | 商 | 角 |
| 半姑 | 變宮 | | | |

| | | |
|---|---|---|
| 徵 | 羽 | 變宮 |
| | | 宮 |
| 羽 | 變宮 | |
| | 宮 | 商 |
| 變宮 | | |
| 宮 | 商 | 角 |
| | | |
| 商 | 角 | 變徵 |
| | | 徵 |
| 角 | 變徵 | |
| | 徵 | 羽 |
| 變徵 | | |

## 蕤賓均七調

| | | | | | | | |
|---|---|---|---|---|---|---|---|
| 蕤 | 宮 | 商 | 角 | 變徵 | 徵 | 羽 | 變宮 |
| 林 | | | | 徵 | | | 宮 |
| 夷 | 商 | 角 | 變徵 | | 羽 | 變宮 | |
| 南 | | | 徵 | 羽 | | 宮 | 商 |
| 無 | 角 | 變徵 | | | 變宮 | | |
| 應 | | 徵 | 羽 | 變宮 | 宮 | 商 | 角 |
| 黃半 | 變徵 | | | 宮 | | | |
| 大半 | 徵 | 羽 | 變宮 | | 商 | 角 | 變徵 |
| 太半 | | | 宮 | 商 | | | 徵 |
| 夾半 | 羽 | 變宮 | | | 角 | 變徵 | |
| 姑半 | | 宮 | 商 | 角 | | 徵 | 羽 |
| 仲半 | 變宮 | | | | 變徵 | | |

## 林鍾均七調

林夷南無應黄半大半太半夾半姑半仲半蕤半

宮　商　角　變徵　徵　羽　變宮

商　角　變徵　徵　羽　變宮　宮

角　變徵　徵　羽　變宮　宮　商

變徵　徵　羽　變宮　宮　商　角

徵　羽　變宮　宮　商　角　變徵

羽　變宮　宮　商　角　變徵　徵

變宮　宮　商　角　變徵　徵　羽

## 夷則均七調

夷南無應黄半大半太半夾半姑半仲半蕤半林半

宮　商　角　變徵　徵　羽　變宮

| | | | | | |
|---|---|---|---|---|---|
| 商 | 角 | 變徵 | 徵 | 羽 | 變宮 |
| | | 徵 | | | 宮 |
| 角 | 變徵 | | 羽 | 變宮 | |
| | 徵 | 羽 | | 宮 | 商 |
| 變徵 | | | 變宮 | | |
| 徵 | 羽 | 變宮 | 宮 | 商 | 角 |
| | | 宮 | | | |
| 羽 | 變宮 | | 商 | 角 | 變徵 |
| | 宮 | 商 | | | 徵 |
| 變宮 | | | 角 | 變徵 | |
| 宮 | 商 | 角 | | 徵 | 羽 |
| | | | 變徵 | | |

## 南呂均七調

| | | | | | |
|---|---|---|---|---|---|
| 南 | 宮 | 商 | 角 | 變徵 | 徵 |
| 無 | | | | 徵 | |
| 應 | 商 | 角 | 變徵 | | 羽 |
| 半黃 | | | 徵 | 羽 | |
| 半大 | 角 | 變徵 | | | 變宮 |
| 半太 | | 徵 | 羽 | 變宮 | 宮 |
| 半夾 | 變徵 | | | 宮 | |
| 半姑 | 徵 | 羽 | 變宮 | | 商 |
| 半仲 | | | 宮 | 商 | |
| 半蕤 | 羽 | 變宮 | | | 角 |
| 半林 | | 宮 | 商 | 角 | |
| 半夷 | 變宮 | | | | 變徵 |

| | |
|---|---|
| 羽 | 變宮 |
| | 宮 |
| 變宮 | |
| 宮 | 商 |
| | |
| 商 | 角 |
| | |
| 角 | 變徵 |
| | 徵 |
| 變徵 | |
| 徵 | 羽 |
| | |

## 無射均七調

| 律 | | | | | | | |
|---|---|---|---|---|---|---|---|
| 無 | 宮 | 商 | 角 | 變徵 | 徵 | 羽 | 變宮 |
| 應 | | | | 徵 | | | 宮 |
| 黃半 | 商 | 角 | 變徵 | | 羽 | 變宮 | |
| 大半 | | | 徵 | 羽 | | 宮 | 商 |
| 太半 | 角 | 變徵 | | | 變宮 | | |
| 夾半 | | 徵 | 羽 | 變宮 | 宮 | 商 | 角 |
| 姑半 | 變徵 | | | 宮 | | | |
| 仲半 | 徵 | 羽 | 變宮 | | 商 | 角 | 變徵 |
| 蕤半 | | | 宮 | 商 | | | 徵 |
| 林半 | 羽 | 變宮 | | | 角 | 變徵 | |
| 夷半 | | 宮 | 商 | 角 | | 徵 | 羽 |
| 南半 | 變宮 | | | | 變徵 | | |

## 應鐘均七調

| 應 | 黄半 | 大半 | 太半 | 夾半 | 姑半 | 仲半 | 蕤半 | 林半 | 夷半 | 南半 | 無半 |
|---|---|---|---|---|---|---|---|---|---|---|---|
| 宫 | | 商 | | 角 | | 變徵 | 徵 | | 羽 | | 變宫 |
| 商 | | 角 | | 變徵 | 徵 | | 羽 | | 變宫 | 宫 | |
| 角 | | 變徵 | 徵 | | 羽 | | 變宫 | 宫 | | 商 | |
| 變徵 | 徵 | | 羽 | | 變宫 | 宫 | | 商 | | 角 | |
| 徵 | | 羽 | | 變宫 | 宫 | | 商 | | 角 | | 變徵 |
| 羽 | | 變宫 | 宫 | | 商 | | 角 | | 變徵 | 徵 | |
| 變宫 | 宫 | | 商 | | 角 | | 變徵 | 徵 | | 羽 | |

《隋志》載梁武帝制十二笛，而不言有八十四調。其言鄭譯推演蘇祇婆琵琶成八十四調，亦不云復梁武之舊。然《舊五代志》張昭等之説，則確鑿可信，特隋、唐人書亡佚者，多不能考其所本耳。萬寶常本梁人，其爲八十四調，蓋即用梁武之舊法也，必知梁武八十四調可信者。自列和以來至今日之笛，皆匀排六孔，并體中聲爲七聲。七聲旋轉，則爲七調。梁武既有十二笛，則旋轉爲

八十四調無疑矣。《宋史・樂志》載姜夔議云：古樂止用十二宮。鄭譯之八十四調，出於蘇祇婆之琵琶。凌氏《燕樂考原》引姜氏此説，遂力詆八十四調。蓋皆據《隋志》而未考《舊五代志》。然凌氏謂梁武十二笛爲竇公以來相傳之遺法，《述笛》篇。又云：「今笛止七調，欲備八十四調，必十二笛而後可。」《與阮伯元侍郎書》。如其説，則梁武十二笛，已備八十四調，且傳自竇公而非出於蘇祇婆、鄭譯也。《遼志》言鄭譯得蘇祇婆七旦之聲，求合八十四調之説。是先有八十四調之説，鄭譯求與之合，文義甚顯。凌氏書引《遼志》而未喻其意，亦凌氏之疏也。

姜氏但據《隋書・音樂志》鄭譯有八十四調，而未考《萬寶常傳》亦有八十四調，尤爲疏漏。鄭譯八十四調，出於蘇祇婆；豈萬寶常八十四調，又出於蘇祇婆乎？且史言八十四調爲寶常特創，則鄭譯之求合八十四調，安知非即求合於寶常者乎？然即但據《音樂志》，亦未可以十二宮以外之調，盡歸之蘇祇婆也。《音樂志》云：蘇夔「駁譯曰：『《韓詩外傳》所載樂聲感人及《月令》所載五音所中，並皆有五，不言變宮、變徵。又《春秋左氏》所云：「七音六律，以奉五聲。」准此而言，每宮應立五調，不聞更加變宮、變徵二調爲七調，七調之作，所出未詳。』」案：此云所出未詳者，謂不見於經傳，如所引《韓詩外傳》、《月令》、《左傳》之類也。又云：何妥恥已宿儒，不逮譯等，欲沮壞其事。乃立議非其七調之義。曰：近代書記所載，縵樂、鼓琴、吹笛之人，多云三調，三調之聲，其來久矣，請存三調而已。案：鄭譯推演蘇祇婆琵琶，乃蘇夔、何妥所目睹。若八十四調除十二宮之外，其餘皆出於蘇祇婆，則蘇夔、何妥必盡駁之非之矣，何以蘇夔猶云應立五調，何妥猶云請存三調乎？姜氏之説，蓋不使胡樂亂古樂，其意甚善。然於古樂之所有者亦棄去之，以與胡樂相避，則矯枉而過直者也。《朱子語類》云：「南北之亂，中華雅樂中絶，隋文帝時鄭譯得之於蘇祇婆，蘇祇婆乃自西域傳來。」

案：朱子之説，與姜氏説略同，蓋亦未詳考也。

觀《隋志》所載蘇祇婆琵琶，則西域但知有七聲，不知有十二律也。中國古樂有十二律，胡樂但有七聲。古樂、胡樂之不同者在此。考古樂者，當於此辨之。今俗樂但有七聲而無十二律，正與蘇祇婆同矣，可勝嘆哉！觀《隋志》所載鄭譯推演之法，以蘇祇婆五旦，應中國黄鍾、太蔟、林鍾、南吕、姑洗五均，而無大吕、夾鍾、仲吕、蕤賓、夷則、無射、應鍾七均，故補完之，以合於十二律。所謂推演者如此，所謂求合者如此。琵琶四弦而有十二均者，以一弦兼三均也。第一弦慢，則爲黄鍾；稍緊，則爲大吕；又緊，則爲太蔟。第二弦慢，則爲夾鍾；稍緊，則爲姑洗；又緊，則爲仲吕。第三弦慢，則爲蕤賓；稍緊，則爲林鍾；又緊，則爲夷則。第四弦慢，則爲南吕；稍緊，則爲無射；又緊，則爲應鍾也。蘇祇婆琵琶五旦，亦當有一弦兼二旦者，《新唐書·禮樂志》云：「龜茲伎有五弦。」又云：「五弦如琵琶而小。」或蘇祇婆之五旦，本用五弦歟？

鄭譯之八十四調，當周宣帝時已獻於朝矣。《周書·斛斯徵傳》云：宣帝嗣位，鄭譯乃獻新樂，十二月各一笙，每一笙用十六管，帝令與徵議之。徵駁而奏，帝頗納焉。案：十二笙即十二均也，十六管即十二律加四清聲也。每一笙十六管，轉爲七調，十二笙則八十四調也。惟斛斯徵所駁不知云何？蓋與蘇夔、何妥二説，相去不遠也。

淩次仲謂八十四調繁複而不可施用，此語頗中其病。然梁武帝、萬寶常、鄭譯之爲此，蓋非盡欲施用，特備其數而已。前乎梁武帝、萬寶常、鄭譯者，《周禮》「三大祭」之樂，但用十一調。本十二調，圜丘、宗廟同用太蔟爲徵，故十一調耳。而《大師職》必云六律六同，皆文之以五聲；《禮運》必云十二管還相爲宫。後乎梁武帝、萬寶常、鄭譯者，宋時但用二十八調，而《宋史・樂志》所載《景祐樂髓》及張炎《詞源》必盡列八十四調，亦取其備而已。焦里堂《二十八調辨》云：「或疑八十四之數非其實。然不必疑也。如以喉、舌、齒、牙、脣各依等韻，則必有若干音；然制之爲字，不及其音之半。《説文》九千餘字，便於用，而人人共識者，又不及其半。不得以所用者少，遂疑古之字少；亦不得以字不及音之數，遂疑並無此音。聲調之有八十四，其理如是也。後世取其便於肄習，故日減日少，無可疑也。」焦氏此説，真通人之論矣。

# 卷五

## 唐八十四調考

《通典》曰：「祖孝孫以梁、陳舊樂，雜用吳、楚之音；周、齊舊樂，多涉胡戎之技。於是斟酌南北，考以古音，而作《大唐雅樂》。以十二律各順其月，旋相爲宮。按《禮記》云：『大樂與天地同和』，『治世之音安以樂，其政和。』故製《十二和》之樂，合三十二曲，八十有四調。」《舊唐書·音樂志》同。

《舊唐書·音樂志》曰：「景龍三年，中宗親祀昊天上帝樂章：皇帝行，用《太和》，圜鍾宮。告謝，圜鍾宮。登歌，用《肅和》，無射均之林鍾羽。迎俎，用《雍和》，圜鍾均之黄鍾羽。酌獻，用《福和》，圜鍾宮。中宫助祭昇壇，用函鍾宮。亞獻，用函鍾宮。送文舞出，迎武舞入，用《舒和》，圜鍾均之中呂商。武舞作，用《凱安》，圜鍾均之無射徵。」

又曰：「開元十一年，玄宗祀昊天於圓丘樂章：降神，用《豫和》，圜鍾宫三成，黄鍾角一成，太蔟徵一成，姑洗羽一成，以上六變。皇祖光皇帝室酌獻，用《長發》，黄鍾宫。太祖景皇帝室酌獻，用《大基》，太蔟宫。代祖元皇帝室酌獻，用《大成》，姑洗宫。高祖神堯皇帝室酌獻，用《大明》，蕤賓宫。太宗文武聖皇帝室酌獻，用《崇德》，夷則宫。高宗天皇大帝室酌獻，用《鈞天》，黄鍾宫。義宗孝敬皇帝室酌獻，用《承和》，黄鍾宫。」

又曰：「玄宗開元十三年，封泰山祀天樂：降神，用《豫和》，六變：夾鍾宫之一、夾鍾宫之二、夾鍾宫之三、黄鍾宫、按：宫當作角。太蔟徵、姑洗羽。登歌、奠玉帛，用《肅和》，羽調。酌獻，用《壽和》，黄鍾宫調。送文舞出、迎武舞入，用《舒和》，商調。送神，用《豫和》，夾鍾宫調。」

又曰：「則天大聖皇帝享明堂樂章：皇帝行，用黄鍾宫。登歌，用大吕均、無射羽。配饗，宫音、角音、徵音、商音、羽音。」

又曰：「祀五方上帝於五郊樂章：祀黄帝，降神，奏宫音。祀青帝，降神，用角音。祀赤帝，降神，用徵音。祀白帝，降神，用商音。祀黑帝，降神，用羽音。」

又曰：「睿宗太極元年祭皇地祇於方丘樂章：迎神，用《順和》，黄鍾宫。案：當作林鍾宫。三變：太蔟角一變、姑洗徵一變、南吕羽一變。案：此當八變，此數不合，必有誤字。金奏，新加太蔟宫。登歌、奠玉帛，用《肅和》，應鐘均之夷則。案：當脱羽字。送神，用《順和》，林鍾宫。」

又曰：「玄宗開元十一年祭皇地祇於汾陰樂章：迎神，用《順和》，林鍾以下各再變：林鍾宫、太蔟角、姑洗徵、南吕羽。皇帝行，用《太和》，黄鍾宫。登歌、奠玉帛，用《肅和》，蕤賓均之夾鍾羽。迎俎，用《雍和》，黄鍾均之南吕羽。酌獻、飲福，用《壽和》，黄鍾宫。送文舞出、迎武舞入，用《舒和》，太蔟宫。武舞，用《凱安》，黄鍾均之林鍾徵。」

又曰：「享太廟樂章：迎神，用《永和》，黄鍾宫三成，大吕角二成，太蔟案：脱「徵」字。二成，應鐘羽二成，揔九變。登歌、酌鬯，用《肅和》，夾鍾均之黄鍾羽。皇祖宣簡公酌獻，用《長發》，無射宫。皇祖懿王酌獻，用《長發》，黄鍾宫。太祖景皇帝酌獻，用《大基》，太蔟宫。世祖元皇帝酌獻，用《大成》，姑洗宫。高祖大武皇帝酌獻，用《大明》，蕤賓宫。」

又曰：「又享太廟樂章：太宗文皇帝酌獻，用《崇德》，夷則宫。高宗天皇太帝酌獻，用《鈞天》，黄鍾宫。中宗孝和皇帝酌獻用《太和》，大蔟宫。睿宗大聖真皇帝酌獻，用《景雲》，黄鍾宫。皇祖宣皇帝酌獻，用《光大》，無射宫。」

又曰：「又享太廟樂章：迎神，黄鍾宫，大吕角，太蔟徵，應鐘羽。金奏，無射宫。」

又曰：「中宗孝和皇帝神龍元年享太廟樂章：迎神，用《嚴和》，黄鍾宫三成，大吕角三成，案：此當作「二成」，下同。太蔟徵三成，應鐘羽二成。皇帝行，用《昇和》，黄鍾宫。登歌、祼鬯，用《虔和》，大吕均之無射羽。送文舞出、迎武舞入，用《同和》，太蔟同。案：此「同」字，疑「商」字之誤。武舞，用《寧和》，林鍾徵。徹俎，用《恭和》，大吕均之無射羽。送神，用《通和》，黄鍾宫。皇后助享，皇后行，用《正和》，黄鍾宫。登歌、奠鬯，用《昭和》，大吕均之無射羽。皇后酌獻、飲福，用《誠敬》，黄鍾宫。徹俎，用《肅和》，大吕均之無射羽。送神，用《昭感》，黄鍾羽。」案：「黄鍾羽」上，當脱「夾鍾均之」四字。

又曰：「儀坤廟樂章：迎神，用《永和》，林鍾宫。金奏，夷則宫。皇帝行，用《太和》，黄鍾宫。酌獻、登歌，用《肅和》中吕均之太蔟。案：當脱「羽」字。一云，蕤賓均之夾鍾羽。迎俎，用《雍和》，姑洗羽。肅明皇后室酌獻，用《昭升》，林鍾宫。飲福，用《壽和》，黄鍾宫。送文舞出、迎武舞入，用《舒和》，南吕商。武舞，用《安和》，太蔟徵。徹俎，用《雍和》，蕤賓均之夾鍾羽。送神，林鍾宫。」

又曰：「章懷太子廟樂章：迎神第一，姑洗宫。登歌、酌鬯第二，南吕均之蕤賓羽。迎俎及酌獻第三，大吕羽。送文舞出、迎武舞入第四，蕤賓商。武舞作第五，夷則角。」

又曰：「懿德太子廟樂章：迎神第一，姑洗宫。登歌、酌鬯第二，南吕均之蕤賓羽。迎俎、酌獻第三，大吕羽。送文、迎武第四，蕤賓商。武舞作第五，夷則角。」

又曰：「節愍太子廟樂章：迎神第一，姑洗宫。登歌、酌鬯第二，南吕均之蕤賓。案：當脱羽字。迎俎及酌獻第三，大吕羽。送文、迎武第四，蕤賓商。武舞作第五，夷則角。」

又曰：「褒德廟樂章：迎神，用《昭德》，姑洗宫二成。登歌，用《進德》，南吕均之蕤賓羽。俎入、初獻，用《褒德》，大吕角。」

《新唐書・禮樂志》曰：孝孫以十二月旋相爲六十聲，八十四調。一宫、二商、三角、四變徵、五徵、六羽、七變宮，其聲繇濁至清爲一均。凡十二宮調，皆正宮也。正宮聲之下，無復濁音，故五音以宮爲尊。十二商調，調有下聲一，謂宮也。十二角調，調有下聲二，宮、商也。十二徵調，調有下聲三，宮、商、角也。十二羽調，調有下聲四，宮、商、角、徵也。十二變徵調，居角音之後、正徵之前。十二變宮調，在羽音之後、清宮之前。雅樂成調，無出七聲。

又曰：「開元定禮，始復遵用孝孫十二和，其著于禮者：一曰《豫和》，以降天神，以圜鍾爲宮，三奏；黄鍾爲角，太蔟爲徵，姑洗爲羽，各一奏。二曰《順和》，以降地祇，以函鍾爲宮，太蔟爲角，姑洗爲徵，南吕爲羽，各二奏。三曰《永和》，以降人鬼，以黄鍾爲宮，三奏；大吕爲角，太蔟爲徵，應鐘爲羽，各二奏。」

**黄鍾均七調**

黄大太夾姑仲蕤林夷南無應

黄鍾宮　黄鍾均之南吕羽

宮　商　角　變徵　羽　變宮

黄鍾均之林鍾徵

商　角　變徵　羽　變宮

角　變徵　羽　變宮　商　黄鍾角

變徵　羽　變宮　商　角

徵　羽　變宮　宮　商　角　變徵

羽　變宮　宮　商　角　變徵　徵　黃鍾羽

變宮　宮　商　角　變徵　徵　羽

## 大呂均七調

大　太　夾　姑　仲　蕤　林　夷　南　無　應　半黃

宮　商　角　變徵　徵　羽　變宮　大呂均之無射羽

商　角　變徵　徵　羽　變宮　宮

角　變徵　徵　羽　變宮　宮　商　大呂角

變徵　徵　羽　變宮　宮　商　角

徵　羽　變宮　宮　商　角　變徵

羽　變宮　宮　商　角　變徵　徵　大呂羽

| | |
|---|---|
| | 變宮 |
| | 宮 |
| | |
| | 商 |
| | |
| | 角 |
| | |
| | 變徵 |
| | 徵 |
| | |
| | 羽 |

## 太蔟均七調

| 律 | 太蔟宮 | | 太蔟角 | | 太蔟徵 | | |
|---|---|---|---|---|---|---|---|
| 太 | 宮 | 商 | 角 | 變徵 | 徵 | 羽 | 變宮 |
| 夾 | | | | 徵 | | | 宮 |
| 姑 | 商 | 角 | 變徵 | | 羽 | 變宮 | |
| 仲 | | | 徵 | 羽 | | 宮 | 商 |
| 蕤 | 角 | 變徵 | | | 變宮 | | |
| 林 | | 徵 | 羽 | 變宮 | 宮 | 商 | 角 |
| 夷 | 變徵 | | | 宮 | | | |
| 南 | 徵 | 羽 | 變宮 | | 商 | 角 | 變徵 |
| 無 | | | 宮 | 商 | | | 徵 |
| 應 | 羽 | 變宮 | | | 角 | 變徵 | |
| 黃半 | | 宮 | 商 | 角 | | 徵 | 羽 |
| 大半 | 變宮 | | | | 變徵 | | |

## 夾鍾均七調

| 律 |
|---|
| 夾 |
| 姑 |
| 仲 |
| 蕤 |
| 林 |
| 夷 |
| 南 |
| 無 |
| 應 |
| 黃半 |
| 大半 |
| 太半 |

宮　商　角　變徵　徵　羽　變宮　圜鍾宮即夾鍾宮　圜鍾均之仲呂商　圜鍾均之黃鍾羽　圜鐘均之無射徵

商　角　變徵　徵　羽　變宮　宮

角　變徵　徵　羽　變宮　宮　商

變徵　徵　羽　變宮　宮　商　角

徵　羽　變宮　宮　商　角　變徵

羽　變宮　宮　商　角　變徵　徵

變宮　宮　商　角　變徵　徵　羽

## 姑洗均七調

姑仲蕤林夷南無應黃半大半太半夾半

宮　商　角　變徵　徵　羽　變宮　姑洗宮

商　角　變徵　徵　羽　變宮　宮

角　變徵　徵　羽　變宮　宮　商

變徵 徵 羽 變宮 宮 商 角

徵 羽 變宮 宮 商 角 變徵　姑洗徵

羽 變宮 宮 商 角 變徵 徵　姑洗羽

變宮 宮 商 角 變徵 徵 羽

## 仲呂均七調

仲 蕤 林 夷 南 無 應 黃半 大半 太半 夾半 姑半

宮 商 角 變徵 徵 羽 變宮　中呂均之大蔟羽

商 角 變徵 徵 羽 變宮 宮

角 變徵 徵 羽 變宮 宮 商

變徵 徵 羽 變宮 宮 商 角

徵 羽 變宮 宮 商 角 變徵

羽 變宮 宮 商 角 變徵 徵

變宮　宮　商　角　變徵　徵　羽

**蕤賓均七調**

蕤　林　夷　南　無　應　黃半　大半　太半　夾半　姑半　仲半

宮　商　角　變徵　徵　羽　變宮　蕤賓宮　蕤賓均之夾鍾羽

商　角　變徵　徵　羽　變宮　宮　蕤賓商

角　變徵　徵　羽　變宮　宮　商

變徵　徵　羽　變宮　宮　商　角

徵　羽　變宮　宮　商　角　變徵

羽　變宮　宮　商　角　變徵　徵

變宮　宮　商　角　變徵　徵　羽

**林鍾均七調**

林　夷　南　無　應　黃半　大半　太半　夾半　姑半　仲半　蕤半

宮商角變徵徵羽變宮　函鍾宮即林鍾宮
商角變徵徵羽變宮宮
角變徵徵羽變宮宮商
變徵徵羽變宮宮商角
徵羽變宮宮商角變徵　林鍾徵
羽變宮宮商角變徵徵
變宮宮商角變徵徵羽

## 夷則均七調

夷南無應黃半大半太半夾半姑半仲半蕤半林半
宮商角變徵徵羽變宮　夷則宮
商角變徵徵羽變宮宮
角變徵徵羽變宮宮商　夷則角
變徵徵羽變宮宮商角

徵 羽 變宮 宮 商 角 變徵
羽 變宮 宮 商 角 變徵 徵
變宮 宮 商 角 變徵 徵 羽

## 南呂均七調

南 無 應 黃半 大半 太半 夾半 姑半 仲半 蕤半 林半 夷半

宮 商 角 變徵 徵 羽 變宮 南呂均之蕤賓羽
商 角 變徵 徵 羽 變宮 宮 南呂商
角 變徵 徵 羽 變宮 宮 商
變徵 徵 羽 變宮 宮 商 角
徵 羽 變宮 宮 商 角 變徵
羽 變宮 宮 商 角 變徵 徵 南呂羽
變宮 宮 商 角 變徵 徵 羽

## 無射均七調

| | | | | | | | |
|---|---|---|---|---|---|---|---|
| 無 | 宮 | 商 | 角 | 變徵 | 徵 | 羽 | 變宮 |
| 應 | | | | 徵 | | | 宮 |
| 半黃 | 商 | 角 | 變徵 | | 羽 | 變宮 | |
| 半大 | | | 徵 | 羽 | | 宮 | 商 |
| 半太 | 角 | 變徵 | | | 變宮 | | |
| 半夾 | | 徵 | 羽 | 變宮 | 宮 | 商 | 角 |
| 半姑 | 變徵 | | | 宮 | | | |
| 半仲 | 徵 | 羽 | 變宮 | | 商 | 角 | 變徵 |
| 半蕤 | | | 宮 | 商 | | | 徵 |
| 半林 | 羽 | 變宮 | | | 角 | 變徵 | |
| 半夷 | | 宮 | 商 | 角 | | 徵 | 羽 |
| 半南 | 變宮 | | | | 變徵 | | |

無射宮　無射均之林鍾羽

## 應鐘均七調

| | |
|---|---|
| 應 | 宮 |
| 半黃 | |
| 半大 | 商 |
| 半太 | |
| 半夾 | 角 |
| 半姑 | |
| 半仲 | 變徵 |
| 半蕤 | 徵 |
| 半林 | |
| 半夷 | 羽 |
| 半南 | |
| 半無 | 變宮 |

應鐘均之夷則羽

商　角　變徵　徵　羽　變宮　宮

角　變徵　徵　羽　變宮　宮　商

變徵　徵　羽　變宮　宮　商　角

徵　羽　變宮　宮　商　角　變徵

羽　變宮　宮　商　角　變徵　徵　應鐘羽

變宮　宮　商　角　變徵　徵　羽

《新唐志》所述祖孝孫八十四調，較《隋志》所述鄭譯八十四調，尤爲詳悉。其云以十二月旋相爲六十聲者，一均五聲，十二均六十聲，爲六十調也。云一宮、二商、三角、四變徵、五徵、六羽、七變宮者，五聲、五調，加二變調爲七調，此其七調之次第也。云十二宮調，宮聲之下無濁聲；十二商調，調有下聲一，謂宮也者，下聲即濁聲也。蓋宮聲本濁於商聲，而商調之宮聲則反清於商聲，欲使濁於商聲，當用倍律。如黃鍾均之商調，則用無射倍律爲宮也。若本用半律者，則用正律。如太蔟均用黃鍾半律，太蔟均之商調，則用黃鍾正律也。角、徵、羽調皆仿此。

《舊唐志》所載樂章，多記宮調，使讀史者得有所考；其例尤善，爲諸史所未有。惟《宋書·樂志》樂章有注云,黄鍾箱、太蔟箱、姑洗箱、蕤賓箱。又有清商三調,曰平調、清調、瑟調。然不及《舊唐志》之詳也。惟所記有三例,不可不辨。其一,如圜鍾宫、黄鍾角、太蔟徵、姑洗羽,此一例也。圜鍾宫者,夾鍾均之宫調;黄鍾角者,黄鍾均之角調也。其一,如無射均之林鍾羽,圜鍾均之黄鍾羽,此又一例也。林鍾羽,本是林鍾均之羽調;此云無射均之林鍾羽,則無射均之宫調,以林鍾爲羽耳。黄鍾羽,本是黄鍾均之羽調;此云圜鍾均之黄鍾羽,則夾鍾均之宫調,以黄鍾爲羽耳。其一,如《肅和》羽調,《舒和》商調,祀黄帝宫音,青帝角音,赤帝徵音,白帝商音,黑帝羽音。此但言音調,不言律吕,又爲一例也。然此特其文略耳。《通典》則云:「五郊迎氣,黄帝用黄鍾宫調,青帝用姑洗角調,白帝用太蔟商調,赤帝用林鍾徵調,黑帝用南吕羽調。」《舊唐志》删節之耳。其不記宫調者,今不采録。

林鍾羽與無射均之林鍾羽,似複矣。然云林鍾羽,則在林鍾均也。云無射均之林鍾羽,則在無射均也。黄鍾羽、與圜鍾均之黄鍾羽,似複矣。然云黄鍾羽,則在黄鍾均也。云圜鍾均之黄鍾羽,則在夾鍾均也。或言均、或不言均,以此故也。

唐雅樂八十四調,而《舊志》樂章只三十調,又無二變之調,八十四調但備其法,而非盡施於用,此其明證也。

《遼史·樂志》云:唐十二和樂,遼初用之。又云:「八音器數,大抵因唐之舊。」故今不必别考遼之雅樂,附記於此。

# 卷六

## 唐宋遼俗樂二十八調考

《新唐書·禮樂志》曰：「凡所謂俗樂者，二十有八調：正宮、高宮、中呂宮、道調宮、南呂宮、仙呂宮、黄鍾宮，爲七宮。」《唐會要》曰：「太蔟宮，時號沙陁調。林鍾宮，時號道調。又有黄鍾宮，無時號某調。」案：太蔟宮，爲此七宮所無；林鍾宮，則恐傳寫之誤也。《四庫唐會要提要》云：「今僅傳鈔本，脱誤頗多。」則其書未可依據矣，附識於此。

《宋史·樂志》載蔡元定《燕樂》書曰：「宫聲七調：曰正宮、曰高宮、曰中呂宮、曰道宮、曰南呂宮、曰仙呂宮、曰黄鍾宮，皆生於黄鍾。」

《遼史·樂志》曰：大樂「婆陁力旦：正宮、高宮、中呂宮、道調宮、南呂宮、仙呂宮、黄鍾宮。」又曰：「四旦二十八調，不用黍律，以琵琶弦叶之。」

段安節《琵琶録》曰：「去聲宮七調：第一運正宮調，第二運高宮調，第三運中呂宮，第四運道調宮，第五運南呂宮，第六運仙呂宮，第七運黃鍾宮。」

沈括《補筆談》曰：「燕樂七宮：正宮、高宮、中呂宮、道調宮、南呂宮、仙呂宮、黃鍾宮。」

又曰：「凡殺聲：黃鍾宮，今爲正宮，用六字。大呂宮，今爲高宮，用四字。夾鍾宮，今爲中呂宮，用一字。中呂宮，今爲道調宮，用上字。林鍾宮，今爲南呂宮，用尺字。夷則宮，今爲仙呂宮，用工字。無射宮，今爲黃鍾宮，用凡字。」

又曰：正宮用九聲：高五、高凡、高工、尺、上、高一、高四、勾、合。案：正宮殺聲用六字，則九聲當有六字。又既有「高」一字，「勾」字則不當有〔一九〕。「上」字傳寫之誤也，觀表自明。中呂宮用九聲：緊五、下凡、高工、尺、上、下一、下四、六、合。案：「下四」當作「高四」。高宮用九聲：下五、下凡、工、尺、上、下一、下四、六、合。案：「工」當作「下工」。道調宮用九聲：高五、高凡、高工、尺、上、高一、下四、六、合。案：「下四」當作「高四」。南呂宮用七聲：下五、高凡、高工、尺、高一、高四、勾。仙呂宮用九聲：緊五、下凡、工、尺、上、下一、高四、六、合。案：「工」當作「下工」。黃鍾宮用九聲：高五、下凡、高工、尺、上、高一、高四、六、合。

張炎《詞源·宮調應指譜》曰：「黃鍾宮リ、案：此即「凡」字。仙呂宮フ、案：此即「工」字，刻本誤作「ㄅ」，今訂正。正宮△、案：此即「合」字。高宮ㄞ、案：此即「五」字。南呂宮△〔二〇〕、案：此即「尺」字。中呂宮一、案：「一」字無減省。道宮ㄣ。」案：此即「上」字。

又《結聲正訛》曰："仙吕宮是フ字[二二]，結聲用平直，而案："而"當作"若"，刻本誤。微折而下，則成川字，即犯黄鍾宮。道宮是ㄣ案：刻本誤作"乚"。字[二三]，結聲要平下，莫案："莫"當作"若"。太下而折，則帶∧一雙聲，案：此四字疑有誤。即犯中吕宮。高宮是ㄢ字，結聲要清高，若平下，則成川字，犯大石，案：成川字，則犯黄鍾宮，非犯大石。大石結聲是マ字，非川字也。此刻本誤耳。微高，則成久字，案："久"即"六"字。是正宮。南吕宮是∧字，結聲要平而去，若折而下，則成一字，即犯高平調。案：《正訛》凡六條。商調一條、正平調一條，別録於後。右數宮調，腔韻相近，若結聲轉入別宮調，謂案：刻本脱"謂"字，今增。之走腔，若高下不拘，乃是諸宮別調矣。"

## 宫聲七調

| | | | | | | | | | | | | | | | | |
|---|---|---|---|---|---|---|---|---|---|---|---|---|---|---|---|---|
| 唐雅樂律吕 | 太 | 夾 | 姑 | 仲 | 蕤 | 林 | 夷 | 南 | 無 | 應 | 黄清 | 大清 | 太清 | 夾清 | 姑清 | 仲清 |
| 唐宋俗樂律吕 | 黄 | 大 | 太 | 夾 | 姑 | 仲 | 蕤 | 林 | 夷 | 南 | 無 | 應 | 黄清 | 大清 | 太清 | 夾清 |
| 宋俗樂字譜 | 合 | 下四 | 高四 | 下一 | 高一 | 上 | 勾 | 尺 | 下工 | 高工 | 下凡 | 高凡 | 六 | 下五 | 高五 | 緊五 |

| | | | |
|---|---|---|---|
| 黃鍾宮爲正宮 | 宮　商　角　變徵　徵　羽　變宮　宮　商 | 用九聲　高五高凡高 | 工尺高一高四勾六合 |
| 大吕宮爲高宮 | 變宮　宮　商　角　變徵　徵　羽　變宮 | 用九聲　下五下凡下 | 工尺上下一下四六合 |
| 夾鍾宮爲中吕宮 | 羽　變宮　宮　商　角　變徵　徵　羽　宮 | 用九聲　緊五下凡高 | 工尺上下一高四六合 |
| 仲吕宮爲道調宮 | 徵　羽　變宮　宮　商　角　變徵　徵　羽 | 用九聲　高五高凡高 | 工尺上高一高四六合 |
| 林鍾宮爲南吕宮 | 徵　羽　變宮　宮　商　角　變徵 | 用七聲　下五高凡 | 高工尺高一高四勾 |
| 夷則宮爲仙吕宮 | 角　變徵　徵　羽　變宮　宮　商　角　徵 | 用九聲　緊五下凡下 | 工尺上下一高四六合 |
| 無射宮爲黃鍾宮 | 商　角　變徵　徵　羽　變宮　宮　商　角 | 用九聲　高五下凡高 | 工尺上高一高四六合 |

凌次仲云：「燕樂之器，以琵琶爲首。」又云：「燕樂七宫一均，即琵琶之第一弦是也。」唐宋俗樂用琵琶，猶今人用三弦，三弦即古之琵琶。《宋書·樂志》琵琶下，引杜摯云，長城之役，弦鼗而鼓之。《通典》

引傳玄《琵琶賦》云盤圓柄直，又云，今清樂奏琵琶，圓體修頸而小，《舊唐書·音樂志》云高麗伎琵琶，以虵皮爲槽，《新唐書·南蠻傳》云，中天竺王雍羌獻其國樂，有龍首琵琶，項長二尺六寸餘，腹廣六寸，三弦。又有雲頭琵琶，形如前，面飾虺皮，三弦。案：此皆與今三弦形制無異。且四弦減而爲三弦矣。胡氏彦昇因毛西河説已考得之，今復詳考如此。其所據者，《遼志》之文，確不可易。琵琶四弦，一弦七調，四七二十八調也。鄭譯琵琶八十四調，一弦兼三均。唐宋二十八調，則一弦一均，七調而已。七宫調以第一弦爲主，即鄭譯之黄鍾均也。琵琶每一弦十六聲，以十二律四清聲名之，俗工以十六字記之。朱子《琴律説》云，今俗樂之譜，俗工皆能知之。第一聲名爲黄鍾，俗工則曰合字；此謂散聲也。後凡言第一聲仿此。第二聲名爲大吕，俗工則曰下四字；此謂手按第一柱之聲也。後凡言第二聲仿此。餘十四聲仿此。第一弦第一聲黄鍾爲宫，俗名爲正宫；第二聲大吕爲宫，俗名爲高宫；張叔夏《詞源》云：「黄鍾宫俗名正黄鍾宫，大吕宫俗名高宫。」餘五宫仿此。七商、七角、七羽皆仿此。沈存中《補筆談》載每調所用九字、七字，其每調所不用之字，即五聲、二變相隔之律。宫與商、商與角、角與變徵、徵與羽、羽與變宫，皆隔一律。其連用之二字，即二變與宫、徵相連二律也。變宫與宫、變徵與徵，皆二律相連。以此考之，正宫用九聲：高五、高凡、高工、尺、高一、高四、勾、六、合者，合字黄鍾爲宫，即今低上字。高四字太蔟爲商，即今低尺字。高一字姑洗爲角，即今工字。勾字蕤賓爲變徵，即今凡字。尺字林鍾爲徵，即今合字。高工字南吕爲羽，即今四字。高凡字應鐘爲變宫，即今一字。六字黄鍾清爲宫，即今上字。高五字太蔟清爲商。即今尺字。黄鍾清、太蔟清之類，乃宋人語，即半律也。前爲表皆書半字，此表以後，皆書清字，其實一也。不用下四字、下一字、上字、下工字、下凡字、下五字、緊五字者，黄鍾爲宫，不用大吕、夾鍾、仲吕、夷則、無射五律也。餘二十七調皆仿此。

夾鍾宫謂之中吕宫，林鍾宫謂之南吕宫，無射宫謂之黄鍾宫，皆差二律。《宋史·樂志》以爲燕樂聲高，實以夾鍾爲黄鍾。案：以夾鍾爲黄鍾，則當差三律矣。《新唐書·禮樂志》云，俗樂宫調，乃應夾鍾之律。蔡季通《燕樂書》襲用其語曰，燕樂獨用夾鍾爲律本。元人修《宋史》又襲用其語。凌次仲知其不合，故云所謂夾鍾爲律本者，實宋世雅樂太蔟之律也。然宋世雅樂，凡六改作，高下各異。見《宋史·樂志》。凌氏所謂宋世雅樂，不知其何所指？余謂夾鍾宫、林鍾宫、無射宫者，宋世燕樂之律。其謂之中吕宫、南吕宫、黄鍾宫，已見於段安節《琵琶録》及《新唐書·禮樂志》，則唐時俗樂之名，流傳至宋者也。唐時俗樂爲此名者，以唐時雅樂之律而名之也。唐雅樂下於宋燕樂二律，後别有説。故宋燕樂之夾鍾、林鍾、無射，爲唐雅樂之仲吕、南吕、黄鍾也。今爲表兼列唐雅樂律吕，則一覽而明矣。至商調、羽調，俗名不合者，則不可以此爲例。後别有説。

《補筆談》所謂殺聲，《詞源》所謂結聲，皆謂曲終之聲，即蔡季通所謂畢曲也。宫聲七調，殺聲之字皆宮聲。正宮以六字爲宮，故殺聲用六字。高宮以下四字爲宮，故殺聲用四字。餘皆仿此。凌次仲云，正宮即琵琶之六字調，故殺聲用六字；高宮即琵琶之四字調，故殺聲用四字云云，此説近之矣。然宋時但云殺聲用某字，而無某字調之名，後來因宋時某調殺聲用某字，乃名之爲某字調耳。《詞源》論結聲甚嚴，微高、微下，皆謂之訛，以其腔韻相近故也。姜堯章《歌曲》亦云，十二宮所住字各不同，不容相犯。《朱子語類》云，大凡壓入音律，只以首尾二字。朱子此説，即姜、張之意也。凌次仲云，朱文公誤謂調之所係，全在首尾二字。蔡季通因此附會爲起調、畢曲之説，以疑誤後學。凌氏之譏朱、蔡，蓋未考姜、張之説耳。又引毛大可詆朱子之語，毛氏論樂最謬，七聲、十二律，茫然不知，其言何足據乎！《補筆談》云：「諸調殺聲，不能盡歸本律，皆後世聲律瀆亂。」然則殺聲必歸本律，乃古法也。

《新唐書・禮樂志》曰：「越調、大食調、高大食調、雙調、小食調、歇指調、林鍾商爲七商。」《唐會要》曰：「太蔟商時號大食調，林鍾商時號小食調，黄鍾商時號越調，中吕商時號雙調，南吕商時號水調。」案：此於七商，祇有其五，水調之名又異，附識於此。

《宋史・樂志》載蔡元定《燕樂書》曰：「商聲七調：曰大食調、曰高大食調、曰雙調、曰小食調、曰歇指調、曰商調、案：商調，即林鍾商調。曰越調，皆生於太蔟。」

《遼史・樂志》曰：「雞識旦：越調、大食調、高大食調、雙調、小食調、歇指調、林鍾商調。」

《琵琶録》曰：「入聲商七調：第一運，越調；第二運，大石調；第三運，高大石調；第四運，雙調；第五運，小石調；第六運，歇指調；第七運，林鍾商調。」又曰：「商角同用。」

《補筆談》曰：「燕樂七商：越調、大石調、高大石調、雙調、小石調、歇指調、林鍾商。」又曰：「凡殺聲：黄鍾商，今爲越調，用六字。太蔟商，今爲大石調，用四字。夾鍾商，今爲高大石調，用一字。中吕商，今爲雙調，用上字。林鍾商，今爲小石調，用尺字。南吕商，今爲歇指調，用工字。無射商，今爲林鍾商，用凡字。」

又曰：「大石調用九聲：高五、高凡、高工、尺、上、高一、高四、勾、合。案：衍「上」字，脱「六」字，説見正宫。」

雙調用九聲：緊五、下凡、高工、尺、上、下一、下四、六、合。案：「下四」當作「高四」。小石調用九聲：高五、高凡、高工、尺、上、高一、下四、六、合。案：「下四」當作「高四」。歇指調用七聲：下五、高凡、高工、尺、高一、高四、勾。林鍾商用九聲：緊五、下凡、工、尺、上、下一、高四、六、合。案：「工」當作「下工」。越調用九聲：高五、下凡、高工、尺、上、高一、高四、六、合。凌吹仲〔三〕曰：「《補筆談》刻本脱高大石調。」案：高大石調當用九聲：下五、下凡、下工、尺、上、下一、下四、六、合，與高宫同也。

《詞源·宫調應指譜》曰：大石調マ，案：此即「四」字。小石調∧，案：此即「尺」字。歇指調フ，案：此即「工」字。越調ㄆ△，案：△即「合」字，ㄆ即「六」字。雙調ㄣ，案：此即「上」字。商調リ。案：此即「凡」字。

又《結聲正訛》曰：「商調是リ字，結聲用折而下，若聲直而高不折，則成幺字，即犯越調。」

## 商聲七調

| | | | | | | | | | | | | | | | | | |
|---|---|---|---|---|---|---|---|---|---|---|---|---|---|---|---|---|---|
| 唐雅樂律呂 | 姑 | 仲 | 蕤 | 林 | 夷 | 南 | 無 | 應 | 黃清 | 大清 | 太清 | 夾清 | 姑清 | 仲清 | 蕤清 | 林清 | |
| 唐宋俗樂律呂 | 黃 | 大 | 太 | 夾 | 姑 | 仲 | 蕤 | 林 | 夷 | 南 | 無 | 應 | 黃清 | 大清 | 太清 | 夾清 | |
| 宋俗樂字譜 | 合 | 下四 | 高四 | 下一 | 高一 | 上 | 勾 | 尺 | 下工 | 高工 | 下凡 | 高凡 | 六 | 下五 | 高五 | 緊五 | |
| 黃鍾商爲越調 | 商 | | 角 | | 變徵 | 徵 | | 羽 | | 變宮 | 宮 | | 商 | | 角 | | 用九聲高五下凡高工尺上高一高四六合 |
| 太蔟商爲大石調 | 宮 | | 商 | | 角 | | 變徵 | 徵 | | 羽 | | 變宮 | 宮 | | 商 | | 用九聲高五高凡高工尺高一高四勾六合 |
| 夾鍾商爲高大石調 | 變宮 | 宮 | | 商 | | 角 | | 變徵 | 徵 | | 羽 | | 變宮 | 宮 | | | 用九聲下五下凡下工尺上下一下四六合 |
| 仲呂商爲雙調 | 羽 | | 變宮 | 宮 | | 商 | | 角 | | 變徵 | 徵 | | 羽 | | | 宮 | 用九聲緊五下凡高工尺上下一高四六合 |

| 調 | 聲 | 用聲 | 譜字 |
|---|---|---|---|
| 林鍾商爲小石調 | 徵　羽　變宮　商　角　變徵　羽 | 用九聲　高五高凡高 | 工尺上高一高四六合 |
| 南呂商爲歇指調 | 徵　羽　變宮　商　角　變徵 | 用七聲　下五高凡 | 高工尺高一高四勾 |
| 無射商爲林鍾商 | 角　變徵　徵　羽　變宮　商　角　徵 | 用九聲　緊五下凡下 | 工尺上下一高四六合 |

凌次仲云「燕樂七商一均，即琵琶之第二弦」，是也。七宮以第一弦爲主，第一弦第一聲爲黃鍾，應唐雅樂太蔟。其第三聲爲太蔟，應唐雅樂姑洗。此七商以第二弦爲主。此七商之本位。《琵琶錄》云：「商角同用」，乃調弦之法，後別有説。第二弦第一聲，與七宮第一弦第三聲同，故爲商也。黃鍾爲宮，則太蔟爲商。太蔟爲宮，則姑洗爲商。故今爲表，兼列唐雅樂律呂，以明七商第一聲，實高於七宮第一聲二律也。此七商，即鄭譯之太蔟均，鄭譯琵琶十二均，每弦三均，則太蔟均當在第一弦。唐宋二十八調，止四均，則七商在第二弦也。

第二弦十六聲，第一聲亦名爲黃鍾，俗工亦曰「合」字。凡每弦第一聲，皆爲本弦之黃鍾也。餘十五聲仿此。凌次仲云「以一均言之，則弦弦皆可爲黃鍾」，是也。然謂第二弦第七聲名爲黃鍾，第三弦第二聲名爲黃鍾，第四弦第三聲名爲黃鍾，則失之矣。古之黃鍾一而已矣，後世俗樂，乃以每弦第一聲皆爲本弦之黃鍾，此樂之一變也。

凌次仲謂第二弦第一聲名爲太蔟，非也。以第一弦第一聲爲黄鍾言之，則第二弦第一聲當第一弦之太蔟。然七商以第二弦爲主，第二弦第一聲仍名爲黄鍾，不名爲太蔟。凌氏云「實應應鐘」尤非也，後别有辯。《補筆談》七商所用九聲：越調、大石調、雙調、小石調、林鍾商皆用「合」字；高大石調用「合」字及「下四」字。若第一聲爲太蔟，則已配「高四」字矣。第二聲以下，遞降而清，更不得有「合」字、「下四」字也。凌氏未考《補筆談》所載九聲，故有此誤。且商聲七調，越調爲第一運。第一運必起於第一聲，越調以黄鍾爲商，是第一聲爲黄鍾明矣。凌氏以第二運爲第一聲，以第一運爲第七聲，亦非也。

凌氏謂第一聲爲太蔟者，以《宋志》云，商聲七調皆生於太蔟也。然《宋志》商聲七調，以大食調爲首。大食調以太蔟爲商。故云商聲七調，皆生於太蔟耳。非謂大食調之第一聲是太蔟聲也。《宋志》以大食調爲首者，七宫之正宫黄鍾爲宫，七商之大食調亦黄鍾爲宫；七宫以正宫爲首，故七商亦以大食調爲首，從七宫之例耳。然七商當以商聲爲主，其次第乃順也。

七宫之夾鍾宫爲中吕宫，林鍾宫爲南吕宫，無射宫爲黄鍾宫，實應唐雅樂之中吕、南吕、黄鍾也。此七商之無射商爲林鍾商，則不可以彼爲例矣。《琵琶録》云：「商角同用」，故七商調名與七角調同。角聲第七運名爲林鍾角，故此商聲第七運亦名爲林鍾商，而實非以雅樂之林鍾爲商，乃俗名之陋耳。張炎《詞源》云，俗名商調，則已覺其謬而改之矣。

商聲七調,殺聲之字,皆商聲也。越調以「六」字爲商,故殺聲用「六」字。大石調以「高四」字爲商,故殺聲用「四」字。餘仿此。

《新唐書·禮樂志》曰:「大食角、高大食角、雙角、小食角、歇指角、林鍾角、越角爲七角。」《唐會要》有太蔟角、林鍾角附識於此。

《宋史·樂志》載蔡元定《燕樂書》曰:「角聲七調:曰大食角、曰高大食角、曰雙角、曰小食角、曰歇指角、曰商角、曰越角,皆生於應鍾。」又曰:「以變宫爲角。」又曰:「俗於七角調,各加一聲。」

《遼史·樂志》曰:「沙識旦:大食角、高大食角、雙角、小食角、歇指角、林鍾角、越角。」《琵琶録》曰:「上聲角七調:第一運,越角調;第二運,大石角調;第三運,高大石角調;第四運,雙角調;第五運,小石角調,亦名正角調;第六運,歇指角調;第七運,林鍾角調。」

《補筆談》曰:「燕樂七角:越角、大石角、高大石角、雙角、小石角、歇指角、林鍾角。」又曰:「凡殺聲:黄鍾角,今爲林鍾角,用尺字;太蔟角,今爲越角,用工字;姑洗角,今爲大石角,用凡字;中吕角,今爲高大石角,用六字;林鍾角,今爲雙角,用四字;南吕角,今爲小石角,用一字;應鍾角,今爲歇指角,用尺字。」案:此調殺聲,當用勾字;以管色無勾字,故借用尺字也。殺聲用管色,説見後。

又曰：「大石案：下脱「角」字。用九聲：高五、高凡、高工、尺、上、高一、高四、勾、合。案：衍「上」字，脱「六」字，説見正宫。加下五，共十聲。雙角用九聲：緊五、下凡、高工、尺、上、下一、下四、六、合。案：「下四」當作「高四」。加高一，共十聲。高大石角用九聲：下五、下凡、工、尺、上、下一、下四、六、合。案：「工」當作「下工」。加高四，共十聲。小石角用九聲：高五、高凡、高工、尺、上、高一、下四、六、合。案：「下四」當作「高四」。加勾字，共十聲。歇指角用七聲：下五、高凡、高工、尺、高一、高四、勾。加下工，共八聲。林鍾角用九聲：緊五、下凡、工、尺、上、下一、高四、六、合。案：「工」當作「下工」。加高工，共十聲。越角用九聲：高五、下凡、高工、尺、上、高一、高四、六、合。加高凡，共十聲。」

**角聲七調**

| | | | | | | | | | | | | | | | | |
|---|---|---|---|---|---|---|---|---|---|---|---|---|---|---|---|---|
| 唐雅樂律呂 | 蕤 | 林 | 夷 | 南 | 無 | 應 | 黄清 | 大清 | 太清 | 夾清 | 姑清 | 仲清 | 蕤清 | 林清 | 夷清 | 南清 |
| 唐宋燕樂律呂 | 黄 | 大 | 太 | 夾 | 姑 | 仲 | 蕤 | 林 | 夷 | 南 | 無 | 應 | 黄清 | 大清 | 太清 | 夾清 |
| 宋燕樂字譜 | 合 | 下四 | 高四 | 下一 | 高一 | 上 | 勾 | 尺 | 下工 | 高工 | 下凡 | 高凡 | 六 | 下五 | 高五 | 緊五 |

太簇角　商　角　變徵徵　羽　變宮　加商　角　用九聲　高五下凡高工尺上
爲越角　徵　羽　變宮宮　商　角　宮　變徵徵　羽　高一高四六合加高凡共十聲

姑洗角　商　角　變徵徵　羽　變宮　加商　用九聲　高五高凡高工尺高
爲大石角　宮　徵　羽　變宮宮　商　角　宮　變徵徵　一高四勾六合加下五共十聲

中呂角爲　變宮　加商　角　變徵徵　羽　變宮　用九聲　下五下凡下工尺上
高大石角　角　宮　變徵徵　羽　變宮宮　商　角　宮　下一下四六合加高四共十聲

林鍾角　羽　變宮　加商　角　變徵徵　羽　用九聲　緊五下凡高工尺上
爲雙角　商　角　宮　變徵徵　羽　變宮宮　商　宮　下一高四六合加高一共十聲

南呂角　徵　羽　變宮　加商　角　變徵徵　羽　用九聲　高五高凡高工尺上
爲小石角　宮　商　角　宮　變徵徵　羽　變宮宮　商　高一高四六合加勾字共十聲

應鐘角　徵　羽　變宮　加商　角　變徵　用七聲　下五高凡高工尺
爲歇指角　宮　商　角　宮　變徵徵　羽　變宮　高一高四勾加下工共八聲

黃鍾角　角　變徵徵　羽　變宮　加商　角　徵　用九聲　緊五下凡下工尺上
爲林鍾角　羽　變宮宮　商　角　宮　變徵徵　羽　宮　下一高四六合加高工共十聲

凌次仲云「燕樂七角一均，即琵琶之第三弦」，是也。七宫以第一弦爲主。第一弦第一聲爲黄鍾，應唐雅樂太蔟。其第五聲爲姑洗，應唐雅樂蕤賓。此七角以第三弦爲主。第三弦第一聲，與七宫第一弦第五聲同，故爲角也。黄鍾爲宫，則姑洗爲角；太蔟爲宫，則蕤賓爲角。故今爲表，兼列唐雅樂律呂，以明七角第一聲，實高於七宮第一聲四律也。此七角即鄭譯之姑洗均。鄭譯琵琶十二均，每弦三均。則姑洗均當在第二弦。唐、宋二十八調止四均，則七角在第三弦也。

第三弦十六聲，第一聲亦名爲黄鍾，俗工亦曰合字。凌次仲云「實應鐘聲」，非也。以第一弦第一聲爲黄鍾言之，則第三弦第一聲，當第一弦之姑洗。然七角以第三弦爲主，第三弦第一聲，仍名爲黄鍾，不名爲姑洗，尤不名爲應鐘也。《補筆談》七角，歇指角用八聲，餘六調皆用十聲。若第一聲爲應鐘，則已配高凡字矣。以下但有六字、下五字、高五字、緊五字；每一調無十聲、八聲，但有四聲，或三聲，或二聲，不能成曲調也。第一聲爲高凡字，則越角但有高凡、六、高五，只三聲。大石角但有高凡、六、下五、高五，只四聲；高大石但有六、下五，只二聲。雙角但有六、緊五，只二聲。小石角但有高凡、六、高五，只三聲。歇指角但有高凡、下五，只二聲。林鍾角但有六、緊五，只二聲。且越角殺聲用工字，雙角殺聲用四字，小石角殺聲用一字，歇指角、林鍾角殺聲用尺字。若第一聲爲高凡字，則不得有工字、四字、一字、尺字爲殺聲也。

凌氏謂第一聲爲應鐘者，以《宋志》云角聲七調，皆生於應鐘也。然《宋志》云變宫爲角，變宫爲角，則成變宫調，後别有説。其角聲七調，以大食角爲首，大食角以應鐘爲變宫；故云角聲七調，皆生於應鐘耳。非謂大食角之第一聲是應鐘聲也。

《宋志》以大食角爲首者，七宫之正宫，黄鍾爲宫。七角之大食角，亦黄鍾爲宫。七宫以正宫爲首，故七角亦以大食角爲首，從七宫之例耳。《琵琶録》則以越角爲第一運，越角以商爲第一聲，與七商第一運越調，以商爲第一聲正同；所謂商角同用也。越角以黄鍾爲商，是第一聲爲黄鍾明矣。凌氏以第二運大石角爲第一聲，以第一運越角爲第七聲，亦非也。

黄鍾角名爲林鍾角者，《宋志》云：「變宫爲角。」此調以林鍾爲變宫，故曰林鍾角也。林鍾角之名見於《琵琶録》，則以變宫爲角，唐人已然矣。七宫之夾鍾宫爲中吕宫，林鍾宫爲南吕宫，無射宫爲黄鍾宫，實應唐雅樂之中吕、南吕、黄鍾也。此黄鍾角之名爲林鍾角，則非唐雅樂之林鍾，乃唐俗樂之林鍾耳。不可以中吕宫、南吕宫、黄鍾宫爲例也。

林鍾角者，第八聲爲變宫也。第八聲謂之林鍾，則第一聲謂之黄鍾矣。七角之第一聲謂之黄鍾，則七商、七羽之第一聲，亦必謂之黄鍾矣。故余謂唐、宋俗樂，每弦第一聲，皆爲本弦之黄鍾者，以林鍾角爲據也。《宋志》云：「以變宫爲角。」《補筆談》則不然。然《補筆談》殺聲之字，則皆變宫聲也。越角以高工字爲變宫，故殺聲用工字。大石角以高凡字爲變宫，故殺聲用凡字。餘皆仿此。蓋名爲用角聲，實用變宫聲也。凌氏云，《宋史》指本律，沈存中指古律。又云「名爲古律，亦用本律」，皆非也。凌氏因《宋史》與《補筆談》不同，《補筆談》所言殺聲又不同，故不得其解耳。凌氏云：　七角一均，所用律名，在在不同，竟成移步改觀，閲之心目俱亂。蓋七角一均，本無正聲，或借用七商一均，或借用七宫一均，或借用本律一均，不過徒有其名而已。案：凌氏於七角一均，尤未了了，故其言如此。其弟子張其錦附識云：先生草創《南宋七閏表》與《説》，翼日遽歿。是淩氏《燕樂考原》一書，本未卒業，故多舛誤也。

《補筆談》所載加一聲，皆在宫與商之間，此以變宫爲角之故也。變宫爲角，則商爲徵、角爲羽、徵爲宫、羽爲商、變徵爲變宫，皆兩兩相當。惟宫爲變徵則差一律，不相當也。變徵在角徵之間，角徵之間有二律，變徵所用之律，當近於徵。若以變宫爲角，而以宫爲變徵，則近於角、而遠於徵，與變徵聲微有不合，故必加一聲在宫商之間，則變宫爲角，此所加一聲爲變徵矣。以宫爲變徵，雖微有不合，然若減去不用，則不成七角律吕，故仍用之。每遇用變徵之處，以所加之聲，連而彈之，此蓋補救之法也。

《新唐書·禮樂志》曰：「中吕調、正平調、高平調、仙吕調、黄鍾羽、般涉調、高般涉，爲七羽。」《唐會要》曰：太蔟羽，時號般涉調；林鍾羽，時號平調；黄鍾羽，時號黄鍾調。案：此於七羽，祇有其三，其林鍾羽，亦恐傳寫之誤。附識於此。

《宋史·樂志》載蔡元定《燕樂書》曰：「羽聲七調：曰般涉調、曰高般涉調、曰中吕調、曰正平調、曰南吕調、曰仙吕調、曰黄鍾調，皆生於南吕。」

《遼史·樂志》曰：「沙侯加濫旦：中吕調、正平調、高平調、仙吕調、黄鍾調、般涉調、高般涉調。」

《琵琶録》曰：「平聲羽七調：第一運，中呂調；第二運，正平調；第三運，高平調；第四運，仙呂調；第五運，黄鍾調；第六運，般涉調；第七運，高般涉調。」又曰：「宮逐羽音。」

《補筆談》曰：「燕樂七羽：中呂調、南呂調，又名高平調。仙呂調、黄鍾羽，又名大石調。凌次仲曰，疑誤。般涉調、高般涉、正平調。」凌次仲曰：「正平調次序，當在中呂調之下，此誤。」

又曰：「凡殺聲：黄鍾羽，今爲中呂調，用六字。太蔟羽，今爲正平調，用四字。姑洗羽，今爲高平調，用一字。中呂羽，今爲仙呂調，用上字。林鍾羽，今爲大呂調，凌次仲曰，疑有誤。用尺字。南呂羽，今爲般涉調，用工字。無射羽，今爲高般涉調，用凡字。」

又曰：「般涉調用九聲：高五、高凡、高工、尺、上、高一、高四、勾、合。案：衍「上」字，脱「六」字，說見正宮。中呂調用九聲：緊五、下凡、高工、尺、上、下一、下四、六、合。案：「下四」當作「高四」。高般涉用九聲：下五、下凡、工、尺、上、下一、下四、六、合。案：「工」當作「下工」。正平調用九聲：高五、高凡、高工、尺、上、高一、下四、六、合。案：「下四」當作「高四」。南呂調用七聲：下五、高凡、高工、尺、高一、高四、勾。仙呂調用九聲：緊五、下凡、工、尺、上、下一、高四、六、合。案：「工」當作「下工」。黄鍾羽用九聲：高五、下凡、高工、尺、上、高一、高四、六、合。」

《詞源·宮調應指譜》曰：「般涉調フ，案：此即「工」字，刻本誤作「△」。仙呂調ㄣ，案：此即「上」字，刻本誤作「△」。中呂調△，案：此即「合」字，刻本誤作「ㄣ」。正平調マ，案：此即「四」字。高平調一，案：「一」字無減省。黄鍾羽∧。」案：此即「尺」字。又《結聲正訛》曰：「正平調是マ字，結聲用平直而去；若徵折而下，則成ㄣ字，即犯仙吕調。」

## 羽聲七調

| | | | | | | | | | | | | | | | | | |
|---|---|---|---|---|---|---|---|---|---|---|---|---|---|---|---|---|---|
| 唐雅樂律吕 | 應 | 黄清 | 大清 | 太清 | 夾清 | 姑清 | 仲清 | 蕤清 | 林清 | 夷清 | 南清 | 無清 | 應清 | 黄清又半 | 大清又半 | 太清又半 | |
| 唐宋俗樂律吕 | 黄 | 大 | 太 | 夾 | 姑 | 仲 | 蕤 | 林 | 夷 | 南 | 無 | 應 | 黄清 | 大清 | 太清 | 夾清 | |
| 宋俗樂字譜 | 合 | 下四 | 高四 | 下一 | 高一 | 上 | 勾 | 尺 | 下工 | 高工 | 下凡 | 高凡 | 六 | 下五 | 高五 | 緊五 | |
| 黄鍾羽爲中吕調 | 羽 | | 變宮 | 宮 | | 商 | | 角 | | 變徵 | 徵 | | 羽 | | | 宮 | 用九聲 緊五下凡高 工尺上下一高四六合 |
| 太蔟羽爲正平調 | 徵 | | 羽 | | 變宮 | 宮 | | 商 | | 角 | | 變徵 | 徵 | | 羽 | | 用九聲 高五高凡高 工尺上高一高四六合 |
| 姑洗羽爲南吕調又名高平調 | | | 徵 | | 羽 | | 變宮 | 宮 | | 商 | | 角 | | 變徵 | | | 用七聲 下五高凡 高工尺高一高四勾 |
| 中吕羽爲仙吕調 | 角 | | 變徵 | 徵 | | 羽 | | 變宮 | 宮 | | 商 | | 角 | | | 徵 | 用九聲 緊五下凡下 工尺上下一高四六合 |

| | | | | | | | | | | |
|---|---|---|---|---|---|---|---|---|---|---|
| 林鍾羽爲黄鍾調 | 商 | 角 | 變徵 | 徵 | 羽 | 變宮 | 宮 | 商 | 角 | 用九聲高五下凡高 工尺上高一高四六合 |
| 南吕羽爲般涉調 | 宮 | 商 | 角 | 變徵 | 徵 | 羽 | 變宮 | 宮 | 商 | 用九聲高五高凡高 工尺高一高四勾六合 |
| 無射羽爲高般涉調 | 變宮 | 宮 | 商 | 角 | 變徵 | 徵 | 羽 | 變宮 | 宮 | 用九聲下五下凡下 工尺上下一下四六合 |

凌次仲云「燕樂七羽一均，即琵琶之第四弦」，是也。七宫以第一弦爲主，第一弦第一聲爲黄鍾，應唐雅樂太蔟。其第十聲爲南吕，應唐雅樂應鐘。此七羽以第四弦爲主，第四弦第一聲，與七宫第一弦第十聲同，故爲羽也。黄鍾爲宫，則南吕爲羽；太蔟爲宫，則應鐘爲羽。故今爲表兼列唐雅樂律吕，以明七羽第一聲，實高於七宫第一聲九律也。此七羽，即鄭譯之南吕均。鄭譯琵琶，每弦三均，其南吕均本在第四弦也。

第四弦十六聲，第一聲亦名爲黄鍾，俗名亦曰合字。凌次仲謂第一聲名爲南吕，非也。以第一弦第一聲爲黄鍾言之，則第四弦第一聲當第一弦之南吕。然七羽以第四弦爲主，第四弦第一聲仍名爲黄鍾，不名爲南吕也。凌氏云，實應太蔟，尤非也。後別有辯。《補筆談》七羽，南吕調用七聲，餘六調皆用九聲。若第一聲爲南吕，則已配高工字矣。以下但有下凡字、高凡字、六字、下五字、高五字、緊五字。每一調無九聲、七聲，但有三聲、四聲，不能成曲調也。第一聲爲高工字，則中吕調但有高工、下凡、六、緊五，只四聲。正平調但有高工、高凡、六、高五，只四聲。南呂調但有高工、高凡、下五，只三聲。仙呂調但有下凡、六、緊五，只三聲。黄鍾調但有高工、下凡、六、高五，只四聲。般涉調但有高工、高凡、六、高五，只四聲。高般涉調但有下凡、六、下五，只三聲。且正平調殺聲用四字，南呂調殺聲用一字，仙呂調殺聲用上字，黄鍾調殺聲用尺字。若第一聲爲高工字，則不得有四字、一字、上字、尺字爲殺聲也。又羽聲七調，中呂調爲第一運，第一運必起於第一聲。中呂調以黄鍾爲羽，是第一聲爲黄鍾明矣。凌氏以第六運爲第一聲，第一運爲第三聲，亦非也。凌氏云：「高般涉，即琵琶四弦之第二聲。」又云：「七羽高矣，而高般涉調尤高。」案：高般涉既爲尤高，則必爲第七聲，而非第二聲矣。高般涉爲第七聲，則中呂調必爲第一聲矣。

凌氏謂第一聲爲南呂者，以《宋志》云：羽聲七調，皆生於南呂也。然《宋志》羽聲七調，以般涉調爲首。般涉調以南呂爲羽，故云羽聲七調，皆生於南呂耳；非謂般涉調之第一聲，是南呂聲也。《宋志》以般涉調爲首者，七宫之正宫，黄鍾爲宫；七羽之般涉調，亦黄鍾爲宫。七宫以正宫爲首，故七羽亦以般涉調爲首。從七宫之例耳。然七羽當以羽聲爲主，其次第乃順也。七宫第一運，黄鍾爲宫；七商第一運，黄鍾爲商；七羽第一運，黄鍾爲羽。同一例也。惟七角第一運，黄鍾爲商，乃商角同用耳。

七宫之夾鍾宫爲中呂宫，林鍾宫爲南呂宫，無射宫爲黄鍾宫，實應唐雅樂之中呂、南呂、黄鍾。

此七羽之黄鍾羽爲中吕調，姑洗羽爲南吕調，林鍾羽爲黄鍾調，則不可以彼爲例也。宫逐羽音，故七羽調名，多與七宫調同。七宫之中吕宫，以黄鍾爲羽；故七羽之黄鍾羽，亦名中吕調。七宫之南吕宫，以姑洗爲羽；故七羽之姑洗羽，亦名南吕調。七宫之黄鍾宫，以林鍾爲羽；故七羽之林鍾羽，亦名黄鍾調。皆俗名之陋耳。黄鍾調，《詞源》名爲羽調，則亦覺其謬而改之矣。

羽聲七調，殺聲之字，皆羽聲也。中吕調以六字爲羽，故殺聲用六字；正平調以高四字爲羽，故殺聲用四字。餘仿此。

《琵琶録》所謂「宫逐羽音」、「商角同用」者，琵琶調弦之法也。余觀樂工彈琵琶而悟得之。樂工彈琵琶有兩調：一、曰上、尺、合、上[二四]。第一弦、第四弦散聲，皆上字；第二弦散聲尺字，第三弦散聲合字也。一、曰合、上、尺、合。第一弦、第四弦散聲，皆合字；第二弦散聲上字，第三弦散聲尺字也。琵琶第一弦、第四弦倍半相應，第二弦、第三弦則取其聲相接，便於彈耳。上、尺、合、上者，七宫七羽調弦法；合、上、尺、合者，七商七角調弦法。宫逐羽音，商角同用。故四均只用兩法也。七宫以第一弦爲主，其第一運正宫第一聲爲宫，即今上字。第一聲即散聲，後仿此。其餘三弦用尺、合、上三字，則爲上、尺、合、上也。第二運以下不轉弦，但七聲遞轉而高耳。七羽以第四弦爲主，其第一運中吕調第一聲爲羽，即今四字。其餘三弦用四、一、工三字，則爲四、一、工、四，即上、尺、合、上也。第六運般涉調第一聲爲宫即今「上」字。其餘三弦用上、尺、合三字，則爲上、尺、合、上矣。蔡氏《燕樂書》七羽以般涉調爲首，蓋以此故也。七商以第二弦爲主，七角以第三弦爲主。而唐人彈七商，亦用第三弦爲主，欲其調弦與七角同一法，以歸簡便。角調每弦皆慢二律，即成商調也。琵琶四弦，而可減去一弦爲三弦，以此故也。七商第一運越調、七角第一運越角第一聲，皆爲商，即今「尺」字。其餘三弦用合、上、合三字，則爲合、上、尺、合也。《琵琶録》「宫逐羽音」、「商角同用」二語甚難解，乃驗之今日俗工而竟得之。可見古法相傳，有千載而未泯者。今爲之譜，并製二十八調琵琶、簫、笛法，見卷八、卷九。使唐宋之音，可復聞於今日也。余昔時考此，尚未詳覈，今改定之。《琵琶録》本有《二十八調圖》，已佚，此可以補之矣。《琵琶録》一名《樂府雜録》，余引之皆謂之《琵琶録》，以其書説琵琶爲最要也。

**七宫** 七宫第一弦散聲，第一運以爲上字，第二運則以爲一字，第三運則以爲四字，餘仿此。七商、七角、七羽皆仿此。

| | | | | | | | |
|---|---|---|---|---|---|---|---|
| 第四弦 | 上 | 一 | 四 | 合 | 凡 | 工 | 尺 |
| 第三弦 | 合 | 凡 | 工 | 尺 | 上 | 一 | 四 |
| 第二弦 | 尺 | 上 | 一 | 四 | 合 | 凡 | 工 |
| 第一弦 | 第一運上 | 第二運一 | 第三運四 | 第四運合 | 第五運凡 | 第六運工 | 第七運尺 |

**七羽**

第四弦　第一運四　第二運合　第三運凡　第四運工　第五運尺　第六運上　第七運一

第三弦　工　尺　上　一　四　合　凡

第二弦　一　四　合　凡　工　尺　上

第一弦　四　合　凡　工　尺　上　一

**七商**

第四弦　合　凡　工　尺　上　一　四

第三弦　第一運尺　第二運上　第三運一　第四運四　第五運合　第六運凡　第七運工

第二弦　上　一　四　合　凡　工　尺

第一弦　合　凡　工　尺　上　一　四

**七角**

第四弦　合　凡　工　尺　上　一　四

第三弦　第一運尺　第二運上　第三運一　第四運四　第五運合　第六運凡　第七運工

第二弦　上　一　四　合　凡　工　尺

第一弦　合　凡　工　尺　上　一　四

凌次仲云：二十八調，爲自來講樂家所未悟。是也。如胡氏《樂律表微》謂二十八調，繁複舛錯而不可用，此因未悟而遂詆之耳。江慎修《律吕闡微》謂燕樂不可不考其由。然江氏實未考其由。凌氏考二十八調由於琵琶四弦，乃真得其由者。惟以此譏錢溉亭但取今笛以考古律，中隔一闗不能飛渡，則虚誇之語也。考唐宋之樂，則賴有二十八調。若考古律，則必考古尺、製律管，乃能得之，與二十八調無涉。言豈一端，各有所當也。

江氏謂燕樂以管爲主，然管之調，何以只有二十八？管之聲，何以得有十六歟？其謂黄鍾是林鍾，大吕是夷則，太蔟是南吕云云，以二十八調十六字譜核之，則皆不相合。其説「宫逐羽音」云，今世樂家吹簫笛者，翻宫换調，其五聲差一位，宫既逐羽，則角當商，故同用商調。此未知爲琵琶四弦，而以爲簫笛五聲。若是五聲，何以但有宫、羽、商、角，而無徵歟？且謂羽轉爲宫，而宫當商，商當角，角當徵，徵當羽。變宫本在羽後、宫前，變而居宫後、商前。變徵本在角後、徵前，變而居徵後、羽前。此説則尤大謬也。今世吹簫笛者，上字是宫聲，上、尺、工、凡、合、四、一七字，爲宫、商、角、變徵、徵、羽、變宫七音。七位勻排，雖雅俗名目不同，而次第無異。翻宫换調，七音以次而移，豈有互易其位者？江氏竟不知此。其所爲之圖，以五音勻排五位，而置二變於夾縫處。五音皆移，而二變不移。又不知上、尺、工、合、四，必爲宫、商、角、徵、羽，惟知一字必爲變宫，凡字必爲變徵。因誤解「宫逐羽音」之語，以爲羽轉爲宫，則宫當商，商當角，角當徵，徵當羽。此誤以五音勻排五位故也。不知羽轉爲宫，則變宫當商，宫當角，商當變徵，角當徵，變徵當羽，徵當變宫矣。且以爲羽聲四字，移於宫聲上字之位，則四字爲宫，四、上、尺、工、合爲宫、商、角、徵、羽。此誤以五音匀排，而又誤以四字爲宫故也。不知翻宫换調之法。四字既移於上字之位，則上字轉爲四字矣，非宫聲矣。上、尺、工、合、四轉爲四、一、上、工、凡，非四、上、尺、工、合也。此俗工皆知者也。且四、上、尺、工、合，乃羽、宫、商、角、徵也，非宫、商、角、徵、羽也。而一字仍爲變宫，則在宫後矣！凡字仍爲變徵，則在徵後矣！此誤以四、一、上、尺、工、凡、合爲宫、變宫、商、角、徵、變徵、羽也。江氏之意如此，試思變宫、變徵之爲一字、凡字既有定，何以宫、商、角、徵、羽之爲某字則無定乎？宫、商、角、徵、羽之次第既有定，何以變宫、變徵之次第則無定乎？且簫笛七調，江氏之圖説，只一調轉一調；試由此再轉五調，更當何如乎？七音次第，天造地設，豈人所能改易！宋人以變宫爲角，而其次第，仍不能改易也。試問今世樂家吹簫、笛、翻宫、换調者，曾有改易七音之事否乎？實無改易，而以爲改易；由其一誤再誤，自生眩惑耳！江氏名儒而又號爲知樂，後有信其説者，以爲真有改易七音之法也。故詳辯之，毋再誤後人也。江氏書，多説《河圖》、《洛書》、先天、納音、六合之類，甚至宫逐羽音，亦以爲出於圖、書。凌次仲謂前人樂書，未洞悉其源流，不得不旁及陰、陽、易象以惑世而自欺。余謂如王邦直之流則無怪其然，江慎修醇儒，非惑世者，而亦如是，此講樂家習氣，自以爲講樂理，而不知實自欺也。因附論之於此云。

# 卷七

## 宋八十四調考

《宋史·律曆志》曰：仁宗著《景祐樂髓新經》凡六篇，其一、釋十二均曰黄鍾之宫，爲正宫調；太蔟商，爲大石調；姑洗角，爲小石角；林鍾徵，爲黄鍾徵；南吕羽，爲般涉調；應鍾變宫，爲中管黄鍾宫；蕤賓變徵，爲應鍾徵。大吕之宫，爲高宫；夾鍾商，爲高大石；仲吕角，爲中管小石調；案：「調」當作「角」。夷則徵，爲大吕徵；無射羽，爲高般涉；黄鍾變宫，爲正宫調；林鍾變徵，爲黄鍾徵。太蔟之宫，爲中管高宫；姑洗商，爲高大石；案：「爲」下脱「中管」二字。蕤賓角，爲歇指角；南吕徵，爲太蔟徵；應鍾羽，爲中管高般涉；大吕變宫，爲高宫；夷則變徵，爲大吕徵。夾鍾之宫，爲中吕宫；仲吕商，爲雙調；林鍾角，在今樂亦爲林鍾角；無射徵，爲夾鍾徵；黄鍾羽，爲中吕調；太蔟變宫，爲中管高宫；南吕變徵，爲太蔟徵。姑洗之宫，爲中管中吕；案：「中吕」下脱「宫」字。蕤賓商，爲中管商調；案：「商」當作「雙」。夷則角，爲中管林鍾角；應鍾徵，爲姑洗徵；大呂羽，爲中管中呂調；夾鍾變宮，爲中呂宮；無射變徵，爲夾鍾徵。仲呂之宮，爲道調宮；林鍾商，爲小石調；南呂角，爲越調；案：「調」當作「角」。黄鍾徵，爲中呂徵；太蔟羽，爲平調；姑洗變宮，爲中管中呂宮；應鍾變徵，爲姑洗徵。蕤賓之宮，爲中管道調宮；夷則商，爲中管小石調；無射角，爲中管越調；案：「調」當作「角」。大呂徵，爲蕤賓徵；夾鍾羽，爲中管平調；中呂變宮，爲道調宮；黄鍾變徵，爲仲呂徵。林鍾之宮，爲南呂宮；南呂商，爲歇指調；應鍾角，爲大石調；案：「調」當作「角」。太蔟徵，爲林鍾徵；姑洗羽，爲高平調；蕤賓變宮，爲中管道調宮；大呂變徵，爲蕤賓徵。夷則之宮，爲仙呂；案：「仙呂」下脱「宮」字。無射商，爲林鍾商；黄鍾角，爲高大石調；案：「調」當作「角」。夾鍾徵，爲夷則徵；仲呂羽，爲仙呂調；林鍾變宮，爲南呂宮；太蔟變徵，爲林鍾徵。南呂之宮，爲中管仙呂宮；應鍾商，爲中管林鍾商；大呂角，爲中管高大石角；姑洗徵，爲南呂徵；蕤賓羽，爲中管仙呂調；夷則變宮，爲仙呂宮；夾鍾變徵，爲夷則徵。無射之宮，爲黄鍾宮；黄鍾商，爲越調；太蔟角，爲變角；案：「變」當作「雙」。仲呂徵，爲無射徵；林鍾羽，爲黄鍾羽；南呂變宮，爲中管仙呂宮；姑洗變徵，爲南呂徵。應鍾之宮，爲中管黄鍾宮；大呂商，爲中管越調；夾鍾角，爲中管雙角；蕤賓徵，爲應鍾徵；夷則羽，爲中管黄鍾羽；無射變宮，爲黄鍾宮；仲呂變徵，爲無射徵。

張炎《詞源》曰：黄鍾宮，俗名正黄鍾宮；黄鍾商，俗名大石調；黄鍾角，俗名正黄鍾宮角；

黃鍾變，俗名正黃鍾宮轉徵；黃鍾徵，俗名正黃鍾宮正徵；黃鍾羽，俗名般涉調；黃鍾閏，俗名大石角。大呂宮，俗名高宮；大呂商，俗名高大石調；大呂角，俗名高宮角；大呂變，俗名高宮變徵；大呂徵，俗名高宮正徵；大呂羽，俗名高般涉調；大呂閏，俗名高大石角。太蔟宮，俗名中管高宮；太蔟商，俗名中管高大石調；太蔟角，俗名中管高宮角；太蔟變，俗名中管高宮變徵；太蔟徵，俗名中管高宮正徵；太蔟羽，俗名中管高般涉調；太蔟閏，俗名中管高大石角。夾鍾宮，俗名中呂宮；夾鍾商，俗名雙調；夾鍾角，俗名中呂正角；夾鍾變，俗名中呂變徵；夾鍾徵，俗名中呂正徵；夾鍾羽，俗名中呂調；夾鍾閏，俗名雙角。姑洗宮，俗名中管中呂宮；姑洗商，俗名中管雙調；姑洗角，俗名中管中呂角；姑洗變，俗名中管中呂變徵；姑洗徵，俗名中管中呂正徵；姑洗羽，俗名中管中呂調；姑洗閏，俗名中管雙角。仲呂宮，俗名道宮；仲呂商，俗名小石調；仲呂角，俗名道宮角；仲呂變，俗名道宮變徵；仲呂徵，俗名道宮正徵；仲呂羽，俗名正平調；仲呂閏，俗名小石角。蕤賓宮，俗名中管道宮；蕤賓商，俗名中管小石調；蕤賓角，俗名中管道宮角；蕤賓變，俗名中管道宮變徵；蕤賓徵，俗名中管道宮正徵；蕤賓羽，俗名中管正平調；蕤賓閏，俗名中管小石角。林鍾宮，俗名南呂宮；林鍾商，俗名歇指調；林鍾角，俗名南呂角；林鍾變，俗名南呂變徵；林鍾徵，俗名南呂正徵；林鍾羽，俗名高平調；林鍾閏，俗名歇指角。夷則宮，俗名仙呂宮；夷則商，俗名商調；夷則角，俗名仙呂角；夷則變，俗名仙呂變徵；夷則徵，俗名仙呂正徵；夷則羽，俗名仙呂調；夷則閏，俗名商角。南呂宮，俗名中管仙呂宮；南呂商，俗名中管雙調；案：「雙」當作「商」。南呂角，俗名中管仙呂角；南呂變，俗名中管仙呂變徵；南呂徵，俗名中管仙呂正徵；南呂羽，俗名中管仙呂調；南呂閏，俗名中管仙角。無射宮，俗名黄鍾宮；無射商，俗名越調；無射角，俗名黄鍾角；無射變，俗名黄鍾變徵；無射徵，俗名黄鍾正徵；無射羽，俗名羽調；無射閏，俗名越角。應鍾宮，俗名中管黄鍾宮；應鍾商，俗名中管越調；應鍾角，俗名中管黄鍾角；應鍾變，俗名中管黄鍾變徵；應鍾徵，俗名中管黄鍾正徵；應鍾羽，俗名中管羽調；應鍾閏，俗名中管越調。案：「調」當作「角」。

沈括《補筆談》曰：大呂商、大呂角、大呂羽、太蔟宮、夾鍾角、夾鍾羽、姑洗商、案：《燕樂考原》引此，張其錦云，「商」上脱「宮」字，是也。蕤賓宮、商、羽、角[二五]，夷則商、角、羽，南呂宮，無射角，應鍾宮、應鍾商、應鍾羽，今燕樂皆無。

## 宮聲十二調

| | | | | | | | | | | | |
|---|---|---|---|---|---|---|---|---|---|---|---|
| 黄 | 大 | 太 | 夾 | 姑 | 仲 | 蕤 | 林 | 夷 | 南 | 無 | 應 |
| 宮 | 商 | 角 | 變徵 | 徵 | 羽 | 變宮 | | | | | |

《樂髓》黄鍾宮爲正宮調　《詞源》黄鍾宮俗名正黄鍾宮

| 大呂宮爲高宮 | 太蔟宮爲中管高宮 | 夾鍾宮爲中呂宮 | 姑洗宮爲中管中呂宮 | 仲呂宮爲道調宮 | 蕤賓宮爲中管道調宮 | 林鍾宮爲南呂宮 | 夷則宮爲仙呂宮 | 南呂宮爲中管仙呂宮 |
| --- | --- | --- | --- | --- | --- | --- | --- | --- |
| 變宮 | | 羽 | | 徵 | 變徵 | | 角 | |
| 宮 | 變宮 | | 羽 | | 徵 | 變徵 | | 角 |
| | 宮 | 變宮 | | 羽 | | 徵 | 變徵 | |
| 商 | | 宮 | 變宮 | | 羽 | | 徵 | 變徵 |
| | 商 | | 宮 | 變宮 | | 羽 | | 徵 |
| 角 | | 商 | | 宮 | 變宮 | | 羽 | |
| | 角 | | 商 | | 宮 | 變宮 | | 羽 |
| 變徵 | | 角 | | 商 | | 宮 | 變宮 | |
| 徵 | 變徵 | | 角 | | 商 | | 宮 | 變宮 |
| | 徵 | 變徵 | | 角 | | 商 | | 宮 |
| 羽 | | 徵 | 變徵 | | 角 | | 商 | |
| | 羽 | | 徵 | 變徵 | | 角 | | 商 |
| 大呂宮俗名高宮 | 太蔟宮俗名中管高宮 | 夾鍾宮俗名中呂宮 | 姑洗宮俗名中管中呂宮 | 仲呂宮俗名道宮 | 蕤賓宮俗名中管道宮 | 林鍾宮俗名南呂宮 | 夷則宮俗名仙呂宮 | 南呂宮俗名中管仙呂宮 |

| | | | | | | | | |
|---|---|---|---|---|---|---|---|---|
| 無射宫爲黄鍾宫 | 商 | 角 | 變徵 | 徵 | 羽 | 變宫 | 宫 | 無射宫俗名黄鍾宫 |
| 應鍾宫爲中管黄鍾宫 | 商 | 角 | 變徵 | 徵 | 羽 | 變宫 | 宫 | 應鍾宫俗名中管黄鍾宫 |

《樂髓》爲宋仁宗御製雅樂，其正宫、高宫之類，則是俗名。以俗名釋雅樂，使人易曉也。此宫聲十二調：正宫、高宫、中吕宫、道調宫、南吕宫、仙吕宫、黄鍾宫，已見二十八調七宫表。其餘五調，謂之中管調者，一弦有十二聲，可轉爲十二調；一管則但有六孔，轉爲七調而已。其餘五調，則别製一管聲稍高者吹之，謂之中管調也。此遷就苟簡之法，但使一笛稍下，一笛稍高，皆匀排其孔，雖不應律作孔，而二笛可以吹十二調，亦巧法也。

《宋史·樂志》云，景祐二年，李照請去四清聲，馮元等駁之，帝令權用十二枚爲一格。故今爲表，不列四清聲。

## 商聲十二調

| | | | | | | | | | | | | |
|---|---|---|---|---|---|---|---|---|---|---|---|---|
| 宫調律吕 | 太 | 夾 | 姑 | 仲 | 蕤 | 林 | 夷 | 南 | 無 | 應 | 黄清 | 大清 |
| 商調律吕 | 黄 | 大 | 太 | 夾 | 姑 | 仲 | 蕤 | 林 | 夷 | 南 | 無 | 應 |

| | | | | | | | | | | | | | |
|---|---|---|---|---|---|---|---|---|---|---|---|---|---|
| 《樂髓》太蔟商爲大石調 | 宮 | | 商 | | 角 | | 變徵 | 徵 | | 羽 | | 變宮 | 《詞源》黃鍾商俗名大石調 |
| 夾鍾商爲高大石 | 變宮 | 宮 | | 商 | | 角 | | 變徵 | 徵 | | 羽 | | 大呂商俗名高大石調 |
| 姑洗商爲中管高大石 | | 變宮 | 宮 | | 商 | | 角 | | 變徵 | 徵 | | 羽 | 太蔟商俗名中管高大石調 |
| 仲呂商爲雙調 | 羽 | | 變宮 | 宮 | | 商 | | 角 | | 變徵 | 徵 | | 夾鍾商俗名雙調 |
| 蕤賓商爲中管雙調 | | 羽 | | 變宮 | 宮 | | 商 | | 角 | | 變徵 | 徵 | 姑洗商俗名中管雙調 |
| 林鍾商爲小石調 | 徵 | | 羽 | | 變宮 | 宮 | | 商 | | 角 | | 變徵 | 仲呂商俗名小石調 |
| 夷則商爲中管小石調 | 變徵 | 徵 | | 羽 | | 變宮 | 宮 | | 商 | | 角 | | 蕤賓商俗名中管小石調 |
| 南呂商爲歇指調 | | 變徵 | 徵 | | 羽 | | 變宮 | 宮 | | 商 | | 角 | 林鍾商俗名歇指調 |
| 無射商爲林鍾商 | 角 | | 變徵 | 徵 | | 羽 | | 變宮 | 宮 | | 商 | | 夷則商俗名商調 |

| | | | | | | | | |
|---|---|---|---|---|---|---|---|---|
| 應鐘商爲中管林鐘商 | 角 | 變徵 | 徵 | 羽 | 變宮 | 宮 | 商 | 南呂商俗名中管商調 |
| 黄鍾商爲越調 | 商 | 角 | 變徵 | 徵 | 羽 | 變宮 | 宮 | 無射商俗名越調 |
| 大呂商爲中管越調 | 商 | 角 | 變徵 | 徵 | 羽 | 變宮 | 宮 | 應鐘商俗名中管越調 |

商調十二聲，第一聲亦名爲黄鍾，實應宫調之太蔟，與燕樂同一例。故今爲表，兼列宫調律呂，以明商調高於宫調二律也。角、徵、羽及二變調表，兼列宫調律呂，皆此意也。

十二宫調，《樂髓》、《詞源》所載律呂、調名皆同。此十二商調則不然。《樂髓》云，太蔟商，爲大石調，夾鍾商，爲高大石。《詞源》則云，黄鍾商，俗名大石調，大呂商，俗名高大石調。似差二律，然實無異也。《樂髓》、《詞源》皆以每弦第一聲爲黄鍾，《詞源》所謂黄鍾商者，非以黄鍾爲商之謂，謂黄鍾爲宫之商調耳，即《樂髓》之太蔟商也。黄鍾爲宫，太蔟爲商。《詞源》所謂大呂商者，非以大呂爲商之謂，謂大呂爲宫之商調耳，即《樂髓》之夾鍾商也。大呂爲宫，夾鍾爲商。餘十調皆仿此。凡南宋人之説，皆與此同。如蔡季通《六十調篇》及姜堯章《歌曲》是也。凌次仲謂七商本起太蔟，南渡乃起黄鍾，非也。北宋、南宋每弦律呂之位無異，凌氏未深考，故歧而爲二耳。

大石調、高大石、雙調、小石調、歇指調、林鍾商、越調，已見二十八調七商表。其餘五調，謂之中管調，與宮聲中管五調同一例。

商調以大石調爲首，説見二十八調考。

## 角聲十二調

| | | | | | | | | | | | | | | |
|---|---|---|---|---|---|---|---|---|---|---|---|---|---|---|
| 宮調律呂 | 姑 | 仲 | 蕤 | 林 | 夷 | 南 | 無 | 應 | 黄清 | 大清 | 太清 | 夾清 | | |
| 角調律呂 | 黄 | 大 | 太 | 夾 | 姑 | 仲 | 蕤 | 林 | 夷 | 南 | 無 | 應 | | |
| 《樂髓》應鐘角爲大石角 | 宮 | 變徵 | 商 徵 | | 角 羽 | | 變徵 變宮 | 徵 宮 | | 羽 商 | | 變宮 角 | 《詞源》黄鐘閏俗名大石角 | 《補筆談》姑洗角今爲大石角 |
| 黄鐘角爲高大石角 | 變宮 角 | 宮 | 變徵 | 商 徵 | | 角 羽 | | 變徵 變宮 | 徵 宮 | | 羽 商 | | 大呂閏俗名高大石角 | 中呂角今爲高大石角 |
| 大呂角爲中管高大石角 | | 變宮 角 | 宮 | 變徵 | 商 徵 | | 角 羽 | | 變徵 變宮 | 徵 宮 | | 羽 商 | 太蔟閏俗名中管高大石角 | |
| 太蔟角爲雙角 | 羽 商 | | 變宮 角 | 宮 | 變徵 | 商 徵 | | 角 羽 | | 變徵 變宮 | 徵 宮 | | 夾鐘閏俗名雙角 | 林鐘角今爲雙角 |
| 夾鐘角爲中管雙角 | | 羽 商 | | 變宮 角 | 宮 | 變徵 | 商 徵 | | 角 羽 | | 變徵 變宮 | 徵 宮 | 姑洗閏俗名中管雙角 | |

| | | | |
|---|---|---|---|
| 姑洗角爲小石角 | 徵宮 羽商 變宮角 宮 變徵 商徵 角羽 變徵變宮 | 仲呂閏俗名小石角 | 南呂角今爲小石角 |
| 仲呂角爲中管小石角 | 變徵變宮 徵宮 羽商 變宮角 宮 變徵 商徵 角羽 | 蕤賓閏俗名中管小石角 | |
| 蕤賓角爲歇指角 | 變徵變宮 徵宮 羽商 變宮角 宮 變徵 商徵 角羽 | 林鍾閏俗名歇指角 | 應鍾角今爲歇指角 |
| 林鍾角亦爲林鍾角 | 角羽 變徵變宮 徵宮 羽商 變宮角 宮 變徵 商徵 | 夷則閏俗名商角 | 黃鍾角今爲林鍾角 |
| 夷則角爲中管林鍾角 | 角羽 變徵變宮 徵宮 羽商 變宮角 宮 變徵 商徵 | 南呂閏俗名中管仙角 | |
| 南呂角爲越角 | 商徵 角羽 變徵變宮 徵宮 羽商 變宮角 宮 變徵 | 無射閏俗名越角 | 太蔟角今爲越角 |
| 無射角爲中管越角 | 變徵 商徵 角羽 變徵變宮 徵宮 羽商 變宮角 宮 | 應鍾閏俗名中管越角 | |

角調十二聲，第一聲亦名爲黃鍾，實應宮調之姑洗，與燕樂同一例。《宋史·樂志》云，以變宮爲角；又引蔡元定《燕樂書》云，閏爲角；故《樂髓》所謂角者，變宮也。《詞源》所謂閏者，角也，亦變宮也。《樂髓》云，應鐘角爲大石角，黃鍾角爲高大石角。《詞源》則云，黃鍾閏俗名大石角，大呂

閏俗名高大石角。似差一律，然實無異也。《樂髓》、《詞源》皆以每弦第一聲爲黄鍾。《詞源》所謂黄鍾閏者，非以黄鍾爲角之謂，謂黄鍾爲宫之角調耳；即《樂髓》所謂應鍾角也。黄鍾爲宫，應鍾爲變宫。《詞源》所謂大呂閏者，非以大呂爲角之謂，謂大呂爲宫之角調耳；即《樂髓》所謂黄鍾角也。大呂爲宫，黄鍾爲變宫。餘十調仿此。凌次仲謂南宋七角，仍用黄鍾以下七律，而不知北宋、南宋每弦律呂之位，本無異也。

《補筆談》七角，見《二十八調考》。又與《樂髓》不同。《樂髓》應鍾角爲大石角，《補筆談》則云姑洗角爲大石角。大石角以應鍾爲變宫，姑洗爲角。《樂髓》指變宫所用之律，《補筆談》則指角聲所用之律，其實則同也。餘皆仿此。凌氏云，七角一均，移步改觀，未之深考耳。

角聲十二調，《樂髓》以小石角爲首，《詞源》以大石角爲首。《詞源》之次第是也。《樂髓》既謂變宫爲角，故姑洗角爲小石角，列於第一耳。黄鍾爲宫，則姑洗爲角；黄鍾宫爲宫調之首，故亦以姑洗角爲角調之首。實則所謂角者，變宫也，當以應鍾角爲大石角，列於第一，乃合也。黄鍾爲宫，則應鍾爲變宫，黄鍾宫爲宫調之首，亦當以應鍾變宫爲角調之首。故此表從《詞源》之次第也。然以大石角爲首，與《琵琶録》以越角爲第一運又不同。説見《二十八調考》。

變宫爲角者，本角調，而用其變宫聲爲角聲，則爲變宫調也。十二角調，第一大石角，以姑洗爲角，應鍾爲變宫。若以應鍾爲角，則與十二變宫調之第一調、中管黄鍾宫正同矣。中管黄鍾宫以姑洗爲角，見後表。大石角之應鐘，乃宮調之夾鍾清聲也。中管黃鍾宮之姑洗，亦宮調之夾鍾清聲也。亦見後表。故大石角之應鐘爲角，即中管黃鍾宮之姑洗爲角也。第一調同，則第二調以下，皆兩兩相同矣。故角調之以變宮爲角，實則變宮調也。蔡絛《鐵圍山叢談》云：「政和間作燕樂，求徵角調二均韻不可得」，正以角調名爲角調，而實非角調故也。

## 變徵十二調

| | | | | | | | | | | | | | |
|---|---|---|---|---|---|---|---|---|---|---|---|---|---|
| 宮調律呂 | 蕤 | 林 | 夷 | 南 | 無 | 應 | 黃清 | 大清 | 太清 | 夾清 | 姑清 | 仲清 | |
| 變徵調律呂 | 黃 | 大 | 太 | 夾 | 姑 | 仲 | 蕤 | 林 | 夷 | 南 | 無 | 應 | |
| 《樂髓》蕤賓變徵爲應鐘徵 | 宮 | | 商 | | 角 | | 變徵 | 徵 | | 羽 | | 變宮 | 《詞源》黃鍾變俗名正黃鍾宮轉徵 |
| 林鍾變徵爲黃鍾徵 | 變宮 | 宮 | | 商 | | 角 | | 變徵 | 徵 | | 羽 | | 大呂變俗名高宮變徵 |
| 夷則變徵爲大呂徵 | | 變宮 | 宮 | | 商 | | 角 | | 變徵 | 徵 | | 羽 | 太蔟變俗名中管高宮變徵 |
| 南呂變徵爲太蔟徵 | 羽 | | 變宮 | 宮 | | 商 | | 角 | | 變徵 | 徵 | | 夾鍾變俗名中呂變徵 |

| | | | | | | | | | | | | | |
|---|---|---|---|---|---|---|---|---|---|---|---|---|---|
| 無射變徵爲夾鍾徵 | | 羽 | | 變宮 | 宮 | | 商 | | 角 | | 變徵 | 徵 | 姑洗變俗名中管中吕變徵 |
| 應鐘變徵爲姑洗徵 | 徵 | | 羽 | | 變宮 | 宮 | | 商 | | 角 | | 變徵 | 仲吕變俗名道宮變徵 |
| 黄鍾變徵爲仲吕徵 | 變徵 | 徵 | | 羽 | | 變宮 | 宮 | | 商 | | 角 | | 蕤賓變俗名中管道宮變徵 |
| 大吕變徵爲蕤賓徵 | | 變徵 | 徵 | | 羽 | | 變宮 | 宮 | | 商 | | 角 | 林鍾變俗名南吕變徵 |
| 太蔟變徵爲林鍾徵 | 角 | | 變徵 | 徵 | | 羽 | | 變宮 | 宮 | | 商 | | 夷則變俗名仙吕變徵 |
| 夾鍾變徵爲夷則徵 | | 角 | | 變徵 | 徵 | | 羽 | | 變宮 | 宮 | | 商 | 南吕變俗名中管仙吕變徵 |
| 姑洗變徵爲南吕徵 | 商 | | 角 | | 變徵 | 徵 | | 羽 | | 變宮 | 宮 | | 無射變俗名黄鍾變徵 |
| 仲吕變徵爲無射徵 | | 商 | | 角 | | 變徵 | 徵 | | 羽 | | 變宮 | 宮 | 應鐘變俗名中管黄鍾變徵 |

燕樂二十八調無變徵調，《景祐樂髓》則有之。變徵調十二聲，第一聲亦名爲黄鍾，實應宮調之蕤賓，故爲變徵也。

《樂髓》蕤賓變徵爲應鐘徵者，謂蕤賓爲變徵，是應鐘爲宮之徵聲也。林鍾變徵爲黄鍾徵者，謂林鍾爲變徵，是黄鍾爲宮之徵聲也。餘十調仿此。

《詞源》所謂黄鍾變者，謂黄鍾爲宮之變徵調也。即《樂髓》所謂蕤賓變徵也。黄鍾爲宮，蕤賓爲變徵。俗名正黄鍾宮轉徵者，謂正黄鍾宮之變徵聲，爲此調之黄鍾也。正黄鍾宮以蕤賓爲變徵，即此變徵十二調之第一聲。所謂大吕變者，謂大吕爲宮之變徵調也。即《樂髓》所謂林鍾變徵也。大吕爲宮，林鍾爲變徵。俗名高宮變徵者，謂高宮之變徵聲，爲此調之大吕也。高宮以林鍾爲變徵，即此變徵十二調之第二聲。餘十調仿此。

## 徵聲十二調

| | | | | | | | | | | | | | |
|---|---|---|---|---|---|---|---|---|---|---|---|---|---|
| 宮調律吕 | 林 | 夷 | 南 | 無 | 應 | 黄清 | 大清 | 太清 | 夾清 | 姑清 | 仲清 | 蕤清 | |
| 徵調律吕 | 黄 | 大 | 太 | 夾 | 姑 | 仲 | 蕤 | 林 | 夷 | 南 | 無 | 應 | |
| 《樂髓》林鍾徵爲黄鍾徵 | 宮 | | 商 | | 角 | | 變徵 | 徵 | | 羽 | | 變宮 | 《詞源》黄鍾徵俗名正黄鍾宮正徵 |
| 夷則徵爲大吕徵 | 變宮 | 宮 | | 商 | | 角 | | 變徵 | 徵 | | 羽 | | 大吕徵俗名高宮正徵 |

| | | | | | | | | | | | | | |
|---|---|---|---|---|---|---|---|---|---|---|---|---|---|
| 南呂徵爲太蔟徵 | | 變宮 | 宮 | | 商 | | 角 | | 變徵 | 徵 | | 羽 | 太蔟徵俗名中管高宮正徵 |
| 無射徵爲夾鍾徵 | 羽 | | 變宮 | 宮 | | 商 | | 角 | | 變徵 | 徵 | | 夾鍾徵俗名中呂正徵 |
| 應鐘徵爲姑洗徵 | | 羽 | | 變宮 | 宮 | | 商 | | 角 | | 變徵 | 徵 | 姑洗徵俗名中管中呂正徵 |
| 黃鍾徵爲仲呂徵 | 徵 | | 羽 | | 變宮 | 宮 | | 商 | | 角 | | 變徵 | 仲呂徵俗名道宮正徵 |
| 大呂徵爲蕤賓徵 | 變徵 | 徵 | | 羽 | | 變宮 | 宮 | | 商 | | 角 | | 蕤賓徵俗名中管道宮正徵 |
| 太蔟徵爲林鍾徵 | | 變徵 | 徵 | | 羽 | | 變宮 | 宮 | | 商 | | 角 | 林鍾徵俗名南呂正徵 |
| 夾鍾徵爲夷則徵 | 角 | | 變徵 | 徵 | | 羽 | | 變宮 | 宮 | | 商 | | 夷則徵俗名仙呂正徵 |
| 姑洗徵爲南呂徵 | | 角 | | 變徵 | 徵 | | 羽 | | 變宮 | 宮 | | 商 | 南呂徵俗名中管仙呂正徵 |
| 仲呂徵爲無射徵 | 商 | | 角 | | 變徵 | 徵 | | 羽 | | 變宮 | 宮 | | 無射徵俗名黃鍾正徵 |

| 蕤賓徵爲 | 商 | 角 | 變徵 | 羽 | 變宮 | 應鍾徵俗名 |
| --- | --- | --- | --- | --- | --- | --- |
| 應鍾徵 | | | 徵 | | 宮 | 中管黃鍾正徵 |

燕樂二十八調無徵調，《景祐樂髓》則有之。徵調十二聲第一聲亦名爲黃鍾，實應宮調之林鍾，故爲徵也。

《樂髓》林鍾徵爲黃鍾徵者，謂林鍾爲徵，是黃鍾爲宮之徵調也。夷則徵爲大呂徵者，謂夷則爲徵，是大呂爲宮之徵調也。餘十調仿此。

《詞源》所謂黃鍾徵者，謂黃鍾爲宮之徵調也，即《樂髓》所謂林鍾徵也。黃鍾爲宮，林鍾爲徵。俗名正黃鍾宮正徵者，謂黃鍾宮之徵聲，爲此調之黃鍾也。正黃鍾宮以林鍾爲徵聲，即此十二徵調之第一聲。所謂大呂徵者，謂大呂爲宮之徵調也，即《樂髓》所謂夷則徵也。大呂爲宮，夷則爲徵。俗名高宮正徵者，謂高宮之徵聲，爲此調之大呂也。高宮以夷則爲徵聲，即此十二徵調之第二聲。餘十調仿此。

《樂髓》有徵調而燕樂無之者，燕樂用琵琶，琵琶無徵調也。《琵琶録》云，徵音有其聲，無其調。蔡絛《鐵圍山叢談》云：「政和間作燕樂，求徵角調二均韻不可得。有獨以黃鍾宮調均韻中爲曲，而但以林鍾律卒之。是黃鍾視林鍾爲徵，雖號徵調，然自是黃鍾宮之均韻，非猶有黃鍾以林鍾爲徵之均韻也。」姜堯章《自製徵招角招曲序》云：徵招角招者，政和間大晟府嘗製數十曲，音節駁矣。徵爲去母調，如黃鍾之徵，以黃鍾爲母，不用黃鍾乃諧。然黃鍾以林鍾爲徵，住聲於林鍾。若不用黃鍾聲，便自成林鍾宫矣。故大晟府徵調兼母聲，一句似黃鍾均，一句似林鍾均，所以當時有落韻之語。案：徵聲無其調，蔡、姜二説略同。蓋黃鍾爲宫，用黃、宫太、商姑、角蕤、變徵林、徵南、羽應變宫七律。林鍾爲宫，用林、宫南、商應、角大、變徵太、徵姑、羽蕤變宫七律。惟黃、大二律不同，餘六律皆同。故徵調如用黃鍾，則是黃鍾宫之均韻。如不用黃鍾，則便自成林鍾宫也。假如一句用黃、太、姑、林四律，則似黃鍾均之宫、商、角、徵四聲。又一句用太、姑、林、南四律，則黃鍾均之商、角、徵、羽四聲，而又似林鍾均之徵、羽、宫、商四聲也。蔡、姜二説之意如此。凌次仲云：「元稹《五弦彈》詩云：『趙璧五弦彈徵調，徵聲激越何清峭？』張祐[二六]《五弦》詩云：『徵調侵弦乙，商聲過指籠。』是五弦之器有徵調，大晟府借琵琶爲之，致有落韻之譏。」凌氏此條，考據最爲精確矣。姜堯章云，琴家無媒調、商調之類，皆徵也。然則琴亦有徵調，無徵調者，惟琵琶耳。《新唐書·禮樂志》，韋皋作《南詔奉聖樂》，又爲五均，其四曰林鍾徵之均，此亦唐時有徵調之證也。

## 羽聲十二調

| | | | | | | | | | | | | |
|---|---|---|---|---|---|---|---|---|---|---|---|---|
| 宫調律呂 | 南 | 無 | 應 | 黃清 | 大清 | 太清 | 夾清 | 姑清 | 仲清 | 蕤清 | 林清 | 夷清 |
| 羽調律呂 | 黃 | 大 | 太 | 夾 | 姑 | 仲 | 蕤 | 林 | 夷 | 南 | 無 | 應 |

| | | | | | | | | | | | | | |
|---|---|---|---|---|---|---|---|---|---|---|---|---|---|
| 《樂髓》南呂羽爲般涉調 | 宫 | | 商 | | 角 | | 變徵 | 徵 | | 羽 | | 變宫 | 《詞源》黄鍾羽俗名般涉調 |
| 無射羽爲高般涉 | 變宫 | 宫 | | 商 | | 角 | | 變徵 | 徵 | | 羽 | | 大吕羽俗名高般涉調 |
| 應鐘羽爲中管高般涉 | | 變宫 | 宫 | | 商 | | 角 | | 變徵 | 徵 | | 羽 | 太蔟羽俗名中管高般涉調 |
| 黄鍾羽爲中吕調 | 羽 | | 變宫 | 宫 | | 商 | | 角 | | 變徵 | 徵 | | 夾鍾羽俗名中吕調 |
| 大吕羽爲中管中吕調 | | 羽 | | 變宫 | 宫 | | 商 | | 角 | | 變徵 | 徵 | 姑洗羽俗名中管中吕調 |
| 太蔟羽爲平調 | 徵 | | 羽 | | 變宫 | 宫 | | 商 | | 角 | | 變徵 | 仲吕羽俗名正平調 |
| 夾鍾羽爲中管平調 | 變徵 | 徵 | | 羽 | | 變宫 | 宫 | | 商 | | 角 | | 蕤賓羽俗名中管正平調 |
| 姑洗羽爲高平調 | | 變徵 | 徵 | | 羽 | | 變宫 | 宫 | | 商 | | 角 | 林鍾羽俗名高平調 |

| | | | | | | | | | | | | | |
|---|---|---|---|---|---|---|---|---|---|---|---|---|---|
| 仲呂羽爲仙呂調 | 角 | | 變徵 | 徵 | | 羽 | | 變宮 | 宮 | | 商 | | 夷則羽俗名仙呂調 |
| 蕤賓羽爲中管仙呂調 | | 角 | | 變徵 | 徵 | | 羽 | | 變宮 | 宮 | | 商 | 南呂羽俗名中管仙呂調 |
| 林鍾羽爲黃鍾羽 | 商 | | 角 | | 變徵 | 徵 | | 羽 | | 變宮 | 宮 | | 無射羽俗名羽調 |
| 夷則羽爲中管黃鍾羽 | | 商 | | 角 | | 變徵 | 徵 | | 羽 | | 變宮 | 宮 | 應鐘羽俗名中管羽調 |

羽調十二聲，第一聲亦名爲黃鍾，實應宮調之南吕，與燕樂同一例。《樂髓》云，南吕羽爲般涉調，無射羽爲高般涉；《詞源》則云，黃鍾羽俗名般涉調，大吕羽俗名高般涉調；似差三律，然實無異也。《樂髓》、《詞源》皆以每弦第一聲爲黃鍾。《詞源》所謂黃鍾羽者，非以黃鍾爲羽之謂，謂黃鍾爲宫之羽調耳，即《樂髓》所謂南吕羽也。黃鍾爲宫，南吕爲羽。《詞源》所謂大吕羽者，非以大吕爲羽之謂，謂大吕爲宫之羽調耳，即《樂髓》所謂無射羽也。大吕爲宫，無射爲羽。餘十調仿此。凌次仲謂七羽本起南吕，南渡起黃鍾。而不知北宋、南宋每弦律吕之位無異也。

般涉調、高般涉調、中吕調、正平調、高平調、仙吕調、黃鍾調，已見二十八調七羽表。其餘五調，謂之中管調，亦與宫聲中管五調同一例。羽調以般涉調爲首，説見《二十八調考》。

## 變宮十二調

| | | | | | | | | | | | | | |
|---|---|---|---|---|---|---|---|---|---|---|---|---|---|
| 宮調律呂 | 應 | 黃清 | 大清 | 太清 | 夾清 | 姑清 | 仲清 | 蕤清 | 林清 | 夷清 | 南清 | 無清 | |
| 變徵調律呂 | 黃 | 大 | 太 | 夾 | 姑 | 仲 | 蕤 | 林 | 夷 | 南 | 無 | 應 | |
| 《樂髓》應鐘變宮爲中管黃鍾宮 | 宮 | | 商 | | 角 | | 變徵 | 徵 | | 羽 | | 變宮 | 《詞源》黃鍾角俗名正黃鍾宮角 |
| 黃鍾變宮爲正宮調 | 變宮 | 宮 | | 商 | | 角 | | 變徵 | 徵 | | 羽 | | 大呂角俗名高宮角 |
| 大呂變宮爲高宮 | | 變宮 | 宮 | | 商 | | 角 | | 變徵 | 徵 | | 羽 | 太蔟角俗名中管高宮角 |
| 太蔟變宮爲中管高宮 | 羽 | | 變宮 | 宮 | | 商 | | 角 | | 變徵 | 徵 | | 夾鍾角俗名中呂正角 |
| 夾鍾變宮爲中呂宮 | | 羽 | | 變宮 | 宮 | | 商 | | 角 | | 變徵 | 徵 | 姑洗角俗名中管中呂角 |
| 姑洗變宮爲中管中呂宮 | 徵 | | 羽 | | 變宮 | 宮 | | 商 | | 角 | | 變徵 | 仲呂角俗名道宮角 |

中呂變宮爲道調宮　變徵　徵　羽　變宮　宮　商　角　蕤賓角俗名中管道宮角

蕤賓變宮爲中管道調宮　變徵　徵　羽　變宮　宮　商　角　林鍾角俗名南呂角

林鍾變宮爲南呂宮　角　變徵　徵　羽　變宮　宮　商　夷則角俗名仙呂角

夷則變宮爲仙呂宮　角　變徵　徵　羽　變宮　宮　商　南呂角俗名中管仙呂角

南呂變宮爲中管仙呂宮　商　角　變徵　徵　羽　變宮　宮　無射角俗名黃鍾角

無射變宮爲黃鍾宮　商　角　變徵　徵　羽　變宮　宮　應鐘角俗名中管黃鍾角

燕樂二十八調，無變宮調，《景祐樂髓》則有之。變宮調十二聲，第一聲亦名爲黃鍾，實應宮調之應鐘，故爲變宮也。

《樂髓》此十二調名，盡與宮聲十二調同者，此黃鍾即宮調之應鐘聲，但差一律，此第一調、即宮聲第十二調之半聲，此第二調、即宮聲第一調之半聲，故其名同也。餘十調仿此。

角調以變宮爲角，即是變宮調，故《詞源》十二變宮調皆謂之角也。第一調黃鍾角者，謂黃鍾爲宫之變宫調也。即《樂髓》所謂應鐘變宫也。黄鐘爲宫[二七]，應鐘爲變宫。俗名正黄鐘宫角者，謂正黄鐘宫調之角，即變宫。爲此調之黄鐘也。正黄鐘宫以應鐘爲變宫，即此變宫十二調之第一聲。第二調大吕角者，謂大吕爲宫之變宫調也。即《樂髓》所謂黄鐘變宫也。大吕爲宫，黄鐘爲變宫。俗名高宫角者，謂高宫調之角，即變宫。爲此調之大吕也。高宫以大吕爲變宫，即此變宫十二調之第二聲。餘十調仿此。

《樂髓》八十四調，亦謂之十二均。《詞源》但云黄鐘宫、大吕宫，不謂之均。然與鄭譯、祖孝孫十二均不同。鄭譯言一均之中，間有七聲；調有七種，謂一弦七調也。所謂一均者，一弦也。祖孝孫十二均亦然。《樂髓》所謂十二均則異於是。如第一均七調：黄鐘宫、太蔟商、姑洗角、林鐘徵、南吕羽、應鐘變宫、蕤賓變徵。若以爲一弦七調，則黄鐘爲宫，即是太蔟爲商、姑洗爲角、林鐘爲徵、南吕爲羽、應鐘爲變宫、蕤賓爲變徵矣，豈七調同一調乎？然則《樂髓》所謂一均之七調，不在一弦之内矣。黄鐘宫在宫弦，太蔟商在商弦，姑洗角在角弦，林鐘徵在徵弦，南吕羽在羽弦，應鐘變宫在變宫弦，蕤賓變徵在變徵弦也。餘十一均仿此。鄭譯琵琶以一弦兼三均，四弦如十二弦，每弦七調。《樂髓》、《詞源》則七弦，每弦十二調。《遼史·樂志》云，七七四十九調，亦是七弦，每弦七調也。每弦增中管五調，則八十四調矣。一縱一横互異也。今爲隋、唐八十四調表，唐、宋、遼二十八調表，皆每弦七調並列，故於《樂髓》、《詞源》之八十四調，亦每弦十二調並列，使前後一例，便於循覽。至八十四調名目紛繁，且《詞源》與《樂髓》又異，甚不易曉。然細意推尋，則枝枝相對，葉葉相當，具有條理。今詳爲解説，昭晰無疑矣。

《詞源》云，今雅俗衹行七宮十二調，而角不預焉。案：張叔夏生於宋末而入於元，當時衹行七宮十二調，則二十八調且不盡行，況八十四調乎？其書詳載八十四調者，述其舊聞耳。《宋史·樂志》云，教坊所奏，凡十八調：正宮調、中吕宮、道調宮、南吕宮、仙吕宮、黄鍾宮、越調、大石調、雙調、小石調、歇指調、林鍾商、中吕調、南吕調、仙吕調、黄鍾羽、般涉調、正平調。不用者有十調：高宮、高大石、高般涉、越角、商角、高大石角、雙角、小石角、歇指角、林鍾角。又云：太宗所製曲，乾興以來通用之。凡新奏十七調：黄鍾、道調、仙吕、中吕、南吕、正宮、小石、歇指、高平、般涉、大石、中吕、仙吕、雙、越調、黄鍾羽。案：此宋初已用十八調、十七調，不獨宋末爲然矣[二八]。史所云十七調衹得十六調，凌次仲補商調，是也。元時則愈多亡闕。凌次仲據周德清《中原音韻·樂府》有正宮、中吕、南吕、仙吕、黄鍾、大石調、雙調、小石調、商調、越調、商角調，凌氏云，此不可信。般涉調，凡十有二。又據明臧懋循《元曲選》載陶九成論曲，有正宮、中吕宮、南吕宮、仙吕宮、黄鍾宮、大石調、雙調、商調、越調，凡五宮、四調。故明人稱爲九宮。又據《輟耕録》般涉調諸曲，并入中吕宮；小石調諸曲，并入大石調；商角調諸曲，并入商調。凌氏考此，最爲明確，故今不復贅説也。今之俗樂，則以元人五宮、四調，并爲七調，其名，則惟正宮僅存，其實亦非正宮也。後别有説。其餘六調，則但曰某字調而已。曲譜雖仍列中吕、南吕諸名，而有名無實，世俗亦無過而問焉者。且元時五宮、四調，則尚有九調，必不止用一笛。今并爲七調者，以一笛祇有七調故也。八十四調而僅存七調。八十四調當用十四笛,七調用一笛,中管五調用一笛,每十二調用二笛。故八十四調,當用十四笛也。而僅存一笛,古法淪亡,可勝歎哉!今笛雖有七調,而俗樂常用者,正宫調、六字調、凡字調、工字調、尺字調,共五調而已,其苟簡如此。

或曰:子詳考八十四調,而詆七調,豈喜繁而惡簡歟?曰:非也。八十四調由十二宫而轉之,此《周禮》之遺法。《周禮》云,文之以五聲,則無二變之調。七調則但有七聲,而無十二律。蓋伶倫律吕,至此而遂亡矣,是以惡之也。《樂記》曰,樂者與音相近而不同。鄭注云,鏗鏘之類皆爲音,應律乃爲樂。然則今之七調無十二律,不得爲樂也。夫欲考《周禮》「三大祭」之樂,則必有六十調而始備。若以六十調爲太繁,則當復荀勖之十二笛。一笛三調,爲三十六調。若猶以爲繁,亦當如姜夔之説,但用十二宫,猶遠勝於七調。《魏書·臨淮王譚孫孚傳》云:「永安末,樂器殘缺,莊帝命孚監儀注,孚上表曰:『損除繁雜,依十二月爲十二宫,則會還相爲宫之義,又得律吕相生之體。』」《隋書·音樂志》云:牛弘因鄭譯之舊,請依古五聲、六律,旋相爲宫,雅樂每宫但一調。此皆不欲爲繁難者也。今人習於簡略,則用其説,復十二宫,庶古樂尚不墜於地乎!張翥《蜕巖詞·春從天上來》調下注云:「廣陵冬夜,與松雲子論五音、二變、十二調,且品簫以定之,清、濁、高、下,還相爲宫,犁然律吕之均,雅俗之應也。」案:此所謂十二調者,十二宫也。元時但有五宫,故欲復十二宫。使雅俗之樂,皆用之也。

# 卷八

## 宋俗樂字譜考

沈括《補筆談》曰：「今燕樂只以合字配黄鍾，下四字配大吕，高四字配太蔟，下一字配夾鍾，高一字配姑洗，上字配中吕，勾字配蕤賓，尺字配林鍾，下工字配夷則，高工字配南吕，下凡字配無射，高凡字配應鍾，六字配黄鍾清，下五字配大吕清，高五字配太蔟清，緊五字配夾鍾清。」

朱子《琴律説》曰：「今俗樂之譜：△則合之爲黄也，マ則四下之爲大也，マ則四上之爲太也，二則一下之爲夾也，二則一上之爲姑也，マ則上之爲中也，ム則勾之爲蕤也，△則尺之爲林也，フ則工下之爲夷也，フ則工上之爲南也，リ則凡下之爲無也，リ則凡上之爲應也，六則六之爲黄清也，丌則五下之爲大清也，丌則五上之爲太清也，丌則五緊之爲夾清也。此聲俗工皆能知之，但或未識古律之名，不能移彼以爲此。」

《宋史·樂志》曰：蔡元定《燕樂書》：證俗失以存古義，黄鍾用合字，大吕、太蔟用四字，夾鍾、姑洗用一字，夷則、南吕用工字，無射、應鍾用凡字，各以上、下分爲清、濁。其中吕、蕤賓、林鍾，不可以上、下分，中吕用上字，蕤賓用勾字，林鍾用尺字；其黄鍾清用六字，大吕、太簇、夾鍾清各用五字，而以下、上、緊别之。

姜夔《歌曲・古今譜法》曰：

| | |
|---|---|
| 「合 | 黄 |
| 下四 | 大 |
| 四 | 太 |
| 下一 | 夾 |
| 一 | 姑 |
| 上 | 仲 |
| 勾 | 蕤 |
| 尺 | 林 |
| 下工 | 夷 |
| 工 | 南 |
| 下凡 | 無 |
| 凡 | 應 |
| 六 | 黄清 |
| 下五 | 大清 |
| 五 | 太清 |
| 一五 | 夾清 |

張炎《詞源・古今譜字》曰：

| | |
|---|---|
| 「黄 | 合 |
| 大 | 下四 |
| 太 | 四 |
| 夾 | 下一 |
| 姑 | 一 |
| 仲 | 上 |
| 蕤 | 勾 |
| 林 | 尺 |
| 夷 | 下工 |
| 南 | 工 |
| 無 | 下凡 |
| 應 | 凡 |
| 黄清 | 六 |
| 大清 | 下五 |
| 太清 | 五 |
| 夾清 | 一五 |

又《律吕圖》曰：「黄鍾△、大吕㋮、太簇マ、夾鍾㊀、姑洗一、仲吕ㄣ、蕤賓ㄴ、林鍾∧、夷則⑦、南吕7、無射㋨、應鍾八。」

又《四宮清聲》曰：「夂六字，黄鍾清聲；丂下五字，大吕清聲；㋨五字，太簇清聲；㊄高五字，夾鍾清聲。」

又《管色應指字譜》曰：「夂六 ‖凡 7工 ∧尺 ㄣ上 一一 マ四 ㄴ勾　案：管色不當有勾字，此衍文也。△合 丂五 ゆ尖一 ㄣゆ尖上　案：刻本誤作纱。人丂尖尺」　案：刻本尖尺，誤作尖凡。又此下有大住、小住等字，乃指法也。今不録。

| | 燕樂琵琶字譜 | | | 燕樂管色字譜 | | 今俗樂字譜 | |
|---|---|---|---|---|---|---|---|
| 散聲 | 黃 | 合 | △ | 合 | △ | 合 | 下徵 |
| 第一柱 | 大 | 下四 | ㋮ | 四 | マ | 四 | 下羽 |
| 第二柱 | 太 | 高四 | マ | 一 | 一 | 一 | 變宮 |
| 第三柱 | 夾 | 下一 | ㊀ | 上 | ㄣ | 上 | 宮 |
| 第四柱 | 姑 | 高一 | 一 | 尺 | ∧ | 尺 | 商 |
| 第五柱 | 仲 | 上 | ㄣ | 工 | フ | 工 | 角 |
| 第六柱 | 蕤 | 勾 | ㄴ | 凡 | 八 | 凡 | 變徵 |
| 第七柱 | 林 | 尺 | ∧ | 六 | 夂 | 六 | 徵 |
| 第八柱 | 夷 | 下工 | ㋫ | 五 | ㄞ | 五 | 羽 |
| 第九柱 | 南 | 高工 | フ | | | | |
| 第十柱 | 無 | 下凡 | (川) | | | | |
| 十一柱 | 應 | 高凡 | 八 | | | | |
| 十二柱 | 黃清 | 六 | 夂 | | | | |
| 十三柱 | 大清 | 下五 | ㄞ | | | | |
| 十四柱 | 太清 | 高五 | (の) | | | | |
| 十五柱 | 夾清 | 緊五 | (ㄞ) | | | | |

十六字譜，宋時俗工所用，以記每弦之十六聲也。所以造此十六字譜者，當時每一弦之第一聲，散聲也。皆謂之黃鍾；其第二聲手按第一柱。皆謂之大吕。名爲律吕，而實非律吕。故俗工别以十六字記十六聲。每弦第一聲謂之合字，第二聲謂之下四字也。又從而減省趨便，則合作△，四作マ，不成字體，傳寫易譌。《詞源》刻本之誤，余已正之。朱子《琴律説》刻本尤誤。既訂正《詞源》，則《琴律説》之誤，不必改而自明矣。

即以琵琶弦叶之。」案：俗樂用琵琶，其聲高於雅樂，《遼史·樂志》云：「二十八調，不用黍律，以琵琶弦叶之。」案：俗樂用琵琶，其聲高於雅樂，

即以琵琶第一弦第一聲謂之黄鍾，而實非雅樂之黄鍾也。因而第二弦、第三弦、第四弦之第一聲，皆謂之黄鍾，而又非第一弦之黄鍾也。俗工所以作字譜者，由於俗樂之律吕，非律吕也。俗樂律吕所以非律吕者，由於琵琶聲高，而又每一弦各有一黄鍾也。此樂之一大變也。

《通典》載傅玄《琵琶賦》曰：「柱有十二，配律吕也。」據此二語，則古之琵琶，每弦但有十三聲。至宋人有十六字譜，以配十二律四清聲，則其時琵琶每弦十六聲，必爲十五柱也。合字配黄鍾爲散聲，則六字配黄鍾清，其柱必當弦之中半。中半之上十一柱，爲下四、高四、下一、高一、上、勾、尺、下工、高工、下凡、高凡，十一字；配大、太、夾、姑、仲、蕤、林、夷、南、無、應，十一律。中半之下三柱，爲下五、高五、緊五三字；配大吕清、太蔟清、夾鍾清。蓋必有十五柱，乃并散聲而有十六聲也。今琵琶與古不同，第九柱當弦之中半，其上減去三柱矣；中半之下有五柱，則又增多二柱矣。凌次仲云：琵琶之第七柱，與散聲相應。此凌氏未知宋琵琶與今不同。且今之琵琶第九柱與散聲相應，非第七柱與散聲相應也。凌氏又云：按琵琶大弦之第一聲，名爲黄鍾，實應太蔟之律，亦非也。凌氏既云目驗琵琶第一弦，即琴之第七弦矣。琴之第七弦應太蔟之律者，散聲也。則琵琶大弦名爲黄鍾、實應太蔟之律者，亦散聲，非手按之聲也。余嘗製十五柱琵琶，第十二柱當弦之中半，其餘十四柱，以三分損益之度爲之，可以彈二十八調也。

十六字譜之勾字，及四字、一字、工字、凡字、五字之分高、下，今人識之者鮮矣。《遼史·樂志》云：「大樂聲各調之中，度曲協音，其聲凡十：曰五、凡、工、尺、上、一、四、六、勾、合，近十二雅律，於律吕各闕其一，猶雅音之不及商也。」案：此所謂其聲凡十者，即十六字譜也。五字分高、下、緊，凡字、工字、一字、四字，皆分高、下，則爲十六字。簡而言之，則十字耳。乃云於律吕各闕其一，此强作解事者。且比之雅音不及商，尤爲不倫。元人修《遼史》已如此，况今人乎！勾字低於尺字一位，而高於上字一位。《律吕正義》云：「頭管第三孔爲上，第四孔後出爲勾，第五孔爲尺，勾字在上尺之間。」謹案：此説勾字最明。近時休寧戴長庚《律話》云：「或問：勾音吹笛家在何處取？曰：本在上尺之間。」案：戴氏亦能識勾字在上尺之間，殊不易得。然笛實無「勾」字，假如於笛尺字、上字二孔之間，别穿一孔，即勾字矣。下四字下於高四字一位，高四字高於下四字一位。假如於笛四字處連作二孔，則一孔爲下四字，一孔爲高四字矣。下一、高一、下工、高工、下凡、高凡、下五、高五，皆仿此。緊五則又高於高五字一位。凡按弦之度，長則慢，短則緊。按至高五又高一位，則弦最緊，故曰緊五也。此聲爲下一之清聲。故姜白石《古今譜法》謂之一五。凌氏以爲緊轉其軸，非也。緊轉其軸，則全弦俱緊，不止此一字緊矣。所謂高、下者，高一位、下一位耳。非如今俗所謂低工、低尺，爲工、尺之倍聲；高工、高尺，爲工、尺之半聲也。近人如方氏培成《詞麈》〔二九〕、江氏藩《樂懸考》，皆誤解宋人字譜之高字爲半聲，下字爲倍聲。凌次仲亦云：「勾字即低尺，猶之四字即低五。」皆未識宋人十六字譜也。今之四字即低五，五字即高四。而宋之字譜有下四、高四，復有下五、高五。是宋人所謂高、下，與今人所謂高、低，顯然不同，何諸家皆不悟歟？凌氏又云：「《補筆談》以尺字配林鍾，林鍾下蕤賓一位，勾字爲下尺，則林鍾爲高尺矣。」案：凌氏此説固知，勾字、尺字高下只差一位矣，何以又云「猶之四字即低五」乎？

《補筆談》二十八調所用九聲、七聲，四、一、工、凡、五諸字皆分高、下，又有勾字。其殺聲，用四、一、工、凡、五諸字則不分高、下，又無勾字。此因九聲、七聲所用之字，據絲聲言之；殺聲所用之字，則據竹聲言之。凌次仲云：「琵琶絲聲，故四、五二字各有高、下之别；竹聲則無之。」案：凌氏此説是也。《碧雞漫志》云：「林鍾商，今夷則商也。管色譜以凡字殺。若側商，即借尺字殺。」此殺聲字據管色而言之證。夷則商以無射爲商，無射爲下凡字，管色凡字不分高、下，故但以凡字殺也。側商蓋即中管雙調，案：此與姜堯章《越九歌》側商調不同，彼側商調乃大石調也。以蕤賓爲商；蕤賓爲勾字，管色無勾字，故借尺字殺也。《詞源》管色有勾字，乃刻本誤衍，不足據也。絲弦有十六聲，竹管則但可作六孔，并出音孔得七聲，又合字、四字之清聲爲六字、五字，共九聲而已。殺聲以管色言之，故但有九字，無十六字也。十六字以緊五爲最高，《詞源》謂之一五，減省爲[illegible]。又謂之尖一，減省爲[illegible]，[illegible]即[illegible]也。其尖上、尖尺，則更在十六字之外，即今之高上、高尺也，今之高工，則古所無也。管色九字，惟合字、上字之聲得其正，其餘下四、高四，皆吹四字，下一、高一皆吹一字，勾與尺皆吹尺字，下工、高工皆吹工字，下凡、高凡皆吹凡字，下五、高五皆吹五字，以一聲而當二聲，雖所差不多，然必不能正。故宋人之樂，以弦聲十六字爲主，惟殺聲乃用九字耳。近代俗樂以笛爲主，十六字譜遂成無用之物，故但用管色之九字。且用此九字，以代五聲、二變及下徵、下羽，此又樂之一大變也。

《明史·樂志》云：致仕甘肅行太僕寺丞張鶚言：太常止以五、凡、工、尺、上、一、四、六、勾、合字眼譜之，去古益遠。且如黄鍾爲合，似矣，其以大吕爲下四、太蔟爲高四、夾鍾爲下一、姑洗爲高一、夷則爲下工、南吕爲高工之類，皆以兩律兼一字，何以旋宫取律？止黄鍾一均而已。疏下禮部，禮官言：「音律久廢，太常諸官，循習工尺字譜，不復知有黄鍾等調。」案：明時太常雖仍以字譜配律吕，而茫然不知律吕爲何物，乃至於此。既不知律吕，則字譜實無可配。其移字譜以代五聲、二變，固勢所必至也。張鶚號爲知樂，而謂以兩律兼一字，則全不識宋人字譜之法。又謂「何以旋宫取律？止黄鍾一均而已」，則全不識宋人二十八調用字譜之法。明人荒陋，不足深論。但以此考見宋之字譜，至明而失傳；其變爲今之字譜，有由然耳。弦聲下四、高四之類，管聲不分，故弦譜不用兩字，但用一字而分高下，使管譜得與相通也。張鶚不識，遂謂「以兩律兼一字」矣。宋之字譜配律吕，今之字譜代宫、商，二者截然不同。凌次仲未明乎此，遂謂宋之字譜與今之字譜無以異。其有不合，則執今之字譜，以駁宋之字譜，此不可不辨也。凌氏云：「今字譜之一字，即變宫聲也，宋人以夾鍾、姑洗二律配之，非也。字譜之凡字，即變徵聲也，宋人以無射、應鐘二律配之，亦非也。二變者，聲也[三〇]；夾、姑、無、應者，律也。律不可以配聲，明矣。」又云：「琴正宮調七弦，爲下徵、下羽、宮、商、角、徵、羽之七聲，應燕樂合、四、上、尺、工、六、五之七字，本無疑義。必考之以琴律，則《補筆談》所云：『合字配黃鍾，下一字配夾鍾，上字配仲呂，下工字配夷則，下几[三一]字配無射。』自黃鍾、仲呂二律外，餘皆與字譜不合。故《夢溪筆談》又云：高四字近夾鍾，尺字近夷則，高工字近無射，以遷就之，則琴律雖與字譜合，然移之他調，又不能相合。可見字譜但可配五聲、二變，斷不可配十二律呂也。」以上皆凌氏説。案：宋之字譜，四字、一字、二字、几字[三二]、五字，皆有高、下，又有勾字，與今之字譜不同，此不待辨而明。其以字譜配律呂，沈存中及朱、蔡、姜、張之書皆然，從未有以配五聲、二變者。以宋人談宋時俗樂，斷無可疑。近世乃改以代五聲、二變，此近人失宋人之法，而反以駁宋人，可乎？若凌氏所疑者，皆不必疑者也。字譜之下一字、高一字，宋人未嘗以爲變宮聲也。字譜之下凡字、高凡字，宋人未嘗以爲變徵聲也。以夾、姑、無、應四律配之，是以律配字譜，非以律配聲也。若夫琴之正宮調，仲呂爲宮，用黃、太、仲、林、南五律，六弦、七弦，即大弦二弦之半律。爲徵、羽、宮、商、角五聲。以宋之字譜配律呂言之，爲合、四、上、尺、工，以今之字譜代宮商言之，亦爲合、四、上、尺、工，此偶相值耳。如慢宮調，夷則爲宮，用黃、夾、仲、夷、無五律，爲角、徵、羽、宮、商五聲。以宋之字譜配律呂言之，爲合、下一、上、下工、下凡，以今之字譜代宮商言之，則爲工、合、四、上、尺矣。凌氏不知今法非宋人法，遂謂宋人不合耳。至

《補筆談》所云某字配某律者，謂配燕樂律呂也；《筆談》所云某字近某律者，謂近雅樂律呂也。兩説各論一事，絶非遷就也。字譜近雅樂律呂，後别有説，此不具論。《魏書·樂志》云：陳仲儒曰：「依琴五調調聲之法，以均樂器。」《宋史·樂志》載姜夔《七弦琴圖説》云：黄鍾、大吕，並用慢角調，太蔟、夾鍾並用清商調，姑洗、仲吕、蕤賓並用宫調，林鍾、夷則並用慢宫調，南吕、無射、應鐘並用蕤賓調。案：陳仲儒但言琴有五調，姜夔之説則五調、十二律皆備，今細繹之。慢角調用黄、太、姑、林、南五律，轉緊之則用大、夾、仲、夷、無五律，此二調並用大弦爲宫也。清商調用應、太、姑、蕤、南五律，轉緊之則用黄、夾、仲、林、無五律，此二調並用二弦爲宫也。宫調用應、大、姑、蕤、夷五律，轉緊之用黄、太、仲、林、南五律，又轉緊之用大、夾、蕤、夷、無五律，此三調並用三弦爲宫也。慢宫調用應、太、姑、林、南五律，轉緊之用黄、夾、仲、夷、無五律，此二調並用四弦爲宫也。蕤賓調用應、大、姑、蕤、南五律，轉緊之用黄、大、仲、林、無五律，又轉緊之用大、夾、蕤、夷、應五律，此三調並用五弦爲宫也。其宫弦十一徽爲角聲，應角弦之散聲，則凌次仲之説已明矣。《春草堂琴譜》，武林曹尚絅、蘇璟、戴源同撰，乾隆初年人也。其説云：琴調十有二，而和弦之式止於五。又云：「後人並不尋宫辨調，概以中吕均混衍之。」案：琴調有十二，和弦有五式，世俗彈琴無知之者，惟此譜知之，亦不易得也。

宋人字譜配律吕，非配七聲，觀《補筆談》二十八調所用之聲而了然矣。如七宫之南吕宫、七商之歇指調、七角之歇指角、七羽之南吕調，用下五、高凡、高工、尺、高一、高四、勾七聲，而不用合字、上字。此四調皆以林鍾爲宫，不用黄鍾、仲吕。合字配黄鍾，上字配仲吕，故不用也。若如今人字譜，合字爲徵，上字爲宫，豈有不用宫、徵，而可以成曲者乎？今之曲，亦豈有不用上字、合字者乎？凌氏未考二十八調所用之聲，故誤以宋之字譜爲即今之字譜也。

宋人字譜配律呂，非配七聲，觀《補筆談》二十八調殺聲之字而又了然矣。如七宫殺聲：黄鍾宫用六字，大呂宫用四字，夾鍾宫用一字，中呂宫用上字，林鍾宫用尺字，夷則宫用工字，無射宫用凡字。此可見六字配黄鍾，四字配大呂，配大呂者，下四字也。殺聲用管色，不分高下，故但云四字耳。一字、工字、凡字，不分高下，皆仿此。一字配夾鍾，上字配中呂，尺字配林鍾，工字配夷則，凡字配無射，字譜配律呂無疑也。七宫殺聲之字，皆宫聲，而用六、四、一、上、尺、工、凡之七字，則七字皆可爲宫聲，而非分配七聲，又無疑也。若如今人分配七聲，則惟中呂宫用上字，是宫聲耳。其餘黄鍾宫用六字，則徵聲矣。大呂宫用四字，則羽聲矣。夾鍾宫用一字，則變宫聲矣。林鍾宫用尺字，則商聲矣。夷則宫用工字，則角聲矣。無射宫用凡字，則變徵聲矣。七宫之殺聲，若可用商、角、徵、羽及二變，則《詞源》何必有《結聲正訛》之論也。七商、七角、七羽，皆仿此。凌氏未考二十八調殺聲之字，故誤以宋之字譜爲即今之字譜也。

凌氏又云：燕樂之字譜，即五聲二變也。蓋出於龜兹之樂。鄭譯以其言不雅馴，故假聲律緣飾之。其言曰：「應用林鍾爲宫，乃用黄鍾爲宫。所謂林鍾者，即徵聲也；黄鍾者，即宫聲也。」所謂宫者，則字譜之合字也。猶言應用徵聲爲合字者，乃用宫聲爲合字也。以聲配律，實始於此。案：凌氏此說，更以字譜爲出於龜兹之樂，尤誤也。所引鄭譯二語，與字譜絶不相涉，又無由見其爲緣飾也。《隋書·音樂志》云，鄭譯因蘇祇婆琵琶，推演成八十四調，「仍以其聲，考校太樂所奏林鍾之宮； 應用林鍾爲宮，乃用黃鍾爲宮； 應用南呂爲商，乃用太蔟爲商； 應用應鐘爲角，乃取姑洗爲角。 故林鍾一宮七聲，三聲並戾； 其十一宮七十七音，例皆乖越」。譯又與蘇夔俱云： 今樂府黃鍾，乃以林鍾爲調首，失君臣之義。今請雅樂黃鍾宮，以黃鍾爲調首，衆皆從之。《隋志》所載鄭譯之言如此。推尋其説，當時樂聲沈濁，較譯所定者下七律。故譯謂太樂所奏林鍾、南呂、應鐘，爲黃鍾、太蔟、姑洗也。所謂調首者，每宮所用之第一聲也。當時樂府黃鍾宮，以林鍾爲調首。所以然者，其黃鍾聲太濁，故以其徵聲林鍾爲第一聲，其次羽聲南呂，又其次宮聲黃鍾半律，又其次商聲太蔟半律，又其次角聲姑洗半律。是宮、商、角三聲反在徵、羽二聲之後。故譯譏其三聲並戾。其十一宮皆如此，故云例皆乖越也。此志所載之語，頗不易明，必排比勾稽，乃得其解。凌氏摘其一語，遂謂以聲配律，假爲緣飾。即如所説，應用徵聲爲合字，乃用宮聲爲合字。以此推之，則用商聲爲四字，角聲爲一字，變徵聲爲上字，徵聲爲尺字，羽聲爲上字，變宮聲爲凡字，七聲皆戾矣。而譯但以三聲爲戾，將何以解之乎？《周書·長孫紹遠傳》云： 紹遠創造樂器，黃鍾不調，過浮圖，三層之上，有鳴鐸焉，取而配奏[三三]，方始克諧，乃啓世宗行之。裴正上書，持林鍾作黃鍾，以爲正調之首。詔與紹遠詳議往復。《北史·長孫紹遠傳》載裴正議曰： 今用林鍾爲黃鍾，既清且韻，八音平濁，何足可稱。此裴正以長孫紹遠所定林鍾爲黃鍾，亦是改高七律，與鄭譯正同。世宗時，蘇祗婆未入中國，《隋志》云，周武帝時有龜兹人曰蘇祗婆從突厥皇后入國。而裴正之議已如此，安得云鄭譯緣飾龜兹之樂乎？字譜始見於宋人書，爲前此所未有。何由定其爲龜兹之譜，而鄭譯以五聲、二變緣飾之乎？凌氏以今之字譜即宋之字譜，又以宋之字譜出於龜兹；於是由今俗樂溯源至龜兹樂而止矣。龜兹樂有七聲而無十二律，凌氏遂謂隋、唐以來言律吕者，皆爲緣飾矣。由囿於今之字譜，乃至於此耳。

今人以字譜代五聲、二變，其害於樂者甚大，而世人不知也。唐、宋燕樂律吕，雖非古律吕，然猶知十二律之名也。唐、宋俗工用十六字譜，雖未識律吕，然猶有十二律之聲也。今但用管色九字，而世人不知律吕，何以有十二聲矣！以九字代五聲、二變，而世人不知宫爲何聲、商爲何聲矣！如毛大可以林、夷、南、無、應五律，爲黄、大、太、夾、姑五律之清聲，而十二律但有七律矣！又謂四字爲宫、一字爲變宫、工字爲徵、凡字爲變徵，而二變與宫、徵易位矣！江慎修亦然。不知十二律，不知五聲、二變，而古樂不可識矣。且以九字代五聲、二變，而世人不知宋人字譜之勾字爲何聲，四、一、工、凡、五諸字之分高下者爲何聲，而宋樂又不可識矣。推原其故，若非廢十六字譜、而移管色九字以代五聲、二變，何至於是哉！甚矣，九字譜之亂樂也！九字譜通行既久，不能竟廢，但使知上字爲宫聲，則五聲、二變不紊；知七音有相隔五位，則十二律猶存。所以救正之者，如是而已。今俗樂用笛與三弦，三弦本可以有十六字，余嘗取三弦之柄，用三分損益刻畫之爲十二律，四清聲之位，以示樂工。惟今以笛爲主，而以三弦隨笛聲彈之，故但有九字耳。廢十六字而用九字，實由以笛爲主之故也。以笛爲主，而十二律廢矣。以笛之七聲爲七調，而十二宫廢矣。甚矣，笛之亂樂也！此荀勖所以見列和之笛，而亟亟救正之也。今笛六孔，相距如一，亦不可復正。但當使知其不應律，勿以爲竹聲真度而已。

# 卷九

## 歷代樂聲高下考

《隋書·律曆志》曰：諸代尺度一十五等：〔一〕周尺。《漢志》王莽時劉歆銅斛尺；後漢建武銅尺；晉泰始十年荀勖律尺，爲晉前尺；祖沖之所傳銅尺；徐廣、徐爰、王隱等《晉書》云：武帝泰始九年，中書監荀勖，部著作郎劉恭，依《周禮》制尺，所謂古尺也。依古尺更鑄銅律呂，今以此尺爲本，以校諸代尺云。〔二〕梁法尺[三四]。實比晉前尺一尺七氂。梁武帝取細毫中黍，積次酬定今尺，最爲詳密。長祖沖之尺校半分。以新尺制爲四器，名爲通。又依新尺爲笛。〔三〕梁表尺。實比晉前尺一尺二分二氂一毫有奇。經陳滅入朝，大業中，用之調律。案〔四〕漢官尺。志不言以調律，今不録。〔五〕魏尺。杜夔所用調律，比晉前尺一尺四分七氂。案：〔六〕晉後尺。〔七〕後魏前尺。〔八〕中尺。〔九〕後尺。〔十〕東後魏尺。志皆不言以調律，今並不録。〔十一〕蔡邕銅籥尺。後周玉尺。實比晉前尺一尺一寸五分八氂。從上相承，有蔡邕銅籥。後周武帝因修倉掘地，得古玉斗，以爲正器。據斗造律、度、量、衡，因用此尺。其律黄鍾，與蔡邕古籥同。〔十二〕宋氏尺。實比晉前尺一尺六分四釐。後周鐵尺[三五]。開皇初調鍾律尺。及平陳後調鍾律水尺。此宋代人間所用尺，傳入齊、梁、陳，以制樂律。周建德六年平齊後，即以此同律、度、量，頒于天下。其後宣帝時，達奚震及牛弘等議曰：謹尋今之鐵尺，是太祖遺尚書故蘇綽所造，驗其長短，與宋尺符同，即以調鍾律。〔十三〕開皇十年萬寶常所造律吕水尺。實比晉前尺一尺一寸八分六釐。案：〔十四〕雜尺。〔十五〕梁朝俗間尺。志皆不言以調律，今并不録。

又《萬寶常傳》曰：「請以水尺爲律，以調樂器，上從之。寶常奉詔，遂造諸樂器，其聲率下鄭譯調二律。」《北史》同。

《新唐書·禮樂志》曰：凡所謂俗樂者，其宫調乃應夾鍾之律，燕設用之。

《舊五代史·樂志》曰：顯德六年，樞密使王朴奉詔，詳定雅樂十二律旋相爲宫之法，并造律準上之。其奏疏略曰：以周法以秬黍校定尺度，長九寸，虚徑三分，爲黄鍾之管。

《宋史·律曆志》曰：丁度等言，古物之有分寸，明著史籍，可以酬驗者，惟有法錢而已。臣等檢詳《漢志》[三六]、《通典》、《唐六典》云，大泉五十，案：《周禮·外府》鄭注云：直十五貨泉。徑一寸二分。錯刀環如大泉，身形如刀，長二寸。貨布長二寸五分，廣一寸；首長八分有奇，廣八分；足股長八分，間廣二分；圍好徑二分半。貨泉徑一寸。王朴律準尺，比漢錢尺寸長二分有奇。

又曰：高若訥用漢貨泉度尺寸，依《隋書》定尺十五種上之，藏于太常寺。太常所掌，又有後周王朴律準尺，比晉前尺長二分一釐；比梁表尺短一釐。又《樂志》曰：皇祐二年詔曰：「國初循用王朴、竇儼所定周樂，太祖患其聲高，遂令和峴減一律。」

又曰：「李照言朴準，視古樂高五律，視教坊樂高二律。」《直齋書録・景祐廣樂記解題》略同。

又曰：李照「請改定雅樂，乃下三律。」《范鎮傳》同。案：《范鎮傳》本於《東坡集・范景仁墓志》，下同。

又曰：阮逸、胡瑗「更造鐘磬，止下一律。」

又曰：「劉几楊傑〔三七〕請遵祖訓，一切下王朴樂二律。」

又曰：范鎮「以樂求上按試於庭，比李照樂下一律。」《范鎮傳》曰：「比李照樂下一律有奇。」

又曰：蔡絛曰：宴樂本雜用唐聲調，樂器多夷部，亦唐律。政和初，命大晟府改用大晟律，其聲下唐樂已兩律〔三八〕。

王應麟《困學紀聞》引《仁宗實録》曰：「太常樂比唐聲高五律，比今燕樂高三律。」《玉海》引范鎮《樂書》同。

沈括《筆談》曰：「今教坊燕樂比律高二均弱，合字比太蔟微下。却以凡字當宫聲，比宫之清宫微高，外方樂尤無法求體，案：此處疑有誤字。又高教坊一均。以來唯北狄樂聲，比教坊樂下二均。大凡北人衣冠文物，多用唐俗，此樂疑亦唐之遺聲也。」

又曰：「十二律并清宫，當有十六聲。今之燕樂，止有十五聲。蓋今樂高於古樂二律以下，故無正黄鍾聲。只以合字當大吕猶差高，當在大吕、太蔟之間，下四字近太蔟，高四字近夾鍾，下一字近姑洗，高一字近中吕，上字近蕤賓，勾字近林鍾，尺字近夷則，工字近南吕，高工字近無射，六字近應鍾，下凡字爲黄鍾清，高凡字爲大吕清，凌氏曰「此處疑有誤」，是也。高工字近無射之下，當云下凡字近應鍾，高凡字近黄鍾清，六字近大吕清。下五字爲太蔟清，高五字爲夾鍾清。」案：「爲」當作「近」。

又《補筆談》曰：「本朝燕部樂，經五代離亂，聲律差舛。傳聞國初比唐樂高五律，近世樂聲漸下，尚高兩律。」

《遼史·樂志》曰：「遼雅樂，八音器數，大抵因唐之舊。十二律用周黍尺，九寸管，空徑三分爲本。道宗太康中[三九]，詔行秬黍所定升斗，嘗定律矣。其法大抵用古律焉。」大樂，四旦二十八調，不用黍律，以琵琶絃叶之。

《金史·樂志》曰：太宗取汴，得宋之儀章、鐘、磬、樂簴，挈之以歸。皇統元年，熙宗加尊號，始就用宋樂。明昌五年，詔用唐、宋故事，置所講議禮樂。有司謂，今之鐘磬，雖崇寧之所製，聲調和平，無太高、太下之失，可以久用。

《元史·禮樂志》曰：至元元年，括金樂器散在寺觀、民家者。太常因言，亡金散失樂器，若止於燕京拘括，似爲未盡；合於各路、各觀、民家括之，庶省鑄造。明鄭世子載堉《律吕精義·外篇》曰：「宋《大晟樂》即方士魏漢津所造，其樂器等，汴京破没入金，改名《大和》。金亡入元，改名《大成》。元亡樂歸於我。國初斟酌元樂用之。見今太常雅樂，及天下學宫所謂《大成樂》者，蓋漢津之律也。」

司馬温公云：「古律已亡，非度無以見律。」《與范景仁論樂書》。此千古至論也。苟勖依《周禮》制尺，故《隋志》即以勖尺爲周尺。勖尺又謂之晉前尺。宋王厚之《鐘鼎款識》册有此尺，其册已燬。今以阮文達公刻本，摹繪於左：

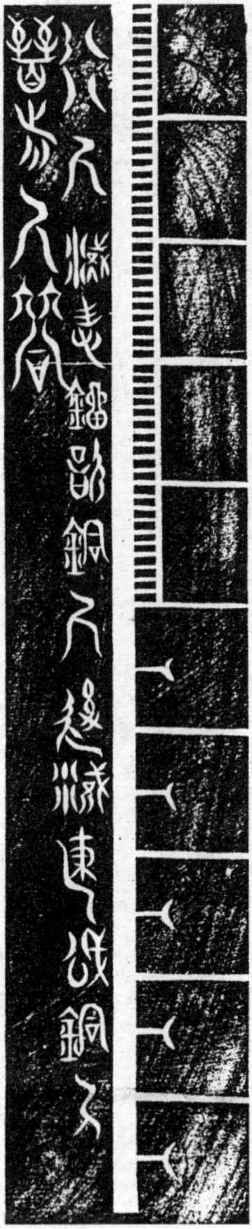

王厚之釋文云：「周尺、《漢志》劉歆銅尺、後漢建□銅尺[四〇]、晉前尺并同。」案：既云晉前尺同，則是晉以後，用晉前尺仿鑄者。但未知何代所鑄耳？阮文達公跋云：「元謂建下一字，戈旁可辨，蓋武字也。沈冠雲著《周官禄田考》繪古尺圖，即此尺。程易疇云『江慎齋考定周尺，得開元錢八枚，以較此晉尺，短一寸一分；曲阜孔氏所藏慮俿銅尺，造於建初六年，以較此晉尺，長二分强，皆不相合。』元謂建初六年，距建武五十餘年矣。時代既殊，尺有贏羨，不害其爲同也。」以上阮跋。案：江氏考周尺，得開元錢八枚；程氏《九穀考》用山西黑黍九十粒，排爲黄鍾九寸之度；余以其九寸增一寸爲尺，與開元錢八枚正合，似乎可據。然晉宋二《志》並云，阮咸譏荀勖律聲高。若依江氏、程氏所定者爲周尺，則又短於荀勖尺一寸有奇。以之造律，高於荀勖甚多，必不可用。仍當據《隋志》以晉前尺爲周尺也。顧千里《思適齋集》有《跋元延二年銅尺拓本》云，較晉前尺制度長短，無少差異。是晉前尺與西漢尺度同，已有確據。《隋志》言汲郡盜發魏襄王冢，得古周時玉律及鐘磬，與荀勖新律聲韻闇同。郡國或得漢時故鐘，吹新律命之皆應，《世説新語》注引《晉後略》略同。亦或不誣。今以晉前尺取竹空徑三分者，截九寸吹之，其聲與今笛第二孔工字調之工字。相近而微下，此周、漢、晉之黄鍾聲也。今爲表，第一列但云漢、晉，而不云周者，仍存蓋闕之意耳。《隋志》所載諸尺，皆以晉前尺比較。今以晉前尺之度，依《隋志》增加分寸，仿造諸尺。各以其尺取空徑三分之竹，截九寸吹之，以今笛聲校之，而得歷代黄鍾之聲焉。魏尺九寸管聲，在今笛第二孔、第三孔之間，比晉尺九寸管下半律也。齊、梁、陳用宋氏尺，其九寸管聲，與今笛第三孔相近而稍高，比晉尺九寸管下一律也。梁法尺九寸管聲，與今笛第二孔相近而微下，比晉尺九寸管所差甚微也。此尺長於荀勖尺七釐，則九寸只長六釐三毫，故其黄鍾聲與荀勖之黄鍾所差甚微，不易辨也。後周武帝尺九寸管聲，與今笛第四孔相近而稍高，比晉尺九寸管下二律有奇也。後周平齊後尺，及宣帝調律尺、隋開皇初尺、平陳後尺，並與齊、梁、陳尺同，其九寸管聲亦同也。萬寶常水尺九寸管聲，與今笛第四孔相近，比晉尺九寸管下三律也。大業用梁表尺，其九寸管聲，比今笛第二孔稍下，比晉尺九寸管稍下，不及半律也。此隋以前歷代之黄鍾聲也。《志》云宋氏尺，爲宋代民間所用，宋代制律用此尺與否，則無明文。又云東、後魏尺，齊朝因而用之，不知用以制律歟？抑但用以度他物之長短歟？亦無明文。又《魏書·濟南王匡傳》云：「高陽王雍等議曰：『尋荀勖所造之尺，與高祖所定，毫釐略同。』」而《隋志》引《魏史》云：太和迄武定，未有論律者[四二]。則當時未以尺定律也。故宋與北魏、北齊之樂，當從蓋闕之義矣。

隋開皇尺九寸管聲，下於晉尺九寸管一律。開皇樂乃鄭譯所定，萬寶常樂下於鄭譯一律，故下於晉尺九寸管三律。依《隋志》製尺、製管，與《萬寶常傳》互勘，其密合如此，真可據而無疑矣。

《宋史》言王朴律準尺，比晉前尺長二分一釐。今以晉前尺增二分一釐爲王朴律準尺。取空徑三分之竹截九寸吹之，其聲稍濁於晉前尺九寸管；然仍與今笛第二孔相近而稍下，此王朴律準之黃鍾聲，與荀勖之黃鍾聲所差無幾也。建初尺比晉前尺長二分强，正與王朴律準尺同。更可證漢之黃鍾聲與荀勖之黃鍾聲所差無幾矣。丁度等云：「王朴律準尺，比漢錢尺寸長二分有奇。」余購求漢錢依其度以造尺，與晉前尺密合。王朴律準尺，長於晉前尺二分一釐，故亦長於漢錢尺二分有奇也。今并摹漢錢四種於左，以爲佐證焉。今世所存漢錢，雖未必盡真，然即贋作，亦必依其大小長短。今互相比較，分釐不爽，故可信也。鄭世子《審度篇》亦以漢錢爲據。

王朴樂既考定，則唐、宋、遼、金、元、明樂，皆可按籍而稽矣。宋和峴樂、阮逸、胡瑗樂則下於王朴樂一律也。李照所言古樂，則下於王朴樂五律。其所定之樂，則下於王朴樂三律也。范鎮樂則下於李照樂一律也。劉几、楊傑樂及教坊樂則皆下於王朴樂二律也。以上皆據《宋史》。唐雅樂則下於王朴樂五律也。據《補筆談》云：「國初比唐樂高五律。」所謂國初者，指王朴樂而言也。至宋太祖命和峴減一律，則不得高五律矣。唐俗樂則高於雅樂三律也。據《新唐志》云：「俗樂宫調，應夾鍾之律。」宋外方樂則高於教坊樂一律有奇也。遼雅樂則與唐雅樂同，而下於宋教坊樂二律也。遼大樂不用黍律，以琵琶弦叶之，其聲之高、下不可考。但其二十八調之名，與唐俗樂同，疑其聲之高、下，亦與唐俗樂同。沈存中所謂古樂及所謂律者，則下於教坊樂不及二律也。以上皆據《筆談》。宋《大晟樂》則下於唐雅樂二律也。據《宋史》。金用《大晟樂》，元用金樂，明用元樂。據《金史》、《元史》及鄭世子《樂書》。亦下於唐雅樂二律也。有王朴律準尺度以製管，而諸樂皆有端緒可尋矣。淩次仲以爲沈存中所謂律以琴聲而言，又據今琵琶第一弦鉅細與琴之第七弦等，欲以此通宋樂於今樂。然沈存中但云律，不云琴律。且宋之琴弦、琵琶弦鉅、細，與今日同、不同亦不可知。余今惟據《宋史》仿造王朴尺而得王朴樂，遂以王朴樂考唐、宋、遼、金、元、明諸樂高、下，有史籍可據，有晉尺、漢錢可驗，庶非鄉壁虛造耳。

唐之雅樂，賴有《補筆談》及《玉海》、《困學紀聞》，而知其下於王朴樂五律。《新唐書·禮樂志》云：肅宗時，悉取太常諸樂器，更加磨刻。然以漢律考之，黃鍾乃太蔟也，當時議者以爲非是。

案：此説不可爲據。漢尺與荀勖尺同，則漢律亦與荀勖律同。荀勖之黃鍾與王朴之黃鍾相近，若以漢律太蔟爲黃鍾，則反高於王朴樂矣。蓋肅宗磨刻舊樂器，以其太蔟爲黃鍾，而議者遂誤謂其舊樂器爲漢律也。

唐雅樂下於王朴樂五律者，大略言之，其實下四律有奇也。何以明之？范鎮《樂書》云，太常樂比唐聲高五律，比今燕樂高三律。是唐樂下於宋燕樂二律。李照云，王朴律準，「視教坊樂高二律」。是宋燕樂下於王朴樂二律。合而計之，則唐樂下於王朴樂四律也。蓋唐樂下於宋燕樂，宋燕樂下於王朴樂皆二律有奇。合而計之，則四律有奇；大略言之，則爲五律耳。范鎮所謂太常樂比唐聲高五律者，當指王朴樂而言。《玉海》及《困學紀聞》引之云，太祖減王朴一律，皇祐又減半律。然太常樂比唐聲猶高五律，比今燕樂高三律，此似誤也。如其説，則王朴樂高於唐樂六律有半，高於宋燕樂四律有半矣。何以李照云王朴樂視教坊樂高二律乎。

唐俗樂應夾鍾之律，亦大略言之。其實在太蔟、夾鍾之間也。何以明之？段安節《琵琶録》之二十八調，唐之俗樂也。其宫調之第七運爲黄鍾宫。第七運者，琵琶之第十一聲也。見《二十八調七宫表》。黄鍾宫者，第十一聲爲宫，應雅樂之黄鍾也。第十一聲應黄鍾，則第一聲應太蔟矣。蓋《新唐志》所謂應夾鍾之律者，當在太蔟夾鍾之間，史家大略言之耳。蔡季通亦云燕樂用夾鍾爲律本，此則誤用《新唐志》之説。夫《新唐志》所謂夾鍾者，唐雅樂之夾鍾也。宋之樂凡六改，蔡氏所謂夾鍾者，何時所定之夾鍾乎？且又以燕樂字譜緊五所配夾鍾清聲當之，尤爲大謬。凌次仲已辨之矣。宋仁宗著《樂髓》，正在李照定樂之時。然《宋志》言照用太府布帛尺爲法，而《樂髓》云因聲定律，則庶幾爲得；以尺定聲，則乖隔甚矣。是仁宗非用李照所定之律，而但以聲定之也。《樂髓》云：「林鍾角在今樂亦爲林鍾角。」所謂林鍾角者，仁宗所定林鍾之律也；所謂在今樂亦爲林鍾角者，當時燕樂之俗名也。然則《樂髓》所用之律吕，即燕樂之律吕也。

沈存中言今樂高於古樂二律，以下又言今教坊燕樂比律高二均弱，合字比太蔟微下。案：沈氏所謂律者，即其所謂古樂也。教坊樂合字比古樂太蔟而微下，則當古樂大吕、太蔟之間也。遞降至高五字當古樂夾鍾清聲而微高，自合字至高五字十五聲，故云止有十五聲也，緊五字則古樂所無矣。然其所謂古樂，乃近於范鎮樂耳。

沈存中言北狄樂聲，比教坊樂下二均，蓋亦大略言之；其實下二律有奇也。唐雅樂下於宋燕樂二律有奇，遼雅樂因唐之舊則亦下二律有奇矣。抑遼雖因唐之舊而實差半律歟？

《宋史·樂志》云：李照上言「去四清聲」，馮元等駁之曰：「鐘磬十六，皆本周、漢諸儒之説及唐家典法所載。」案：鐘磬十六者，十二律、四清聲也。此謂周、漢有四清，不知是否？其言唐家典法，宋初去唐未遠，固可信也。隋以前則無明文，惟鄭譯笙用十六管似有四清耳。今爲表，於唐樂列四清，以前則略而不言，以無明文故也。《志》又云：「(范)鎮等請擇李照編鐘、編磬十二參於律者，增以王朴無射應鐘及黄鍾、大吕清聲，以爲黄鍾、大吕、太蔟、夾鍾之四清聲。」據此，則王朴樂有四清，和峴樂因於王朴樂亦必有四清，其餘宋代諸樂，無不有四清者，史志可考，此不具述。又范鎮既以王朴無射、應鐘及黄鍾、大吕清聲爲四清聲，而其《樂論》則云：清聲者不見於經。唐有十二清聲，其聲愈高，尤爲非是。國朝舊有四清聲，置而弗用，至劉几用之，與鄭衛無異。是范鎮樂不用四清。蓋宋代之樂，惟李照、范鎮不用四清也。今爲表，於李照、范鎮樂，不列四清。

自梁武帝造十二笛，得八十四調。鄭譯亦立十二均，以求合八十四調。唐之雅樂因之，其俗樂二十八調，則爲宮、商、角、羽四均。所謂宮、商、角、羽者，商聲高於宮聲二律，角聲又高二律，羽聲又高五律。以琵琶言之，七宮調以第一弦爲主，其第一聲爲黃鍾；七商調以第二弦爲主，此七商之本位，《琵琶録》云，商角同用者簡便之法也。其第一聲應七宮第一弦之太蔟，故爲商也；七角調以第三弦爲主，其第一聲應七宮第一弦之姑洗，故爲角也；七羽調以第四弦爲主，其第一聲應七宮第一弦之南吕，故爲羽也。唐、宋俗樂無徵調及變徵、變宮調，《樂髓》、《詞源》八十四調則有之，其次第秩然可考。除徵調與變徵、變宮調，其餘即燕樂之宮、商、角、羽四均也。是燕樂四均，確是宮、商、角、羽，《遼史·樂志》云：「四旦二十八調。」又云：「七七四十九調，二十一調失其傳。」案：七七四十九調者，五聲二變各一均，每均七調也。二十一調失傳者，徵與二變各七調也。徵與二變失傳，則所傳四旦，亦確爲宮、商、角、羽也。此本無可疑者。惟凌次仲説之而誤，則不得不辯之矣。凌氏謂宮調第一弦，實應雅樂之太蔟；然則商調第二弦，實應姑洗；角調第三弦，實應蕤賓；羽調第四弦，實應應鍾也。太蔟爲宮，則姑洗爲商，蕤賓爲角，應鍾爲羽。乃謂第二弦、第三弦皆應鍾聲，第四弦爲第一弦之半太蔟之清聲，則皆誤矣。第一弦既實應太蔟而爲宮，第二弦、第三弦若皆實應應鍾，則皆當爲羽，太蔟爲宮，應鍾爲羽。而不得爲商、爲角矣；　第四弦若爲太蔟清聲，則當爲清宮，而不得爲羽矣。凌氏書於《樂髓》、《詞源》八十四調，但摘録其二十八調，其餘五十六調則不録，蓋未取八十四調而排比之，故不自知其誤耳。且其所以致誤者，亦有故焉。商調第二弦第一聲，凌氏既誤謂名爲太蔟，見《二十八調考》。又見無射商爲林鍾商，以爲實應雅樂之林鍾，與七宮之夾鍾宮爲仲吕宮，實應雅樂仲吕同一例也；　無射既實應林鍾，則太蔟實應應鍾矣，無射至林鍾十律，太蔟至應鍾十律。故謂第二弦應應鍾也。角調第三弦第一聲，凌氏既誤謂名爲應鍾，亦見《二十八調考》。又見林鍾角亦爲林鍾角，以爲實應雅樂之林鍾也；　林鍾既實應林鍾，則應鍾亦實應應鍾矣，故謂第三弦應應鍾也。羽調第四弦第一聲，凌氏既誤謂名爲南吕，亦見《二十八調考》。又見黄鍾羽爲中吕調，姑洗羽爲南吕調，林鍾羽爲黄鍾調，以爲實應雅樂之中吕、南吕、黄鍾，與七宮之夾鍾宮爲中吕宮，實應雅樂中吕同一例也；　黄鍾實應中吕，姑洗實應南吕，林鍾實應黄鍾，則南吕實應太蔟清聲矣。黄鍾至中吕、姑洗至南吕、林鍾至黄鍾、南吕至太蔟清聲，皆六律。故謂第四弦應太蔟清聲也。不知林鍾角者，燕樂第三弦第八聲之林鍾，非指雅樂之林鍾也；林鍾商因林鍾角而得名，以商角同用之故，亦非指雅樂之林鍾也；　中吕調、南吕調、黄鍾調，因中吕宮、南吕宮、黄鍾宮而得名，以宮逐羽音之故，非指雅樂之中吕、南吕、黄鍾也。説見《二十八調考》。七宮之俗名，與燕樂律吕參差不合，而合於雅樂，合於唐之雅樂。不可因此而使七商、七角、七羽之俗名，皆合雅樂也。且第二弦、第三弦皆應鍾聲，則兩弦同一聲，何以爲商、爲角乎？凌氏又謂七角之聲，少清於七商，然則又何以皆爲應鐘聲乎？至於第四弦爲第一弦之半聲，此乃調弦之法，說見《二十八調考》。非立均之法；調弦與立均，截然兩事。每一均先定一弦，七宫先定第一弦，七商、七角先定第三弦，所謂商、角同用也，七羽先定第四弦。乃調其餘三弦以就之，使第一弦、第四弦倍半相應者，調弦法也。第一弦爲宫，第二弦爲商，第三弦爲角，第四弦爲羽者，立均法也，不可并爲一談也。

既知二十八調之聲，即可製二十八調之器。宋教坊樂七宫聲濁，不可爲横笛，但可爲今之簫，即古之笛也。七宫之黄鍾聲，爲今笛所無，其黄鍾清，則在今笛第三孔、第四孔之間。取今笛於第三孔、第四孔之間穿一孔吹之，用其倍聲，以作七宫簫之出音孔，其上匀排六孔，則轉爲七宫調也。又製七商、七角、七羽之笛，先以七宫簫之黄鍾，定弦之散聲，以其弦九分損一爲太蔟，即七商調之黄鍾。又三分損一爲南吕，即七羽調之黄鍾。又三分益一爲姑洗，即七角調之黄鍾。製七商、七角、七羽之笛，此皆可爲横笛。各以其黄鍾聲爲出音孔，其上亦匀排六孔，以轉爲七調，而二十八調畢備矣。余嘗製二十八調之簫、笛。其七宫調之簫，與今之簫正相近。凡簫、笛以出音孔爲黄鍾，今之簫聲下於笛，其出音孔與笛之第四孔相應。宋教坊樂七宫之黄鍾，在今笛第三孔、第四孔之間，即在今簫第六孔、出音孔之間；然則今簫之黄鍾，與七宫之黄鍾，所差不多也。且聲不可以文載。余所考七宫黄鍾，乃據諸書所載，排比勾稽而得之，豈必無分釐之差乎？自宋至今數百年，工人製簫、笛者，又豈必無分釐之差乎？蓋今之簫即宋教坊樂七宫調之笛耳。

今笛翕笛聲，與宋外方樂七角之黄鍾相近，蓋即宋外方樂七角之笛也。七角高於七宫四律，外方樂又高於教坊樂一律有奇，唐俗樂與宋教坊樂高下相同，然則今笛高於唐、宋俗樂五律有奇。凌氏云，今俗樂高於唐人燕樂二律，非也。然今笛雖與宋外方樂七角相近，而其七調，則是宋外方樂之七商。凌氏云，今七調即唐人燕樂之七商。案：凌氏謂今七調爲七商是也，謂即唐燕樂七商，則非也。今笛第一孔，與宋外方樂七商之黄鍾清相近；今之六字調，第一孔爲尺字，即七商之越調，以黄鍾清爲商聲，尺即商也。越調殺聲用六字，故今曰六字調也。以此差之，今之正宫調即大石調，殺聲用四字也。一字調即高大石調，殺聲用一字也。上字調即雙調，殺聲用上字也。尺字調即小石調，殺聲用尺字也。工字調即歇指調，殺聲用工字也。凡字調即林鍾商，殺聲用凡字也。今俗呼四字調爲正宫調者，七宫之正宫以黄鍾爲宫；大石調亦以黄鍾爲宫也。高大石調，宋時不用。見《宋史·樂志》。故今一字調，亦罕用也。笛是七角，而調是七商者，商下於角只二律，故七角之笛，可吹七商之調也。今三弦減去琵琶第一弦，以笛無七宫調，故亦減去七宫弦也。

宋外方樂之七羽調，與今鄙俗之梆子腔相近。外方樂羽調之黄鍾，與今笛之第四孔相近。今梆子腔之合字，亦與笛之第四孔相近也。宫、商、角、羽四均，七羽一均爲最高，凌氏謂即六幺是也。外方樂又高於教坊樂，外方樂之羽調，乃高之極矣，今梆子腔銛利刺耳可驗也。

《國語》云：「古之神瞽，考中聲而量之以制。」今考得歷代樂聲，高下不同如此，然則孰爲中聲歟？曰，明鄭世子《律呂精義·外篇》云：「十二律皆中聲也，歌出自然，雖高而不至於揭不起，雖低而不至於咽不出，此所謂中聲也。」又云：「以人聲爲律準，雖百世可知也。」此説最爲精確。程易田《琴音記續篇》云：律呂之原始，其詳不可得而聞也。《漢志》曰，黄帝使泠綸取竹於嶰溪之谷，斷兩節間而吹之；所謂兩節間，其數不聞也。《史記·生鐘分》子一分，以下三之者，凡十一以至於亥；所謂子一分者，不聞其數也。《管子》主一而三之，四開以合九九；所謂主一者，亦無長短之數。問之密室飛灰而不應。問之秬黍排作黄鍾之長，而實於其龠；則黍之鉅細不齊，又孰從而定之焉。吾以爲所謂中聲者，蓋人之聲也。今人無以異於古人，則今人之中聲，亦豈有以異於古人乎？是故聲太高，則揭不起，聲太低，則咽不出；求之於不高不低之人聲，以爲中聲之準，當無以異於古所云也。案：程氏此説，即鄭世子之説而更暢言之。歷觀昔人之説，或聚訟，或空談，未有如此之切實者[四二]。《律呂新書》云：「今欲求聲氣之中而莫適爲準，莫若且多截竹以擬黄鍾之管，更迭以吹，則中聲可得。淺深以列，則中氣可驗。苟聲和氣應，則黄鍾之爲黄鍾者信矣。」又云：百世之下，欲求百世之前之律者，亦求之聲氣之元，斯得之矣。案：聲氣之元，何從求之？此空談耳！候氣最不可憑，即多截竹以吹，亦何由知孰爲黄鍾乎？今考歷代樂聲：最高者，宋外方樂七羽調之夾鍾清聲；最下者，宋《大晟樂》之黄鍾聲；其高下相去，凡三十一律。今人唱曲子吹笛，最高者，工字調之高工字；笛之第二孔高吹。最下者，工字調之低工字；笛無此聲，但吹第二孔。此荀勖所謂音家舊法，唱和之聲也。其高下相去十五字。笛之出音孔與簫之第三孔相應，則簫之出音孔，又下於笛四字。第四孔、第五孔、第六孔、出音孔。宋《大晟樂》之黄鍾，爲今工字調之低四字； 此聲爲今簫笛所無，失之太濁矣。《朱子語類·論語先進章》云：「徽宗朝作《大晟樂》，其聲是一聲低似一聲。」惟荀勖、梁武、王朴之黄鍾，與今工字調之低工字相近而稍下，竊疑此爲古黄鍾聲，雖不中，不遠矣！古樂十二均，黄鍾均第一聲黄鍾正律爲最下，應鐘均第十二聲無射半律爲最高。然應鐘均用二變，乃用無射半律； 不用二變，則用至南吕半律爲最高。見第一卷表。荀勖、梁武、王朴之黄鍾正律，與今工字調之低工字相近而稍下，則南吕半律與高上字正相近。然則最下者，今工字調之低工字，人聲不至咽不出； 最高者，今工字調之高上字，人聲不至揭不起，所謂十二律皆中聲也。

《宋書·律志》云，荀勖鑄新律，阮咸譏其聲高； 後掘地得古銅尺，果長勖尺四分。《晉書·律曆志》同。案： 以勖尺加長四分，則與杜夔尺相近，其聲下於荀勖半律。宋太祖以王朴樂聲高，令和峴減之，亦祇下一律。吾故曰，荀勖、王朴，雖不中，不遠也。荀勖黄鍾，比今工字調低工字稍下，王朴黄鍾又稍下，再減一律，則近低尺字。笛無此聲，即簫亦爲第六孔之聲，斯亦最下者矣。若宋《大晟樂》之黄鍾，近今工字調之低四字； 唐、遼雅樂及宋范鎮樂之黄鍾，近今工字調之低一字，則失之太濁矣。黄鍾均第一聲，黄鍾正律； 第十六聲，夾鍾半律。此以有四清言之，范鎮樂則無四清。黄鍾近低四字，則夾鍾半律近上字； 黄鍾近低一字，則夾鍾半律近尺字。夫以今工字調之尺字、上字爲最高之聲； 而最低者低一字、低四字，其聲沈濁極矣，豈得爲和平之音乎？唐人輕賤雅樂，未必不由於此。白香山《新樂府》自注云：太常選坐部伎，無性識者退入立部伎；又選立部伎絶無性識者，退入雅樂部。則雅樂之聲，可知矣。《宋史·樂志》云：「李照斥王朴樂音高，乃作新樂，下其聲太常，歌工病其太濁，歌不成聲，私賂鑄工使減銅齊，而聲稍清，歌乃協。」案：李照所言古樂，與唐雅樂相近，可知唐雅樂亦有太濁不成聲之病也。雖然失之太濁者，非也，今俗樂則失之太高，尤非也。今笛之體中聲，當荀勖笛夾鍾、姑洗之間，高三律、四律之間矣。高不過荀勖、王朴，下不過杜夔和峴，古所謂中聲者，其在斯乎！杜夔本漢雅樂郎，時代頗爲近古。《世説新語》注引晉諸公贊云：「阮咸謂荀勖所造聲高，今鐘磬是魏時杜夔所造，音聲舒雅。」又引干寶《晉紀》云：「荀勖以魏杜夔所制律吕，校大樂本音不和。後漢至魏尺長於古四分有餘，而夔據之，是以失韻。」案：杜夔、荀勖所差者祗半律，當時争論，終不能定其是非。伏讀《律吕正義》以今時用笛第四孔，爲應黄鍾之律。所謂第四孔者，開四孔、按二孔也。此與宋太祖命和峴減定者最相近，杜夔、荀勖、王朴所定，雖在此孔之左，而所差皆不及一孔，觀表自明矣。是皆所謂不中、不遠者，惟宋太祖所定，與昭代元音，若合符節焉。既知古樂聲，尤當製古樂器。余既仿製晉笛，其古鐘、磬形制，近儒考據已詳，兹不具述。若《宋史·樂志》所載房庶之説，則謬也。《志》云：今太常樂縣鐘、磬、塤、篪、搏拊之器，類皆仿古，而聽者不知爲樂，古樂豈真若此哉！蜀人房庶，著書論古、樂與今樂，本末不遠。其大略以謂上古世質，器與聲朴，後世稍變焉。金、石，鐘、磬也，後世易之爲方響。絲、竹，琴、簫也，後世變之爲箏、笛。匏，笙也，攢之以斗。塤，土也，變而爲甌。革、麻，料也，擊而爲鼓。木、柷，敔也，貫之爲板。此八音者，於世甚便。而不達者，指廟樂鎛鐘、鎛磬宫軒爲正聲，而概謂夷部、鹵部爲淫聲。殊不知大輅起於椎輪，龍艘生於落葉，其變則然也。試使知樂者，由今之器，寄古之聲；去惉懘靡曼，而歸之中和雅正，不曰治世之音乎！以上皆房庶語。案：此《志》載李照言：「編鐘、鎛、磬，無大、小、輕、重、厚、薄、長、短之差，銅錫不精，聲韻失美；大者陵，小者抑，非中度之器也。」又載崇寧元年詔曰：太常樂器弊壞，琴瑟制度，參差不同；簫篴之屬，樂工自備；每大合樂，聲韻淆雜；樂工率農夫、市賈，遇祭祀、朝會，則追呼於阡陌、閭閻之中；教習無成，曹不知音。據此，則宋時雅樂之壞，由於樂器之不精，樂工之不習。而元人修史者，乃歸咎於仿古，豈不謬哉！房庶以鎛鐘、鎛磬爲椎輪、落葉，以夷部、鹵部爲大輅、龍艘，尤爲悖謬。夫樂器宜雅、宜俗，視乎其地，亦視乎其人。若使周官敲綽板以降圜丘之神，弟子彈琵琶而侍先生之坐，可乎？不可乎？况聲隨器異，由今之器，豈能寄古之聲？試取今日之二弦、梆子，以唱崑腔，聞者必爲掩耳。而况以今器寄古聲乎？庶既爲此謬説，而《文獻通考》稱之於前，《燕樂考原》述之於後，余不得不辯，勿使誤後人也。此編於《燕樂考原》之説，駁難最多，非掎摭前人也。余於凌次仲[四三]實資其先路之導，其精要之説，固已采録之。至其持論偏宕，則不可不辯；其紛紜舛錯，讀之而不可解者，尤不能不爲訂正。九原可作，當以爲諍友焉！

# 卷十

## 風雅十二詩譜考

### 朱子《儀禮經傳通解》風雅十二詩譜

呦黃清呦南鹿蕤鳴姑食南野姑之太苹黃我蕤有林嘉應賓南鼓林瑟南吹黃清笙林吹蕤笙林鼓南簧姑承應筐黃清是姑將南人林之南好黃我姑示林我南周太清行黃清　呦黃呦姑鹿蕤鳴姑食林野南之太清蒿黃清我林有南嘉應賓黃清德南音蕤孔姑昭林視姑民南不黃清恌姑君應子黃清是姑則蕤是姑傚南我林有南旨黃酒姑嘉林賓南式應燕南以太清敖黃清　呦黃呦姑鹿太鳴黃食太野黃之蕤芩姑我蕤有南嘉應賓南鼓林瑟南鼓黃清琴林鼓蕤瑟林鼓南琴姑和應樂黃清且姑湛南我林有南旨黃酒姑以林燕南樂黃嘉應賓南之太清心黃清《鹿鳴》三章，章八句。黃鍾清宫，俗呼正宫。案：第二章鹿字下律吕，刻本缺失，今據熊朋來《瑟譜》黃佐《樂典》張蔚然《三百篇聲譜》補之，聲譜見《說郛》。

四黃牡姑騑蕤騑姑周太道黃倭蕤遲姑豈林不南懷應歸黃清王蕤事姑靡林盬南我林心黃傷應悲黃清

四黃牡姑騑林騑南嘽應嘽南駱太清馬黃清豈蕤不林懷應歸南王蕤事姑靡太盬黃不林遑姑啓太處黃　翩黃清翩姑者林鵻南載姑飛應載林下南集蕤于南苞蕤栩林王太事黃靡蕤盬姑不林遑南將太清父黃清　翩黃清翩姑者蕤鵻姑載林飛應載林止南集林于南苞蕤杞姑王蕤事姑靡林盬南不黃遑蕤將太母黃　駕黃彼太四黃駱姑載林驟南駸黃清駸林豈林不南懷應歸黃是太用黃作蕤歌姑將應母黃來太清諗黃清　《四牡》五章，章五句。黃鍾清宫，俗呼正宫。

皇黃皇南者林華南于林彼姑原林隰南駪蕤駪林征蕤夫姑每應懷南靡太清及黃清　我黃馬姑維蕤駒姑六黃清轡姑如林濡南載林馳南載黃驅姑周蕤爰姑咨太諏黃　我黃清馬林維應騏黃清六林轡南如蕤絲姑載林馳南載蕤驅林周應爰黃咨太清謀黃清　我黃清馬林維應駱南六蕤轡姑沃林若南載蕤馳南載蕤驅林周黃爰姑咨太度黃　我黃馬南維應駰黃清六黃清轡姑既林均南載林馳南載黃驅姑周應爰南咨太清詢黃清《皇皇者華》五章，章四句。黃鍾清宫，俗呼正宫。案：第三章驅字、第四章駱字，刻本皆缺律吕，今據《瑟譜》、《樂典》、《聲譜》補。

魚黃清麗姑于蕤罶姑鱨太鯊黃君蕤子林有應酒南旨林且南多黃清　魚黃麗姑于太罶黃清魴蕤鱧姑君蕤子林有蕤酒姑多蕤且林旨黃　魚黃清麗太清于應罶黃清鰋林鯉南君蕤子姑有林酒南旨林且南有黃清物黃清其姑多應矣南維蕤其姑嘉林矣南　物蕤其林旨蕤矣姑維南其蕤偕姑矣林　物黃其太有黃矣姑維應其南時太矣黃清　《魚麗》六章，三章、章四句；三章、章二句。黃鍾清宫，俗呼正宫。

南黃清有林嘉應魚南烝應然南罩姑罩南君林子南有蕤酒姑嘉應賓黃清式林燕南以太清樂黃清　南黃清有南嘉蕤魚姑烝蕤然姑汕林汕南君林子南有黃酒姑嘉黃賓姑式太燕黃以南衎黃清　南黃清有太清樛應木南甘黃清瓠林纍南之黃清君黃子太有黃酒姑嘉太清賓黃清式應燕南綏太清之黃清　翩黃翩太者黃鵻姑烝林然南來蕤思姑君黃清子姑有林酒南嘉蕤賓姑式太燕黃又南思黃清　《南有嘉魚》四章，章四句。黃鍾清宮，俗呼正宮。

南黃清山太清有應臺南北應山南有太清萊黃清樂應只黃清君應子南邦林家南之黃清基林樂蕤只林君南子姑萬黃壽姑無太期黃　南黃山姑有蕤桑姑北黃山姑有太楊黃樂蕤只林君應子南邦林家南之黃光林樂應只黃清君蕤子姑萬林壽南無太清疆黃清　南黃清山林有應杞南北林山南有太清李黃清樂應只黃清君應子南民南之蕤父姑母林樂蕤只林君蕤子姑德蕤音姑不太已黃　南黃山太有黃栲姑北南山蕤有姑杻林樂蕤只林君應子南遐林不南眉太清壽黃清樂應只黃清君蕤子姑德應音南是林茂黃清　南黃清山姑有蕤枸姑北應山黃有太清楰黃清樂應只黃清君應子南遐南不蕤黃姑耇林樂蕤只林君蕤子姑保黃清艾南爾林後黃清

《南山有臺》五章，章六句。黃鍾清宮，俗呼正宮。

關黃清關南雎林鳩南在黃河姑之太洲黃窈林窕南淑黃清女姑君黃清子林好南逑黃清　參黃清差南荇林菜南左林右南流無之黃清窈中窕林淑無女姑寤太寐姑求太之黃求黃清之南不林得南寤姑寐中思南服林悠姑哉中悠姑哉太輾黃清轉南反無側黃清　參黃清差無荇南菜林左太清右林采南之黃清窈姑窕中淑林女

南琴林瑟姑友太之姑參太差黄荇姑菜林左林右姑芼林之南窈黄清窕南淑林女太清鐘黄鼓南樂無之黄清

《關雎》三章，一章、章四句；二章、章八句。無射清商，俗呼越調。

葛黄之太覃姑兮太施太于姑中太谷黄維仲葉南萋無萋太黄南鳥無于南飛林集仲于林灌無木太其黄清鳴南喈無喈黄清　葛黄清之太清覃林兮黄清施林于南中無谷黄清維林葉南莫林莫南是黄刈姑是太穫姑爲林絺姑爲太綌姑服太之姑無太斁黄　言黄清告姑師南氏林言林告姑言太歸黄薄黄汙姑我太私姑薄姑澣中我林衣南害南澣林害無否太歸黄清寧南父林母黄　《葛覃》三章，章六句。無射清商，俗呼越調。　案：第二章是、刈、是三字，及下之字，刻本缺律吕。據《瑟譜》、《樂典》、《聲譜》補士、莫字[四四]，刻本注南字，《瑟譜》作林；下莫字，刻本缺，《律吕》、《瑟譜》作南，今從之。《樂典》、《聲譜》下莫字注蕤字，誤。比調不用蕤賓也[四五]。

采黄清采姑卷林耳南不林盈姑頃林筐南嗟中我林懷無人太寘黄彼姑周太行黄　陟黄清彼無崔南嵬林我林馬姑虺南隤林我中姑林酌南彼無金姑罍太維太清以林不南永無懷黄清　陟黄彼姑高南岡林我林馬姑玄南黄林我姑姑太酌姑彼黄兕太觥姑維黄清以林不南永無傷黄清　陟黄清彼南砠黄清矣林我黄馬姑瘏太矣黄我中僕姑痡林矣南云黄清何南吁無矣黄清　《卷耳》四章，章四句。無射清商，俗呼越調。

維黄鵲姑有中巢林維黄清鳩無居南之林之中子林于無歸太百黄清兩林御南之黄清　維黄鵲林有南巢林維林鳩姑方太之黄之林子黄于林歸姑百太兩黄將太之黄　維黄清鵲無有南巢林維南鳩林盈南之黄清之黄清子南于姑歸林百太清兩林成南之黄清　《鵲巢》三章，章四句。無射清商，俗呼越調。

于黃清以南采林蘩南于林沼姑于太沚姑于黃以姑用太之姑公黃清侯南之無事黃　于黃清以林采黃蘩南于太澗黃之太中姑于姑以南用林之南公黃清侯南之太清宮黃清　被黃清之太清僮南僮林夙太清夜林在南公黃清被黃之姑祁太祁姑薄林言南還無歸黃清　《采蘩》三章，章四句。無射清商，俗呼越調。

于黃以南采林蘋南南姑澗林之南濱林于林以姑采仲藻林于黃彼姑行太潦黃　于黃以姑盛太之姑維黃清筐南及林筥南于林以姑湘仲之林維林錡南及無釜黃　于黃清以南奠黃之姑宗林室姑牖太下黃誰仲其南尸無之林有黃清齊南季無女黃　《采蘋》三章，章四句。無射清商，俗呼越調。

《唐開元鄉飲酒禮》其所奏樂，有此十二篇之目。此譜乃趙彥肅所傳，云即開元遺聲也。其以清聲爲調，似非古法。然古聲既不可考，則姑存此，以見聲歌之彷彿，俟知樂者考其得失云。

古之樂聲高下既考得之，則可以奏古樂矣。然必有譜，而後可以奏之。《漢書·藝文志》有《河南周歌聲曲折》七篇，《周謡歌詩聲曲折》七十五篇，此即樂歌之譜，惜乎其不傳也。諸史所載樂章，皆有其辭，而無其聲，連篇累牘，但似詩集。惟《儀禮經傳通解》載唐開元《風雅十二詩譜》，音調皆備，古樂之存於今者，惟此而已。蓋朱子最留意於古樂，文集有《與朱魯叔書》云：「《南海樂章》乃今廟中祭享時所用之樂。或云其譜，乃唐朝所頒，與今世俗之樂不同，故欲得之。」朱子於唐樂殷殷求訪如此，今又六百餘年，《十二詩譜》幸存於世，真可寶貴也。《宋史·樂志》載《儀禮經傳通解》十二詩之目，而盡删其律吕，殊失朱子之意，此修史者之謬也。鄭樵《通志·樂略》云：「臣謹考摭古今，編繫節奏，庶正聲不墜於地。」然其所載諸曲，皆無節奏，不知何以云然？

《十二詩譜》出於唐，其云黃鍾清宫，俗呼正宫；　無射清商，俗呼越調者，則南宋人所題也。《詞源》云：「無射商，俗名越調。」與此正同。《景祐樂髓》及《補筆談》則云，黃鍾商爲越調，此北宋、南宋名目不同，其實則一也。説見《宋八十四調考》《十二詩》殺聲，皆與《補筆談》合，且起調、畢曲相同。可見唐人舊法如此。毛大可、凌次仲攻駁朱子之説，不辨而自明矣。　朱子疑此以清聲爲調，非古法。　蓋朱子篤於好古，而於曲調名目，則有未諳也。　黃鍾清宫即黃鍾宫，但黃鍾爲宫聲之濁，而黃鍾清爲宫聲，故曰黃鍾清宫耳。　無射清商即無射商，謂無射爲宫之商調。説見《宋八十四調考》。　以黃鍾爲商，但黃鍾爲商聲之濁，而黃鍾清爲商聲，故曰清商耳，非用清聲而不用濁聲，不必疑也。《朱子語類》卷九十二有小注云：「先生一日又説：『古人亦有時用黃鍾清爲宫。』」前説未是。《鹿鳴》六詩所注黃字，乃七宫之黃鍾；　以七宫笛吹之，此翕笛聲爲濁宫聲，即今低上字；　太字爲濁商聲，即今低尺字；　姑字爲角，即今低工字；　蕤字爲變徵，即今低凡字；　林字爲徵，即今合字；　南字爲羽，即今四字；　應字爲變宫，即今一字；　黃清爲宫，即今上字；　太清爲商，即今尺字也。《關雎》六詩所注黃字，乃七商之黃鍾；　以七商笛吹之，此翕笛聲爲濁商聲，即今低尺字；　太字爲濁角聲，即今低工字；　姑字爲變徵，即今低凡字；　中字爲徵，即今合字；　林字爲羽，即今四字；　南字爲變宫，即今一字；　無字爲宫，即今上字；　黃清爲商，即今尺字；　太清爲角，即今工字也。

朱子所傳之譜，每字但注律吕而不注七聲，蓋宋人樂譜皆如此。姜堯章《越九歌》亦然。今人所不習也。戴氏長庚《律話》録此《十二詩譜》，每字注以宋字譜及七聲。今更爲之譜，不注宋字譜而注今俗字譜。《鹿鳴》上呦字黄清爲宫，戴氏注宫字，今俗以宫聲爲上字，則兼注上字，餘俱仿此。則俗工皆解，可以被諸管弦矣。

呦（宫 上）呦（羽 四）鹿（變徵 低凡）鳴（角 低工）食（羽 四）野（角 低工）之（濁商 低尺）苹（濁宫 低上）我（變徵 低凡）有（徵 合）嘉（變宫 一）賓（羽 四）鼓（徵 合）瑟（羽 四）吹（宫 上）笙（徵 合）吹（變徵 低凡）笙
（徵 合）鼓（羽 四）簧（角 低工）承（變宫 一）筐（宫 上）是（角 低工）將（羽 四）人（徵 合）之（羽 四）好（濁宫 低上）我（角 低工）示（徵 合）我（羽 四）周（商 尺）行（宫 上）　呦（濁宫 低上）呦（角 低工）鹿（變徵 低凡）鳴
（角 低工）食（徵 合）野（羽 四）之（商 尺）蒿（宫 上）我（徵 合）有（羽 四）嘉（變宫 一）賓（宫 上）德（羽 四）音（變徵 低凡）孔（角 低工）昭（徵 合）視（角 低工）民（羽 四）不（宫 上）恌（角 低工）君（變宫 一）子（宫 上）是
（角 低工）則（變徵 低凡）是（角 低工）傚（羽 四）我（徵 合）有（羽 四）旨（濁宫 低上）酒（角 低工）嘉（徵 合）賓（羽 四）式（變宫 一）燕（羽 四）以（商 尺）敖（宫 上）　呦（濁宫 低上）呦（角 低工）鹿（濁商 低尺）鳴
（濁宫 低上）食（濁商 低尺）野（濁宫 低上）之（變徵 低凡）芩（角 低工）我（變徵 低凡）有（羽 四）嘉（變宫 一）賓（羽 四）鼓（徵 合）瑟（羽 四）鼓（宫 上）琴（徵 合）鼓（變徵 低凡）瑟（徵 合）鼓（羽 四）琴（角 低工）和（變宫 一）
樂（宫 上）且（角 低工）湛（羽 四）我（徵 合）有（羽 四）旨（濁宫 低上）酒（角 低工）以（徵 合）燕（羽 四）樂（濁宫 低上）嘉（變宫 一）賓（羽 四）之（商 尺）心（宫 上）

四（濁宫 低上）牡（角 低工）騑（變徵 低凡）騑（角 低工）周（濁商 低尺）道（濁宫 低上）倭（變徵 低凡）遲（角 低工）豈（徵 合）不（羽 四）懷（變宫 一）歸（宫 上）王（變徵 低凡）事（角 低工）靡（徵 合）盬（羽 四）
我（徵 合）心（濁宫 低上）傷（變宫 一）悲（宫 上）　四（濁宫 低上）牡（角 低工）騑（徵 合）騑（羽 四）嘽（變宫 一）嘽（羽 四）駱（商 尺）馬（宫 上）豈（變徵 低凡）不（徵 合）懷（變宫 一）歸（羽 四）王（變徵 低凡）事

角低工 靡濁商低尺 盬濁宮低上 不徵合 遑角低工 啓濁商低尺 處濁宮低上　翩宮上 翩變徵低工[四六]　者徵合 雝羽四 載角低工 飛變宮一 載徵合 下羽四 集變徵低凡 于羽四

苞變徵低凡 栩徵合 王濁商低尺 事濁宮低上 靡變徵低凡 盬角低工 不徵合 遑羽四 將商尺 父宮上　翩宮上 翩角低工 者變徵低凡 雝角低工 載徵合 飛變宮一 載徵合 止

羽四 集徵合 于羽四 苞變徵低凡 杞角低工 王變徵低凡 事角低工 靡徵合 盬羽四 不濁宮低上 遑變徵低凡 將濁商低尺 母濁宮低上　駕濁宮低上 彼濁商低凡 四濁宮低上 駱角低工

載徵合 驟羽四 駸宮上 駸徵合 豈徵合 不羽四 懷變宮一 歸濁宮低上 是濁商低尺 用濁宮低上 作變徵低凡 歌角低工 將變宮一 母濁宮低上 來商尺 諗宮上

皇濁宮低上 皇羽四 者徵合 華羽四 于徵合 彼角低工 原徵合 隰羽四 駪變徵低凡 駪徵合 征變徵低凡 夫角低工 每變宮一 懷羽四 靡商尺 及宮上　我濁宮低上 馬

角低工 維變徵低凡 駒角低工 六宮上 轡角低工 如徵合 濡羽四 載徵合 馳羽四 載濁宮低上 驅角低工 周變徵低凡 爰角低工 咨濁商低尺 諏濁宮低上　我宮上 馬徵合 維

變宮一 騏宮上 六徵合 轡羽四 如變徵低凡 絲角低工 載徵合 馳羽四 載變徵低凡 驅徵合 周變宮一 爰濁宮低上 咨商尺 謀宮上　我宮上 馬徵合 維變宮一 駱羽四 六

變徵低凡 轡角低工 沃徵合 若羽四 載變徵低凡 馳羽四 載變徵低凡 驅徵合 周濁宮低上 爰角低工 咨濁商低尺 度濁宮低上　我濁宮低上 馬羽四 維變宮一 駰宮上 六宮上 轡

角低工 既徵合 均羽四 載徵合 馳羽四 載濁宮低上 驅角低工 周變宮一 爰羽四 咨商尺 詢宮上

魚宮上 麗角低工 于變徵低凡 罶角低工 鱨濁商低尺 鯊濁宮低上 君變徵低凡 子徵合 有變宮一 酒羽四 旨徵合 且羽四 多宮上　魚濁宮低上 麗角低工 于濁商低尺

罶上宮 魴低凡變徵 鱧低工角 君低凡變徵 子合徵 有低凡變徵 酒低工角 多低凡變徵 且合徵 旨低上濁宮  魚上宮 麗尺商 于一變宮 罶上宮 鰋合徵 鯉四羽 君低凡變徵 子
低工角 有合徵 酒四羽 旨合徵 且四羽 有上宮 物上宮 其低工角 多一變宮 矣四羽 維低凡變徵 其低工角 嘉合徵 矣四羽  物低凡變徵 其合徵 旨低凡變徵 矣低工角 維
四羽 其低凡變徵 偕低工角 矣合徵  物低上濁宮 其低尺濁商 有低上濁宮 矣低工角 維一變宮 其四羽 時低尺濁商 矣上宮
南上宮 有合徵 嘉一變宮 魚四羽 烝一變宮 然四羽 罩低工角 罩四羽 君合徵 子四羽 有低凡變徵 酒低工角 嘉一變宮 賓上宮 式合徵 燕四羽 以尺商 樂上宮  南
上宮 有四羽 嘉低凡變徵 魚低工角 烝低凡變徵 然低工角 汕合徵 汕四羽 君合徵 子四羽 有低上濁宮 酒低工角 嘉低上濁宮 賓低工角 式低尺濁商 燕低上濁宮 以四羽 衎上宮
南上宮 有尺商 樛一變宮 木四羽 甘上宮 瓠合徵 纍四羽 之上宮 君低上濁宮 子低尺濁商 有低上濁宮 酒低工角 嘉尺商 賓上宮 式一變宮 燕四羽 綏尺商 之上宮  翩低上濁宮
翩低尺濁商 者低上濁宮 鵻低工角 烝合徵 然四羽 來低凡變徵 思低工角 君上宮 子低工角 有合徵 酒四羽 嘉低凡變徵 賓低工角 式低尺濁商 燕低上濁宮 又四羽 思上宮
南上宮 山尺商 有一變宮 臺四羽 北一變宮 山四羽 有尺商 萊上宮 樂一變宮 只上宮 君一變宮 子四羽 邦合徵 家四羽 之上宮 基合徵 樂低凡變徵 只合徵 君四羽
子低工角 萬低上濁宮 壽低工角 無低尺濁商 期低上濁宮  南低上濁宮 山低工角 有低凡變徵 桑低工角 北低上濁宮 山低工角 有低尺濁商 楊低上濁宮 樂低凡變徵 只合徵 君
一變宮 子四羽 邦合徵 家四羽 之低上濁宮 光合徵 樂一變宮 只上宮 君低凡變徵 子低工角 萬合徵 壽四羽 無尺商 疆上宮  南上宮 山合徵 有一變宮 杞四羽 北合徵 山

羽四有商尺李宮上樂變宮一只宮上君變宮一子羽四民羽四之變徵低凡父角低工母徵合樂變徵低凡只徵合君變徵低凡子角低工德變徵低凡音角低工不濁商低尺
已濁宮低上南濁宮低上山濁商低尺有濁宮低上栲角低工北羽四山變徵低凡有角低工杻徵合樂變徵低凡只徵合君變宮一子羽四遐徵合不羽四眉商尺壽宮上樂
變宮一只宮上君變徵低凡子角低工德變宮一音羽四是徵合茂宮上南宮上山角低工有變徵低凡枸角低工北變宮一山濁宮低上有商尺楰宮上樂變宮一只
宮上君變宮一子羽四遐羽四不變徵低凡黃角低工耇徵合樂變徵低凡只徵合君變徵低凡子角低工保宮上艾羽四爾徵合後宮上

關商尺關變宮一雎羽四鳩變宮一在濁商低尺河變徵低凡之濁角低工洲濁商低尺窈羽四窕變宮一淑商尺女變徵低凡君商尺子羽四好變宮一逑商尺參
商尺差變宮一荇羽四菜變宮一左羽四右變宮一流宮上之商尺窈徵合窕羽四淑宮上女變徵低凡寤濁角低工寐變徵低凡求濁角低工之濁商低尺求商尺之變宮一不
羽四得變宮一寤變徵低凡寐徵合思變宮一服羽四悠變徵低凡哉徵合悠變徵低凡哉濁角低工輾商尺轉變宮一反宮上側商尺參商尺差宮上荇變宮一菜羽四左
角工右羽四采變宮一之商尺窈變徵低凡窕徵合淑羽四女變宮一琴羽四瑟變徵低凡友濁角低工之變徵低凡參濁角低工差濁商低尺荇變徵低凡菜羽四左羽四右變徵低凡
芼羽四之變宮一窈商尺窕變宮一淑羽四女角工鐘濁商低尺鼓變宮一樂宮上之商尺葛濁商低尺之濁角低工覃變徵低凡兮濁角低工施濁角低工于變徵低凡中
濁角低工谷濁商低尺維徵合葉變宮一萋宮上萋濁角低工黃變宮一鳥宮上于變宮一飛羽四集徵合于羽四灌宮上木濁角低工其商尺鳴變宮一喈宮上喈商尺葛

商尺之角工覃羽四兮商尺施羽四于變宮一中宮上谷商尺維羽四葉變宮一莫羽四莫變宮一是濁商低尺刈變徵低凡是濁角低工穫變徵低凡爲羽四絺變徵低凡爲濁角低工綌變徵低凡服濁角低工之變徵低凡無濁角低工斁濁商低尺

言商尺告變徵低凡師變宮一氏羽四言羽四告變徵低凡言濁角低工歸濁商低尺薄濁商低尺汙變徵低凡我濁角低工私變徵低凡薄變徵低凡澣徵合我羽四衣變宮一害變宮一澣羽四害宮上否濁角低工歸商尺寧變宮一父羽四母濁商低尺

采商尺采變徵低凡卷羽四耳變宮一不羽四盈變徵低凡頃羽四筐變宮一嗟徵合我羽四懷宮上人濁角低工寘濁商低尺彼變徵低凡周濁角低工行濁商低尺

陟商尺彼宮上崔變宮一嵬羽四我羽四馬變徵低凡虺變宮一隤羽四我徵合姑羽四酌變宮一彼宮上金變徵低凡罍濁角低工維角工以羽四不變宮一永宮上懷商尺

陟濁商低尺彼變徵低凡高變宮一岡羽四我羽四馬變徵低凡玄變宮一黃羽四我變徵低凡姑濁角低工酌變徵低凡彼濁商低尺兕濁角低工觥變徵低凡維商尺以羽四不變宮一永宮上傷商尺

陟商尺彼變宮一砠商尺矣羽四我濁商低尺馬變徵低凡瘏濁角低工矣濁商低尺我徵合僕變徵低凡痡羽四矣變宮一云商尺何變宮一吁宮上矣商尺

維濁商低尺鵲變徵低凡有徵合巢羽四維商尺鳩宮上居變宮一之羽四之徵合子羽四于宮上歸濁角低工百商尺兩羽四御變宮一之商尺

維濁商低尺鵲羽四有變宮一巢羽四維羽四鳩變徵低凡方濁角低工之濁商低尺之羽四子濁商低尺于羽四歸變徵低凡百濁角低工兩濁商低尺將濁角低工之濁商低尺

維商尺鵲宮上有變宮一巢羽四維變宮一鳩羽四盈變宮一之商尺之商尺子變宮一于變徵低凡歸羽四百角工兩羽四成變宮一之商尺

于（商 尺）以（變宮 一）采（羽 四）蘩（變宮 一）于（羽 四）沼（變徵 低凡）于（濁角 低工）沚（變徵 低凡）于（濁商 低尺）以（變徵 低凡）用（濁角 低工）之（變徵 低凡）公（商 尺）侯（變宮 一）之（宮 上）事（濁商 低尺）

于（商 尺）以（羽 四）采（濁商 低尺）蘩（變宮 一）于（濁角 低工）澗（濁商 低尺）之（濁角 低工）中（變徵 低凡）于（變徵 低凡）以（變宮 一）用（羽 四）之（變宮 一）公（商 尺）侯（變宮 一）之（角 工）宮（商 尺）　被（商 尺）之（角 工）僮（變宮 一）僮（羽 四）夙（角 工）夜（羽 四）在（變宮 一）公（商 尺）被（濁商 低尺）之（變徵 低凡）祁（濁角 低工）祁（變徵 低凡）薄（羽 四）言（變宮 一）還（宮 上）歸（商 尺）

于（濁商 低尺）以（變宮 一）采（羽 四）蘋（變宮 一）南（變徵 低凡）澗（羽 四）之（變宮 一）濱（羽 四）于（羽 四）以（變徵 低凡）采（徵 合）藻（羽 四）于（濁商 低尺）彼（變徵 低凡）行（濁角 低工）潦（濁商 低尺）

于（濁商 低尺）以（變徵 低凡）盛（濁角 低工）之（變徵 低凡）維（商 尺）筐（變宮 一）及（羽 四）筥（變宮 一）于（羽 四）以（變徵 低凡）湘（徵 合）之（羽 四）維（羽 四）錡（變宮 一）及（宮 上）釜（濁商 低尺）　于（商 尺）以（變宮 一）奠（濁商 低尺）之（變徵 低凡）宗（羽 四）室（變徵 低凡）牖（濁角 低工）下（濁商 低尺）誰（徵 合）其（變宮 一）尸（宮 上）之（羽 四）有（商 尺）齊（變宮 一）季（宮 上）女（濁商 低尺）

右《十二詩》以《儀禮經傳通解》之譜轉爲今俗字譜，按而歌之，頗有近於拗澀者，雖古調與後世不同，亦恐《儀禮經傳通解》有傳寫之誤，俟知音者審定之。

宋之樂章有宫調律吕者，則有姜堯章《越九歌》十篇，可以爲唐樂之嗣音。戴氏《律話》注其宫調及七聲，然有未精密處，今詳加考正，并注以今俗字譜，亦可被諸管弦矣。戴氏《律話》於聲律用功頗深，惜其書未盡雅馴耳。

央（南 羽 四）央（蕤 變徵 低凡）帝（林 徵 合）旂（南 羽 四）群（林 徵 合）冕（黄 宫 低上）相（太 商 低尺）與（姑 角 低工）聿（蕤 變徵 低凡）來（姑 角 低工）我（太 商 低尺）嫣（姑 角 低工）

我林徵合芸黃清宫上綠太清商尺滋黃清宫上　維應變宫一湘南羽四與林徵合楚南羽四謂黃宫低上狩太商低尺在黃宫低上陼姑角低工雲蕤變徵低凡橫姑角低工九太商低尺疑姑角低工帝林徵合若黃宫低上來太商低尺下黃宫低上　我南羽四懷黃清宫上厥應變宫一初南羽四孰蕤變徵低凡耕林徵合孰蕤變徵低凡漁姑角低工勿黃宫低上忘太商低尺惠黃宫低上康姑角低工疇應變宫一匪南羽四帝林徵合餘南羽四　博太清商尺碩黃清宫上于應變宫一爼南羽四維蕤變徵低凡錯林徵合于蕤變徵低凡豆姑角低工瑤姑角低工灑太商低尺玉黃宫低上離姑角低工侑蕤變徵低凡此林徵合桂黃宫低上酒黃清宫上

右《帝舜》楚調。案：　此即正宫也。以黃鍾爲宫，而殺聲用黃清，即《補筆談》所謂黃鍾宫，今爲正宫，殺聲用六字也。所用黃、太、姑、蕤、林、南、應、黃清、太清九聲，即《補筆談》正宫所用九聲也。但不知何以謂之楚調耳。

登林角工崇南變徵凡邱林角工懷仲商尺美夾宫上功林角工窋南變徵凡窀無徵合在黃羽四雲林角工其仲商尺濛夾宫上　享黃清羽五維夾清宫高上德黃清羽五輯無徵合萬南變徵凡國黃清羽五轍無徵合轇南變徵凡轕林角工蹇夾宫上時仲商尺宅林角工　珠仲商尺爲太變宫一橇黃羽四玉夾宫上爲仲商尺車林角工報無徵合我黃清羽五則夾清宫高上腆黃清羽五不南變徵凡當無徵合厥南變徵凡拘林角工　王仲商尺旆夾宫上返林角工風仲商尺偃太變宫一偃黃羽四山林角工鳥仲商尺呼林角工觚無徵合棱南變徵凡晚林角工豐黃清羽五子夾清宫高上諶黃

清羽五 菲林角工 可仲商尺 薦夾宮上　右《王禹》吳調，夾鍾宮。案：《景祐樂髓》及《補筆談》、《詞源》並云：「夾鍾宮爲中呂宮」，不知此何以謂之吳調也？其用黃、太、夾、仲、林、南、無、黃清、夾清九聲，即《補筆談》中呂宮所用九聲。但刻本「夾清」誤作「太清」，今爲改正。據《補筆談》中呂宮用緊五夾清，不用高五太清，故知其誤也。《補筆談》二十八調所用之聲，無以高五、緊五爲二變者，觀二十八調表自明。此調高五太清乃變宮聲，故不用也。

雲黃清商尺 蒼太清角工 淙黃清商尺 山南變宮一 巀林羽四 嶭南變宮一 瞻姑變徵低凡 靈太角低工 旗黃商低尺 閫南變宮一 越無宮上 絕黃清商尺 故姑變徵低凡 宮南變宮一 凄太清角工 凄黃清商尺 生無宮上 綠南變宮一 蕪林羽四 謀姑變徵低凡 臣太角低工 安姑變徵低凡 在黃商低尺 空姑變徵低凡 五太角低工 湖姑變徵低凡 酹林羽四 君南變宮一 君太清角工 毋黃清商尺 西無宮上 入南變宮一 吳黃清商尺 洪太清角工 濤黃清商尺 卷南變宮一 地黃清商尺 龍無宮上 工南變宮一 呼林羽四 函南變宮[四七] 堅林羽四 操南變宮一 剡黃商低尺 何姑變徵低凡 睢太角低工 盱姑變徵低凡 彼林羽四 茁南變宮一 竹太清角工 箭林羽四 楊黃清商尺 梅太清角工 朱黃清商尺　壺無宮上 觴南變宮一 有林羽四 酎姑變徵低凡 盤無宮上 有林羽四 魚南變宮[四八] 千仲徵合 春姑變徵低凡 萬太角低工 春姑變徵低凡 勿林羽四 忘姑變徵低凡 此太角低工 故黃商低尺 都黃清商尺　右《越王》越調，無射商。案：此謂無射爲宮之商調，與《詞源》同。《景祐樂髓》及《補筆談》則云：「黃鍾商爲越調」也。其用黃、太、姑、仲、林、南、無、黃清、太清九聲，即《補筆談》越調所用九聲也。

淒應變宮一其黃清宮上我應變宮一思南羽四永蕤變徵低凡矢應變宮一弗南羽四遊應變宮一梟太清商尺曰應變宮一子南羽四肖蕤變徵低凡以姑角低工盪太商低尺與黃宮低上繆太商低尺　載太商低尺尸南羽四載應變宮一謁南羽四子太清商尺惠蕤變徵低凡思南羽四越應變宮一翩太清商尺其應變宮一來南羽四而蕤變徵低凡乘姑角低工濤太商低尺駕黃宮低上月太商低尺　右《越相》側商調，黃鍾商。

案：　此謂黃鍾爲宫之商調。《詞源》云：「黃鍾商俗名大石調」，《樂髓》、《補筆談》則云：「太蔟商，今爲大石調」也。此所用黃、太、姑、蕤、南、應、黃清、太清即《補筆談》大石調所用九聲。但此未用林鍾一聲耳。謂之側商調者，姜氏《歌曲》有琴曲側商調品弦法：大弦黃鍾爲宫，二弦商，三弦角，四弦變徵，五弦羽，六弦變宫，七弦清商。其説云：「琴七弦散聲，具宫、商、角、徵、羽者爲正弄，加變宫、變徵爲散聲者，曰側弄。」據此，則側商調專指琴言之，其實即大石調耳。姜氏側商調品弦法，亦無徵聲。

民無宮上荼黃清商尺嬴無宮上天仲徵合紀太角低工瀆仲徵合群南變宮一雄林羽四橫仲徵合徂林羽四君太清角工逐黃清商尺鹿無宮上

傅林羽四懸南變宮一於林羽四投仲徵合匪無宮上智太角低工伊姑變徵低凡福太角低工　或仲徵合肉太角低工以仲徵合昌林羽四或太清角工

斧黃清商尺以無宮上亡太清角工謂仲徵合予林羽四復南變宮一歸林羽四有無宮上如太清角工大仲徵合江無宮上　我仲徵合無太角低工君

仲徵合尤林羽四君太清角工胡黃清商尺我無宮上慊太清角工亦仲徵合有林羽四子南變宮［四九］孫林羽四在南變宮一阿無宮上在黃商低尺崦太

角低工　靈仲徵合兮太角低工歸仲徵合來林羽四粲無宮上宮太清角工崔黃清商尺嵬無宮上　右《項王》古平調，無射宮。案：《樂髓》、《補筆談》、《詞源》並云「無射宮爲黃鍾宮」，不知此何以謂之古平調也？其用黃、太、姑、仲、林、南、無、黃清、太清九聲，即《補筆談》黃鍾宮所用九聲也。

海林角工雲仲商尺碧黃清羽五兮無徵六崔南變徵凡嵬林角工潭仲商尺上太變宮一去黃羽四兮林角工潭仲商尺下夾宮上來仲商尺予南變徵凡乘林角工舟仲商尺兮南變徵凡遲黃羽四女太變宮一目仲商尺屢太變宮一眩夾宮上兮仲商尺漚林角工飛仲商尺　白林角工馬仲商尺駛黃羽四兮太變宮一素仲商尺縿南變徵凡舞黃清羽五驅夾清宮高上銀黃清羽五山南變徵凡兮林角工疊仲商尺萬林角工鼓南變徵凡汨黃羽四予太變宮一從仲商尺天太變宮一兮夾宮上南太變宮一逝黃羽四經無徵六西南變徵凡陵林角工兮仲商尺掠太變宮一漁夾宮上浦仲商尺　夫南變徵凡在黃羽四舶太變宮一兮仲商尺婦黃羽四在太變宮一房仲商尺風南變徵凡浩林角工浩仲商尺兮南變徵凡波黃清羽五茫夾清宮高上茫黃清羽五瀝南變徵凡子林角工酒南變徵凡兮黃清羽五神夾宮上龍大變宮一府黃羽四我林角工征仲商尺至黃羽四兮太變宮一無仲商尺所林角工苦仲商尺　右《濤之神》雙調。案：雙調下當云夾鍾商，刻本脱三字耳。此夾鍾爲宫之商調。《詞源》云：「夾鍾商俗名雙調。」姜氏之例與《詞源》同。《樂髓》、《補筆談》則云「中吕商爲雙調」也。其用黃、太、夾、仲、林、南、無、黃清、夾清九聲，即《補筆談》雙調所用九聲。刻本夾清誤作太清，《補筆談》雙調用緊五夾清，不用高五太清，亦以此調太清爲變宫，故不用也。

玉仲四羽副夾合徵笄仲四羽錦黃清工角結林一變宫褵夷上宫含黃清工角清夾清六徵揚黃清工角兮林一變宫鬱仲四羽翠夾合徵眉仲四羽嚶太低凡變徵嚶夾合徵歌太低凡變徵兮黃低工角有夾合徵待林一變宫柳夷上宫屢黃低工角舞夾合徵兮仲四羽僛折字四微高羽僛仲四羽

昔黃清工角何夾清六徵止黃清工角兮無尺商水夷上宫湄黃清工角今仲四羽何太低凡變徵徵夾合徵兮太低凡變徵未黃低工角來夾合徵吾仲四羽

無夾合徵欲仲四羽兮林一變宫女黃清工角之無尺商佩黃低工角羌夷上宫猶黃低工角豫夾合徵兮仲四羽而仲四羽裵折字四微高羽囘仲四羽

黃黃清工角頭夾清六徵兮黃清工角呼夷上宫風黃清工角旗仲四羽尾太低凡變徵兮夾合徵栩太低凡變徵栩黃低工角潮仲四羽枯夾合徵兮仲四羽沙林一變宫遲夷上宫將仲四羽子夾合徵兮仲四羽無折字四微高羽怒仲四羽　舟仲四羽去夾合徵兮黃清工角人林一變宫歸夷上宫花林一變宫落仲四羽兮太低凡變徵烏夾合徵啼仲四羽

右《曹娥》蜀側調，夷則羽。案：此謂夷則爲宫之羽調，與《詞源》同。《樂髓》、《補筆談》則云「仲吕羽爲仙吕調」也。其用黃、太、夾、仲、林、夷、無、黃清、夾清九聲，即《補筆談》仙吕調所用九聲。但不知何以不謂之仙吕調，而謂之蜀側調耳？刻本夾清誤作太清。《補筆談》仙吕調用緊五夾清，不用高五太清。以此調太清爲變徵，故不用也。姜氏折字法云：「篪笛有折字，假如上折字、下無字，即其聲比無字微高，餘皆以下字爲準。金、石、弦、匏無折字，取同聲代之。」案：此章折字下是仲字，則折字比仲字微高也。戴長庚《律話》云「折字即琴之進復」。然姜氏云，弦無折字，則非琴之進復矣。

鞭應工角 臥南尺商 龍應工角 躍大清凡變徵 鏡太合徵 浦姑四羽 靈應工角 之林上宮 來蕤一變宮 噎姑四羽 如折字四羽微高 雨姑四羽 環應工角 玉折字工角微高 廂應工角 翠林上宮 繽南尺商 紛應工角 靈蕤一變宮 之林上宮 逝蕤一變宮 扉姑四羽 出太合徵 雲姑四羽 我南尺商 行應工角 其折字工角微高 野應工角 有南尺商 穪應工角 有南尺商 稌林上宮 入蕤一變宮 其姑四羽 闓蕤一變宮 闔林上宮 載太合徵 歌蕤一變宮 載太合徵 儛姑四羽 祓南尺商 我應工角 家折字工角微高 室應工角 曰林上宮 予南尺商 父林上宮 母應工角 高折字工角微高 田應工角 萊南尺商 蕪林上宮 下太合徵 田蕤一變宮 舄太合徵 鹵姑四羽 爾南尺商 澤應工角 毋折字工角微高 三應工角 爾蕤一變宮 煦林上宮 毋南尺商 五應工角 益林上宮 嚴大清凡變徵 祀太合徵 其姑四羽 終折字四羽微高 古姑四羽

右《龐將軍》高平調，林鍾羽。案：此謂林鍾爲宮之羽調，與《詞源》同。《樂髓》、《補筆談》則云「姑洗羽爲高平調」也。其用太、姑、蕤、林、南、應、大清七聲，即《補筆談》所用七聲也。

師夷一變宮 環南上宮 城夷一變宮 兮蕤四羽 烏夾低凡變徵 不姑合徵 度蕤四羽 萬夾低凡變徵 夫夷一變宮 投南上宮 戈夷一變宮 兮蕤四羽 子夾低凡變徵 獨折字低凡變徵 武夾低凡變徵 車夷一變宮 轍蕤四羽 厲夾低凡變徵 兮蕤四羽 螗姑合徵 螂夾低凡變徵 怒大低工角 抗蕤四羽 子夷一變宮 義蕤四羽

兮大清（角工）出應（商尺）行大清（角工）伍應（商尺）　詩大清（角工）書應（商尺）發南（官上）家夷（變官一）兮蕤（羽四）嗟夷（變官一）彼夾（變徵低凡）倉蕤（羽四）父夷（變官一）父夾（變徵低凡）老南（官上）死夷（變官一）兮蕤（羽四）後夾（變徵低凡）生夷（變官一）莫應（商尺）知夾（變徵低凡）其折字（變徵低凡）故夾（變徵低凡）廟夾（變徵低凡）無南（官上）人夷（變官一）兮蕤（羽四）鼠姑（徵合）穴夾（變徵低凡）堵大（角低工）歌應（商尺）予大清（角工）詩應（商尺）兮夷（變官一）詔蕤（羽四）萬夷（變官一）古應（商尺）

右《旌忠》中管而調[五〇]，南吕商。案：此謂南吕爲宫之商調，與《詞源》同。《樂髓》則云「應鐘商、爲中管林鍾商」也。刻本大清誤作太清。此調南吕爲宫，不得有太簇也；知非夾清之誤者，夾清爲變徵聲，例不用也。此中管調，《補筆談》所無。今據此曲用大、夾、姑、蕤、夷、南、應、大清八聲，以宋人字譜言之，爲下四、下一、一、勾、下工、工、凡、下五八聲也。余爲《樂髓》八十四調表，以宋仁宗令用十二枚，故表不列四清。據姜氏此歌及《蔡孝子歌》用黄清、大清，則當時八十四調用四清，仁宗之令不行也。

愛無（羽四）予大清（官上）親黄清（變官一）兮無（羽四）保林（變徵低凡）子夾（商低尺）體無（羽四）將無（羽四）臨夷（徵合）淵林（變徵低凡）兮仲（角低工）髮仲（角低工）上夾（商低尺）指仲（角低工）子黄（變官低一）青大清（官上）衿黄清（變官一）兮無（羽四）父大（官低上）爲夾（商低尺）史仲（角低工）不夷（徵合）如無（羽四）緹夷（徵合）縈林（變徵低凡）兮仲（角低工）鬱夷（徵合）陶無（羽四）以折字（羽徵高四）死無（羽四）　豺大清（官上）爲黄清（變官一）政無（羽四）兮黄清（變官一）吾無（羽四）已夷（徵合）矣無（羽四）望大（官低上）齋夷（徵合）淪林（變徵低凡）兮仲（角低工）倏大（官低上）而夾（商低尺）逝仲（角低工）臥無（羽四）龍大清（官上）山黄清（變官一）兮無（羽四）若

夷徵合 耶林變徵低凡 水仲角低工 靈夾商低尺 不仲角低工 歸夾商低尺 兮大宮低上 父無羽四 思折字羽徵高四 子無羽四 雨無羽四 嗚大清宮上

荷黃清變宮一 兮無羽四 風林變徵低凡 入夷徵合 葦無羽四 若無羽四 伊夷徵合 優林變徵低凡 兮仲角低工 泣大宮低上 未夾商低尺 已仲角低工 率夷

徵合 我無羽四 子大清宮上 兮黃清變宮一 與無羽四 弟仲角低工 屋夷徵合 陽黃清變宮一 阿無羽四 兮夷徵合 招折字羽徵高四 爾無羽四 右

《蔡孝子》中管般贍調，大呂羽。案：此即高般涉。其曰大呂羽者，謂以大呂爲宫之羽調，即《詞源》云「大呂羽、俗名高般涉調」。《樂髓》、《補筆談》則云「無射羽爲高般涉」也。其用黄、大、夾、仲、林、夷、無、黄清、大清九聲，即《補筆談》高般涉所用九聲也。此謂之中管般贍者，此調比般涉調高一律，故用中管吹之亦可也。《琵琶録》云，王麻奴「於高般涉調中，吹勒部羝曲，曲終，汗洽其背。尉遲青曰，何必高般涉調也？即自取銀字管於平般涉調吹之。麻奴愧謝」云云。銀字管、即中管也。此可證高般涉爲中管般涉矣。凌氏云七羽高矣，而高般涉尤高是也。以上各篇殺聲，皆與《補筆談》合，惟中管商調爲《補筆談》所無耳。其起調、畢曲相同者四篇，不同者六篇，蓋南宋時起調不盡拘也。

姜堯章填詞及自製曲，亦注宫調。姜氏詞所注宫調，皆在二十八調之内，其《湘月》云，即《念奴嬌》鬲指聲，於雙調中吹之。案《中原音韻・念奴嬌》大石調，此以雙調吹之，大石調與雙調，中間隔高大石一調，故曰鬲指聲，觀《二十八調七商表》自明矣。惟《醉吟商》小品云，實雙聲，不知何調，或即雙調歟？然每字不注律吕而注當時俗字，以未子《琴律説》及《詞源》考之[五二]，可由俗字而得當時字譜；由當時字譜而得律吕。

又以其宫調考之，可由律吕而得其宫商；又由宫商而得今之工尺。如《揚州慢》首句云「淮左名都」，其旁注久リフ八，乃六、凡、工、尺四字，即黄清、無、南、林四律。此曲中吕宫，以夾鍾爲宫，則黄清、無、南、林爲羽、徵、變徵、角四聲，即今之五、六、凡、工也。此已不啻重譯而通矣。而一曲之中，俗字尚有不可識者。戴長庚《律話》以不可識者爲拍，未知然否。夫《越九歌》注律吕則可識，詞曲注當時俗字，則不可識，俗之爲害甚矣哉！《白虎通》曰：「樂尚雅何？雅者、古正也。」此千古之至言也。琴譜指法亦減省不成字，然不至如十六字譜之太甚，故猶可以流傳。如《白石集》中之《古怨》，今猶可按而彈，但有數字刻本之誤，當改正耳。

昔保康受業於番禺陳蘭甫先生，時先生方著《聲律通考》。今此書已成，保康請任剞劂，先生授以定本，寫刊校對，三閱月而畢。保康既受而讀之，謹撮其大略而言曰：五音宮、商、角、徵、羽，即今所謂上、尺、工、六、五也，加變宮、變徵爲七音，即今所謂一、凡也。七音七律，宮與商之間有一律，商與角之間有一律，角與變徵之間有一律，徵與羽之間有一律，羽與變宮之間有一律，是爲十二律也。十二律者，高下一定者也。七音者，旋轉無定者也。十二律各爲宮，則各有商、角、徵、羽，是爲十二宮也。十二宮各爲一均，每一均轉七調，則八十四調也。若以七音各爲一均，每一均轉十二調，亦八十四調也。唐、宋俗樂二十八調者，七音去二變及徵聲不爲均，宮、商、角、羽四均，每一均轉七調也。每一均用一笛，四均當用四笛。今俗樂只用一笛，故只有七調也。宋人以工尺等字代十二律之名，今以工尺等字代七音之名，行之既久，故不知孰爲宮、孰爲商也。今當由工尺而識宮商，由宮商而識律吕。其樂器則有晉之十二笛，其樂歌則有唐之《鹿鳴關雎十二詩譜》，古樂尚未絶於世也。先生聞之曰，善！命保康筆而記之，附於簡末[五二]。咸豐十年四月門人大興殷保康謹識。

【校記】

［一］則大吕均之未　「未」當作「末」。

［二］先主　據郭沫若、聞一多、許維遹撰《管子集校·地員篇》第五十八「先立（本作主）一而三之四開以合九九」《注》，王引之云：「主當爲立字之誤也。」《史記·律書》云：「置一而九三之以爲法。」置一即立一。錢塘云：「主一而三之者，置一而三之也。」王紹蘭説同（一九五六年科學出版社本九零九頁）。

［三］此生字誤　似指生爲「爲」字之誤。

［四］有首率未率　「未」當作「末」。

［五］圍十分三釐八毫，徑三分四釐六毫　所引蔡氏《律吕新書》圍、徑二語經檢《宋元學案》及御纂《性理疏義》均未見，第未悉蘭老所引果何本耳。

［六］令和承受笛聲　《晉書·律曆》上「受」下有「一」字。

［七］而知寫笛造律　《晉書》「知」作「和」。

［八］輒部郎劉秀、鄧昊、王豔、魏邵等　《晉書》「輒」作「趣」。王豔二字《宋書》闕文，《晉書》則有之。

［九］唯得爲宛故　「宛故」，《宋書》本作「宛詩」，唯《晉書·律曆》上作「宛轉」，似是。

［一〇］宫中實容長者十六　「宫」，《宋書》原作「空」，唯《晉書》作「宫」。

［一一］諸笛例皆一也　「例」，《宋書》原作「制」，唯《晉書》本作「例」。

［一二］所以便用事也　「用事」，《宋書》原作「事用」，然《晉書》亦作「用事」，似是。

[一三] 便事用也　「事用」，《晉書》、《宋書》均作「事用」，似應從上條作「用事」爲是。

[一四] 羽　疑應爲羽非正。

[一五] 羽　原闕，校者補。

[一六] 不合雅樂　《晉書·律曆》上「清角之調以姑洗爲宫」注有云：「清角惟得爲宛轉，謡俗之曲不合雅樂也。」

[一七] 鄭譯因習而彈之　《隋書》卷一四《志》「音樂」中無此「鄭」字。

[一八] 寶常奉詔造諸樂器　《隋書》列傳四十三《藝術·萬寶常傳》造前有「遂」字。

[一九] 又既有高一字，勾字則不當有　此兩句疑有誤。

[二〇] 南吕宫△　據北大本，△作∧。

[二一] 仙吕宫是𠃌字　據北大本，仙吕宫前有商調一條，載本卷六頁前第一第二行，共二十六字。

[二二] 道宫是ㄅ字　道宫前亦有正平調一條，載本卷十二頁後第十第十一行，共二十七字。

[二三] 凌吹仲　「吹」應作「次」。

[二四] 曰上尺合上　案：嘉慶華秋蘋《琵琶譜》兩常用調爲合上尺合及上凡合上　至今皆然，未聞空弦有用上尺合上者，且與自法所謂二三弦聲相接之義相悖也。

[二五] 蕤賓宫商羽角　「羽角」，《燕樂考原》引作「角羽」。

[二六] 張祐　「祐」應作「祜」。

[二七]黄璧爲宫　「璧」應爲「鐘」。

[二八]不獨宋未爲然矣　「未」應爲「末」。

[二九]詞塵　「塵」當爲「麈」之誤。

[三〇]二變者聲也　《叢書集成》本《魚樂考原》「二變」上有「蓋」字。

[三一]下几　「几」爲「凡」之誤。

[三二]几字　「几」爲「凡」之誤。

[三三]取而配奏　《周書》卷二十六《列傳》第十八《長孫紹述傳》「配」原作「調」。

[三四]梁法尺　《隋書·律曆志》上「梁法尺」前有「晉田父玉尺」五字。

[三五]後周鐵尺　《隋書·律曆志》上「後周鐵尺」前有「錢樂之渾天儀尺」七字。

[三六]臣等檢詳《漢志》……　《宋史·律曆志·律曆四》「檢詳」作「詳檢」。

[三七]劉几楊傑　《宋史·樂志·樂一》「劉几楊傑」只作「几傑」，無「劉楊」二字。

[三八]其聲下唐樂已兩律　唐樂，《宋史·樂四》「唐樂」作「唐律」。

[三九]道宗太康中　據一九七五年文物出版社《中國歷史年代簡表》，「太康」亦作「大康」。

[四〇]後漢建□　案：所闕疑爲「武」字。

[四一]太和迄武定未有論律者　《隋書》卷十六《律曆志》卷十一《律曆》上　魏尺引《魏史·律曆志》語，但《隋書》所引則與《魏書》卷一百七上《志》第八《律曆》三上永平中(公孫)崇更造新尺一段原文有出入。

〔四二〕未有如此之切實者　《琴音記・濬□篇》之律有倍半以資旋宫，而倍半之理具於制律陰陽上下相生之先述一章中語。

〔四三〕凌次伸　「伸」爲「仲」之誤。

〔四四〕士莫字　「士」應作「上」。

〔四五〕比調不用蕤賓也　「比」應作「此」。

〔四六〕低工　「工」，應作「凡」。

〔四七〕〔四八〕〔四九〕變宫　下當有「一」字。

〔五〇〕右旌忠中管而調　據張炎《詞源》謂南吕商俗名中管，商調，故「而」字誤，當作「商」。

〔五一〕以未子《琴律説》及《詞源》考之　「未」當作「朱」。

〔五二〕附於簡未　「未」當作「末」。

# 琴律譜

蘇森祐　標點

# 標點説明

《琴律譜》一卷，有咸豐間陳氏刊本及陳澧家藏清抄本。清抄本封面有陳氏手書「附刊時須取元稿校對」等字，殆欲附刻於《聲律通考》之後者歟？然可知固有元稿者在，今未見，恐已流落無存矣。另中山大學圖書館藏有此書初刻版片全套，持與咸豐本對勘，若合符契，則其爲刊本之版片可知。今即以咸豐刊本爲底本，無煩校勘矣。

# 十二調定弦法

## 黄鍾宫

大弦黄鍾爲宫，散聲也，餘仿此。二弦太蔟爲商，三弦姑洗爲角，四弦林鍾爲徵，五弦南吕爲羽，六弦半黄鍾爲清宫，七弦半太蔟爲清商。吹黄鍾管，以定大弦、六弦。琴弦燥、溼、緊、慢、無定，故必吹管以定之也。乃按大弦太蔟之位，以定二弦、七弦。按姑洗之位，以定三弦。按林鍾之位，以定四弦。按南吕之位，以定五弦。

## 大吕宫

大弦大吕爲宫，二弦夾鍾爲商，三弦仲吕爲角，四弦夷則爲徵，五弦無射爲羽，六弦半大吕爲清宫，七弦半夾鍾爲清商。吹黄鍾管，先定大弦爲黄鍾聲。乃定大弦夾鍾之位，以定二弦、七弦。按仲吕之位，以定三弦。按夷則之位，以定四弦。按無射之位，以定五弦。然後按四弦大吕之位，十暉改定大弦及六弦。製十二律管頗繁難，故只製黄鍾一管，然不能定大吕聲。故先定大弦爲黄鍾聲，此以大弦代律準也。按大弦以定諸弦畢，則按四弦大吕之位，可定大弦爲大吕聲矣。凡大弦不爲黄鍾聲者皆仿此。

## 太蔟宫

大弦倍應鐘爲倍羽，二弦太蔟爲宫，三弦姑洗爲商，四弦蕤賓爲角，五弦南吕爲徵，六弦應鐘爲羽，七弦半太蔟爲清宫。吹黄鍾管，先定大弦爲黄鍾聲。乃按大弦太蔟之位，以定二弦、七弦。按姑洗之位，以定三弦。按蕤賓之位，以定四弦。按南吕之位，以定五弦。然後按四弦應鐘之位，十暉改定大弦及六弦。

## 夾鍾宫

大弦黄鍾爲倍羽，二弦夾鍾爲宫，三弦仲吕爲商，四弦林鍾爲角，五弦無射爲徵，六弦半黄鍾爲羽，七弦半夾鍾爲清宫。吹黄鍾管，以定大弦、六弦。乃按夾鍾之位，以定二弦、七弦。按仲吕之位，以定三弦，按林鍾之位，以定四弦。按無射之位，以定五弦。

## 姑洗宫

大弦倍應鐘爲倍徵，二弦大吕爲羽，三弦姑洗爲宫，四弦蕤賓爲商，五弦夷則爲角，六弦應鐘爲徵，七弦半大呂爲羽。吹黃鍾管，先定大弦爲黃鍾聲。乃按大弦大呂之位，以定二弦、七弦。按姑洗之位，以定三弦。按蕤賓之位，以定四弦。按夷則之位，以定五弦。然後按四弦應鐘之位，十暉改定大弦及六弦。

## 仲呂宮

大弦黃鍾爲倍徵，二弦太蔟爲倍羽，三弦仲呂爲宮，四弦林鍾爲商，五弦南呂爲角，六弦半黃鍾爲徵，七弦半太蔟爲羽。吹黃鍾管，定大弦、六弦爲黃鍾聲。乃按大弦太蔟之位，以定二弦、七弦。按仲呂之位，以定三弦。按林鍾之位，以定四弦。按南呂之位，以定五弦。

## 蕤賓宮

大弦大呂爲倍徵，二弦夾鍾爲倍羽，三弦蕤賓爲宮，四弦夷則爲商，五弦無射爲角，六弦半大呂爲徵，七弦半夾鍾爲羽。吹黃鍾管，先定大弦爲黃鍾聲。乃按大弦夾鍾之位，以定二弦、七弦。按蕤賓之位，以定三弦。按夷則之位，以定四弦。按無射之位，以定五弦。然後按四弦大呂之位，十暉改定大弦及六弦。

## 林鍾宫

大弦應鐘爲倍角，二弦太蔟爲倍徵，三弦姑洗爲倍羽，四弦林鍾爲宫，五弦南吕爲商，六弦半應鐘爲角，七弦半太蔟爲徵。吹黄鍾管，先定大弦爲黄鍾聲。乃按其太蔟之位，以定二弦、七弦。按姑洗之位，以定三弦。按林鍾之位，以定四弦。按南吕之位，以定五弦。然後按四弦應鐘之位，十一暉改定大弦及六弦。

## 夷則宫

大弦黄鍾爲倍角，二弦夾鍾爲倍徵，三弦仲吕爲倍羽，四弦夷則爲宫，五弦無射爲商，六弦半黄鍾爲角，七弦半夾鍾爲徵。吹黄鍾管，以定大弦、六弦。乃按大弦夾鍾之位，以定二弦、七弦。按仲吕之位，以定三弦。按夷則之位，以定四弦。按無射之位，以定五弦。

## 南吕宫

大弦倍應鐘爲倍商，二弦大吕爲倍角，三弦姑洗爲倍徵，四弦蕤賓爲倍羽，五弦南吕爲宫，六弦應鐘爲商，七弦大吕爲角。吹黄鍾管，先定大弦爲黄鍾聲。乃按大弦大吕之位，以定二弦、七弦。按姑洗之位，以定三弦。按蕤賓之位，以定四弦。按南吕之位，以定五弦。然後按四弦應鐘之位，十暉改定大弦及六弦。

## 無射宫

大弦黄鍾爲倍商，二弦太蔟爲倍角，三弦仲吕爲倍徵，四弦林鍾爲倍羽，五弦無射爲宫，六弦半黄鍾爲商，七弦半太蔟爲角。吹黄鍾管，以定大弦、六弦。乃按大弦太蔟之位，以定二弦、七弦。按仲吕之位，以定三弦。按林鍾之位，以定四弦。按無射之位，以定五弦。

## 應鐘宫

大弦大吕爲倍商，二弦夾鍾爲倍角，三弦蕤賓爲倍徵，四弦夷則爲倍羽，五弦應鐘爲宫，六弦半大吕爲商，七弦半夾鍾爲角。吹黄鍾管，先定大弦爲黄鍾聲。乃按大弦夾鍾之位，以定二弦、七弦。按蕤賓之位，以定三弦。按夷則之位，以定四弦。按應鐘之位，以定五弦。然後按四弦大吕之位，十暉改定大弦及六弦。

# 摹印述

蘇森祐　點校

# 點校說明

《摹印述》一卷，成書於道光二十七年，乃爲啓導弟子而作。有光緒間《廣雅叢書》刊本。另有民國十年西泠印社木活字排印《遯盦印學叢書》本、光緒七年抄本。今據《廣雅叢書》本點校。

# 摹印述

顥民近欲學刻印，余謂此秦書八體之一，謂之摹印，古人小學之一端也。古摹印既有師法，故文字精雅，爲物雖小，而可與鼎彝碑版同珍。後人爲之，不能及也，不講小學，不能作篆書、隸書故也。因舉古今人論印之語，撮其大略，并溯源於篆書之法，以告顥民。丁未正月蘭甫書。

篆書之體有三：一曰古文，蒼頡始作之。周太史籀所作曰籀文，較古文筆畫稍繁，亦可謂之古文。《説文》重文所載及世傳古鐘鼎彝器銘字是也。二曰篆文，秦丞相李斯作。亦謂之小篆，籀文謂之大篆，故秦篆謂之小篆。《説文》正體字是也。三曰繆篆，世所傳古銅印字是也。漢延光殘碑、張遷、韓仁碑額即繆篆體，漢晉銅器及瓦當文、磚文亦多此體。

摹印以繆篆爲字主，而繆篆仍當以小篆爲根本。小篆之有《説文》，猶楷書之有《康熙字典》，《説文》所無之字作小篆不可用，猶《字典》所無之字作楷書不可用也。《説文》雖無，而小篆碑版有之則亦可用，如秦碑有詔字，漢少室石闕有佐字，漢碑額有銘字，皆《説文》所無。猶《字典》雖無，而楷書碑版有之亦可用也。小篆碑版之字不盡合《説文》，作篆者可仿之，如大徐本《説文》卷末所載篆文筆迹相承小異諸字是也。猶楷書碑版之字不盡合《字典》，作楷者可仿之也。惟碑版字間有太怪太謬者不宜仿耳。怪者如碧落碑，謬者如李陽冰《城隍廟記》，以目字爲日字之類。

繆篆之體方正縝密，其字較小篆有省有變，而苦無專書，惟於古印譜求之，然字不能備也。世俗所行《六書通》不可依，據《漢印分韻》較勝。昔人言，「當仿漢隸字體而仍用篆書筆畫」，此語蓋得之矣。凡作印先檢《説文》，識其字从某从某，然後酌其章法。如盡依《説文》覺其窒礙，宜有省變，則仿漢隸之體爲之可也。省變非但指全字而言，偏旁皆可仿之。故欲知漢隸省變，當先識《説文》正體。

隸書較之篆書有省變太甚者，如水旁作三點是也。繆篆偏旁亦可作三點，然必須字字相稱，否則仍當作出。舉此一字，餘可類推。

考漢隸當檢《顧氏隸辨》宋人有《隸韻》、《漢隸字原》二書，《隸韻》刻本失真，《漢隸字原》之字《隸辨》已盡收，而更收近代所出碑字，故最爲全備。《隸辨》每一字載數體，大約以第一體爲最正。其注論篆隸之流變亦可參究。

《説文》所無之字作小篆當假借，至繆篆則不必盡拘《説文》，繆篆本非《説文》字體故也。如俗字，繆篆亦不可用。但欲知假借及字之雅俗，正不易耳。

作古文篆，當據《説文》所載及《博古圖》等書，取其字易識者用之，難識者勿用。

以上所論，乃字體也。既知字體，當講求作字家法，此非多見古碑版不能知也。

篆書碑版以石鼓爲最古，相傳以爲周鼓，蓋籀文也。其字大小不等，方圓斜整不拘，然有疑爲宇文周時物者。惟秦碑實爲小篆之祖，今傳於世者有瑯邪、泰山二碑殘字，繹山碑亦有宋人刻本。繹山前段韻語字體皆方，後段詔書及瑯邪、泰山殘字二碑殘字亦皆詔書。皆稍圓。至漢碑篆書則多方體，有頗近繆篆者。吴天發神讖碑更方而有稜，峻厲極矣。唐李陽冰書則純用圓轉之筆，宋僧夢英、郭忠恕皆陽冰嫡派。

夢英與郭忠恕論篆書有云「撓而無折」，又云「方上圓下」，二語最得陽冰家法。方上圓下，如口字是也。下圓是一筆撓轉，上兩角方則兩筆所輳合也。凡陽冰書，方者是輳合處，非一筆所接折，故曰無折。

篆書筆畫兩頭肥瘦均勻末不出鋒者，名曰玉筯，篆書正宗也。其垂筆末漸肥大如漢尹宙碑額，或出鋒如天發神讖，皆非小篆正派。

篆書筆畫兩頭有圓者，有方者。其圓者，秦碑是也；方者，天發神讖是也。

篆書有不垂脚者，有垂脚甚長者，惟二李李斯、李陽冰最爲適中。

楷書筆鋒全露，隸書稍藏。篆書更藏，然鋒雖藏而意仍在也，其有起有應，正與隸楷同，如艸字，兩中形體雖同，而精神則左右相顧，即中字旁兩筆亦然，並非兩邊如一有似印板也。非深於此道者不能知也。

作篆以雅正爲尚。李陽冰《謙卦》奇形迭出，殊不足尚。至夢英十八體之惡劣，更不待言矣。

作印固當學篆書，且當學隸書，古印往往似漢隸[一]。

古人名印，其文曰「姓某」，曰「姓某印」，曰「姓某之印」，曰「姓某私印」，曰「姓某印信」。二名則曰「姓某某」，曰「姓某某印」，其印字在姓下，回文讀之也。單名者不得回文讀也。有稱臣者，曰「臣某」，二名則曰「臣某某」，不加姓，亦無「之印」、「私印」等字。今人作印，稱臣又加姓與印字，非古法。

古人字印，曰「姓某某」，後人多不加姓。又有加氏字者，曰「某氏某某」。近有以姓、名、字合爲一印者，有云「某某一字某某」者，皆非古法。

古多兩面印，一面姓名，一面曰「臣某」，凡稱臣者必兩面印。或一面姓名，一面姓字。亦有一面姓名，一面作吉語，如「大年」、「長年」、「日利」、「常富」、「長樂」之類。

古無道號印。今人競尚道號，如作印，則作朱文爲宜，然白文亦無不可。

古姓名印無加地名者，後人有之，如「趙郡蘇氏」、「楚國米芾」是也。

今人多以官銜作私印，然須用古官名，或今官名爲古所有者。此與成語作印無異，否則似官印也。或有不古不今，憑空杜撰[二]，貽笑識者矣。

屋扁作印，以唐人「端居室」三字白文印爲最古。吾子行云：「不若用朱文。」

昔人有收藏圖書印，文曰「某某圖書」，此印章所以訛俗稱圖書也。亦有曰「某某家藏」、「某某珍玩」之類。

古人封書印，文曰「某某啓事」，且有作韻語者，曰「姓某某印。宜身至前，迫事毋間。願君自發，印信封完」。今人用「護封」等字，俚俗之甚。

詩句文句作印，古人所無。近人多尚之，亦頗有致。至有刻成篇詩文者，殊可笑。

昔人有自撰二語作印者，姜白石之「鷹揚周郊，鳳儀虞廷」是也[三]。隱寓姜、夔二字。有以俗語作印者，吾子行之「好嬉子」是也，然不必效之。

既知作印之式，宜講章法筆法。吾子行謂「印文當平方正直，縱有斜筆當取巧避過」，是也，然此所論乃其常格，古印亦有用斜筆圓筆者，總在章法相配得宜耳。

子行又謂「印字有自然空缺懸之最佳」，是也，又當知有一空處，必更有一二空處配之。

子行又謂「印字筆畫多者占地多，少者占地少也」，但如四字，大印則占地宜略相等，不可多少懸殊。

古印字畫疎密肥瘦均勻者爲多，其不均勻者，其斟酌盡善處也，不均勻乃其所以爲均勻也。

篆書重文皆作二小畫，此古法也。而俗工刻印，遇兩字偏旁同者亦作二小畫，謬甚。

昔人論印文，「不可擁腫，不可鋸牙燕尾」[四]，又謂「古印字轉折處及起處住處非方非圓，非不方不圓」，可謂形容盡致矣。總之，深於篆隸之學，多見古碑古器古印，則方圓皆得其妙，不須以擁腫鋸牙燕尾之類貌爲古拙，即或有之亦不足爲病矣。

近人作篆,於十字相交處描之使圓。梁撫部《退庵隨筆》言,有於黑漆方几貼四圓紙,曰:「此篆書田字也。」此雖謔語,深中其病。

白文不可太細,太細者必當有古勁樸野之趣。朱文不可太粗,明人朱文印有字極粗邊極細者,俗格也。

古銅朱文印,其字方正而多逼邊,邊與字畫粗細相等,或較字畫稍細。

古朱文小印多闊邊細畫,其字往往破碎詭異不可識,然甚奇妙。

元明朱文印,字多與邊連,其邊之粗細略與字等。

古印多有半白文半朱文,或三白文一朱文,其章法一片渾成。驟觀之,朱文亦似白文,其妙如此。

一印中兼有白文朱文,或白文有邊,或中有界線,古人皆有法。若旁作龍虎,則雖古人所有,亦不必效,昔人嘗論之矣。蓋龍虎宜樸拙,工巧則俗矣。其無字之印,但作獸形及魚鷺之類者亦然。

刻印,有作篆極工但依墨刻之不差毫髮即佳者,有以刀法見長者,大約不露刀法者多渾厚精緻,見刀法者多疎樸峭野。孟蒲生孝廉云:「古人刻碑,亦有此二種。」蒲生深於篆隸金石之學,其所論往往造微。

古印筆畫斷爛,由於剥落之故,不必效顰,印邊斷缺亦然。

古銅印文今人遇古銅印輒曰漢印，其實不盡漢物[五]也。古茂渾雅，章法則奇正相生，筆法則圓而厚，蒼而潤，有釵頭屈玉鼎石垂金之妙，與古隸碑篆隸無異，令人玩味不盡。然好古印者少，好時樣者多，甚矣，識古之難！

古銅印或鑄或刻，刻者往往不如鑄者之精。鑄法有二：一爲撥蠟，一爲翻沙，蓋撥蠟者尤精。

昔人謂唐時印皆九疊文，其實不盡然，厲樊榭嘗辯之矣。九疊文甚俗，然實出於繆篆屈曲填滿之法，但加甚耳。

趙松雪始以小篆作朱文印，文衡山父子效之，所謂圓朱文也，雖非古法，然自是雅製。作印能作圓朱文，可謂能手矣。

古印似漢碑，圓朱文佳者則似李陽冰篆碑。

印自文氏之後遂爲一家之派[六]，汪尹子最佳，何雪、梁漁[七]、梁千秋之爲白文往往惡劣，浪得名耳。

程穆倩以古文作印，但取新奇，不必效也。或偶爲之，亦當用玉筯篆法書之。蓋古文本當作尖筆，所謂蝌蚪文也，以之作印則不相宜。

浙派今時盛行，其方折峻削似天發神讖及魏碑隸書。近人變本加厲，或近粗獷，或又纖仄，頗乖大雅。

前明及國初人以刻印名者甚多，周櫟園有《印人傳》，觀之可知諸家流派。

近時《汪氏印譜》自漢以來至近代之印蒐羅最富，吾粵則以潘氏《看篆樓印譜》所收爲最夥，皆古銅印也，程易疇撰序，考證甚精。見《通藝録》。

古官印不過方寸，私印尤小。今人多用大印，然甚難工，字少則尤難也。宋元人官印甚大，多有佳者，可仿之。明人大印亦間有佳者。大約大印作朱文較易耳。

今人印有小如豆者，亦古所無。

古印皆正方，少長方者。至兩小方印相連各刻一字者，後代乃有之。

圓印，橢圓印，壺盧印，但宜作朱文。古銅印有橢圓「軍曲」二字白文，天然配合，不能有意爲之也，且橢圓印即作朱文亦難工。孟蒲生云：「但宜闊邊細畫。」此外，如連環樣已纖俗，琴樣、鼎樣、楸葉樣之類尤俗之甚，不可用。復有因石形爲之者亦不雅觀。

兩面印甚古，其後有四面印，且有六面印，五面刻字，一面作紐，其紐上平，亦刻字。

古有子母印，空其中而藏一小印也。

古印皆用銅，王元章始用花乳石。今私印皆刻石，鑄銅者少矣。孟蒲生云：「今人鈐印用油朱，與銅性不相宜。」

晶玉印難刻，若令工人鑿碾，多不如人意，不如用石，固不必貴玉而賤瑉耳。

古銅印之體皆扁，即兩面印亦扁。或獸紐，獸頭或正，或左顧，無右顧者。或龜紐，或瓦紐、鼻紐，其貫紐必横。今人石印多高如石柱，雕刻人物山水，尤近俗矣[八]。

石印刻款字於旁亦有致，然其語與字皆宜雅，否則不如不刻。

古人封書以泥，以印印之。其後用水和朱，又其後乃用油。今有仍謂油朱爲印泥者，取其語近古耳。

古人書畫署名不必皆鈐印，即鈐之亦只一印。今人輒鈐兩印，至卷端及下角與接紙處皆可鈐印，蓋自宋元以來已如此。昔嘗有譏人用引首印者，此泥古之論也。

【校記】

[一] 漢隸　抄本此二字下有「能作隸書必工作印」八字。

[二] 杜撰　抄本此二字下有「則」字。

[三] 鷹揚周郊鳳儀虞廷是也　抄本此句下有「又能飛渭水龍舞虞廷」九字。

[四] 鋸牙燕尾　抄本「牙」作「齒」。

[五] 漢物　抄本此二字下有「蓋有魏晉以後所製」八字。

[六] 一家之派　抄本「派」字下有「雖或過於圓美然究不惡」十字。

[七] 何雪粱漁　抄本作「何雪漁」。

[八] 尤近俗矣　抄本無「矣」字，作「美不皆貫紐然雕刻易俗不如純素」十四字。

# 字體辨誤

（附引書法）

蘇森祜 點校

# 點校説明

《字體辨誤》一卷（附《引書法》），成書於同治七年間（見汪宗衍《陳東塾先生年譜》同治七年條）。此書原爲初學者示範而作，蓋用以訓迪學海堂、菊坡精舍諸生者。有廣州意林齋刊本，但誤題書名作《象形字誤》，蓋書的内容共分象形字誤、會意字誤等凡五類，書坊失察，誤將篇首第一類作書名也。此本爲陳氏後人家藏，其後由陳澧長孫慶龢捐贈嶺南大學圖書館。今即以此爲底本標點，仍依陳澧底稿復名爲《字體辨誤》。

《引書法》乃陳澧爲初學而作，蓋用以訓迪學海堂、菊坡精舍諸生者，文僅十條，原附於《字體辨誤》後刊行，有清末廣州意林齋刊本（書坊誤題書名作《象形字誤》）今即以此爲底本點校。

# 象形字誤

**面** 从百。百，頭也。口，象面形。勿作靣。

**羊** 篆作芉。丫，象羊角耳，干，象四足及尾也。勿从八，作𦍌。善、義、羑、美等字皆从羊，亦勿作𦍌。凡从丫之字，如蔑、雚、舊、敬，楷書誤作卄者，雖不必苛求，然不可不知。

**幺** 篆作𢆯。象子初生之形，幼字從此，勿作么。

**巨** 巨，規巨也。从工，象手持之。或體作榘。今以榘省木爲規矩字，而以巨爲巨細字。勿作巨。

**舍** 篆作舍。从亼中口，中，象屋也，口，象築也。勿作舎，亦勿作舍。

**倉** 从食省，口，象倉形。非从亼、从君。

**囪** 乂，象窗格，不从夕。悤，从囪，隸變作怱。

**缶** 篆作缶。象瓦器形。勿作缶。卸字从卩止，午聲，故左旁作缶。缶無止意，不可从止。

**兔** 篆作兔。象兔踞，後其尾形，兔頭與㲋頭同。勿作兎，亦勿作兔。

# 會意字誤

**步** 从止𣥂相背。止，足也。少，蹈也，讀若撻。不从少。

**教** 从攴，从𡥈。𡥈，效也，从子，爻聲。不从孝。孝，从老省。

**敻** 夐，營求也。从旻，从人在穴上，𠂊，即人字。不从爪。

**爭** 从𠬪丿，𠬪，上下相付也。勿作争。受字亦从𠬪。

**羌** 羌，西戎羊穜也，从羊儿。不从厶，亦無點。

**羨** 从次，不从次。次，慕欲口液也。盜字亦从次，皆慕欲之意。

**舛** 篆作[篆文]。从夊㐄相背。左非夕，右非牛。麥从夊，勿誤从夕。韋从㐄，勿誤从牛。

**衞** 篆作[篆文]。宿衞也，从韋帀行。行，列也。隸省作衛，从帀，勿从㐄。

**貨** 从小貝。勿作貨。鎖、瑣从此。

**嬰** 从女賏。賏，頸飾也，从二貝。勿作賏。

**貫**　从毌貝。毌，穿物持之也，从一横田。田，象寶貨之形。勿从毋，亦勿从母。實字仿此。

**咎**　从人，从各。各者，相違也。不从卜。

**北**　篆作[illegible]。乖也，从二人相背，隸變作北。勿作北。

**片**　判木也。篆作[illegible]，即木字之半。勿作片。

**廛**　廛，二畝半也，一家之居。从广里八土，不从黑，不从厂。凡廈、廚等字皆从广，不从厂。

**犮**　走犬皃。从犬，而丿之曳其足則剌犮也。不从又。拔、茇、跋、髮等字从此。

**沓**　語多沓沓也。从水，从曰。不从臼。

**流**　从水㐬，㐬，倒𠫓字也。《蘭亭序》作流，寫卷楷書，不必效之。

**冰**　从冫，从水。勿作氷。冫，篆作仌，本即古之冰字。冰，篆作𣲍，此乃古之凝字。故《説文》云：「俗冰，从疑也。」

今以冰爲仌字，相承久矣。

**夏**　从戈百。百，即首字，古文作𦣻，小篆作𦣹。勿作亘。

**絲**　从二糸。不从系，亦勿作絲。

**染**　裴光遠曰：「从木，从九。木者，所以染梔茜之屬也；九者，染之數也。」段茂堂以爲裴説近是。从九，不从丸。

# 諧聲字誤

**琢** 豖聲。不从豕。涿字亦然。

**余** 語之舒也。从八，舍省聲。不从未。

**含** 今聲。不从令。

**糾** 丩聲。不从斗。叫字亦然。收，从攴，丩聲，左非丬，右非又。

**疌** 篆作疌，疾也。从又，又，手也；从止，屮聲。徐鍇曰：「止，足也，手足共爲之，故疾。」隸變屮作十。勿作疌。

**迴** 回聲。不从向。

**遠** 袁聲。袁字从衣下半，勿作仁。

**獲** 从犬，蒦聲。勿作獲。護字亦从言，蒦聲，勿作護。

**亶** 多穀也。从亩，旦聲。上不从面，下不从且。壇、擅等字亦然。

**麪** 丏聲。不从面，亦不从丏。沔、眄等字亦然。

**叜** 从夂，兇聲。上不从※。椶、鄋等字亦然。

**賈** 襾聲，不从西。覆、覈俱从襾。襾，覆也，呼訝切。

**𨙷** 冄聲。作那亦可。

**冥** 冖聲。不从宀。

**寫** 舄聲。勿作冖舄。

**鐵** 𢧜聲。不从𢦏。

**頓** 屯聲。左勿作击。

**㐱** 細文也。从彡，㐱省聲。上不从自。

**匈** 凶聲。勿作匃。

**密** 宓聲。中勿作叉。蜜字亦然。

**驗** 僉聲。俗作騐。

**懷** 褱聲。褱，从衣，从眔，眔，徒合切；从横目，从隶省。中不从土。

**忝** 天聲。不从夭。

**涅** 从水土，日聲。不从臼。

**沈** 冘聲。不从冗。姓沈之沈、浮沈之沈同。

**闊** 从門，活聲。勿作濶。

**徽** 从糸，微省聲。勿作㣲。豈、耑、散三字皆从屮，不从山。

**絜** 㓞聲。勿作㓞，亦勿作切。契字亦然。

**蚩** 从虫，㞢聲。㞢，即篆文之字。不从山。

**蚤** 从虫，叉聲。叉，即古爪字。不从叉，亦勿作叉。

**蜑** 延聲。不从疋。

**風** 从虫，凡聲。勿作𠙊。鳳，从鳥，凡聲，勿省作凨。

**飇** 从風，猋聲。不从炎。倏，犬走疾也，从犬，攸聲。亦不从火。

**畱** 丣聲。勿作丣。亦不从戼。丣，即酉字；戼，即卯字；丣，不成字。

**勖** 从力，冒聲。勿作勗。

**鐵** 𢧜聲。下从壬，不从土。

**内** 篆作禸，獸足蹂地也。象形，九聲，𠃌，即九字。不从冂。禹、禺等字皆从内，勿作禹、禺。

**曳** 从申，丿聲。無點。

# 二字形近相混

**采釆**　采，捋取也，从木，从爪；釆，辨別也，象獸指爪分別也。二字不可混。悉、釋、番、審、奥皆从釆。宷，古審字，勿與寮寀之寀混。

**瓜𠂢**　瓜，象形；𠂢，水之衺流，別从反永。二字不可混。派、脈皆从𠂢。

**舀臽**　舀，抒臼也，从爪臼；臽，小阱也，从人在臼上。二字不可混。滔、蹈等字从舀，陷、閻等字从臽。

**舌𠯑**　舌，在口，所以言、別味者也，从干口；𠯑，塞口也，从口，氒省聲。二字不可混。恬字从舌，活、話等字从𠯑。

**埶執**　埶，種也，从丮坴，丮，持而種之；執，捕罪人也，从丮，从幸。二字不可混。埶，即藝字，勢字从此；摯、縶等字从執。

**尃專**　尃，布也，从寸，甫聲；專，六寸簿也，从寸，叀聲。二字不可混。溥、博从尃，漙、團从專。

**盻盼**　盻，恨視也，从目，兮聲，孟子曰：「使民盻盻然」；盼，詩曰：「美目盼兮」，从目，分聲。二字不可混。

**耴取** 耴，耳垂也，从耳下垂，象形； 取，捕取也，从又耳。二字不可混。輒字从耴。

**雋巂** 雋，鳥肥也，从弓隹，弓，所以射隹； 巂，巂周，燕也，从隹，中，象其冠也，冏聲。二字不可混。鐫字从雋，攜字从巂。

**刃刅** 刃，刀鋻也，象刀有刃之形； 刅，傷也，从刃，从一。二字不可混。忍、訒等字从刃，梁字从刅。

**互亙** ⿱竹互，可以收繩也，从竹，象形，中象人手所推握也，省竹作互； ⿰木亙，竟也，从木，恆聲，亙，古文⿰木亙。二字不可混。亙，从夕，即舟字。

**巿市** 巿，韠也，从巾，象連帶之形； 市，篆作𠂔，買賣所之也，市有垣，从冂，从乛，乛，古文及，象物相及也，之省聲。二字不可混。

**𠤎匕** 𠤎，變也，从倒人。匕，相與比敘也，从反人； 匕，亦所以匕取飯。二字不可混。化、眞从𠤎，比、匙、旨等字从匕。

**朿束** 朿，木芒也，象形，讀若刺； 束，縛也，从口木。二字不可混。刺、策、棘、棗等字从朿，速、敕等字从束。刺史、刺譏之刺从朿，乖剌之剌从束。賴以剌爲聲，左不从朿，右非負字。剌，音辣，即賴之入聲。

**宦宧** 宦，仕也，从宀，从臣； 宧，養也，室之東北隅，从宀，𦣞聲。二字不可混。頤、賾亦从𦣞，不从臣。

**冡冢** 冡，覆也，从冃豕； 冢，高墳也，从勹，豖聲，隸變作冢。二字不可混。

**雈佳**雈，鳥之短尾總名也，象形；　佳，善也，从人，圭聲。二字不可混。

**无旡**无，奇字無；　旡，飲食气逆不得息曰旡，从反欠。二字不可混。既字从旡。

**易昜**易，蜥易蝘蜓守宮也，象形；　昜，開也，从日一勿。二字不可混。惕、埸、錫、剔、裼、賜从易，揚、颺、敭从昜。

**炙灸**炙，炮肉也，从肉在火上，⺼，即肉字；　灸，灼也，从火，久聲，二字不可混。

**戊戉**戊，中宫也；　戉，大斧也，从戈，𠄌聲，𠄌，鉤識也，从反亅，讀若窡。二字不可混。成、戌从戊，鉞、越从戉。

**壬𡈼**壬，位北方也；　𡈼，象物出地挺生也。二字不可混。任、妊、飪、衽等字从壬，呈、廷、徵、聖、聽、望从𡈼。

**㸒䍃**㸒，近求也，从爪𡈼；　䍃，瓦器也，从缶，肉聲，⺼，即肉字。二字不可混。淫、霪从㸒，遙、搖、謠、鷂、繇、窰从䍃。

**巳㔾**巳，象蛇形；　㔾，嘾也，艸木之華未發圅然，象形。二字不可混。祀、圯从巳，氾、犯等字从㔾。

**戌戍**戌，威也，从戊一；　戍，守邊也，从人持戈。二字不可混。幾字从戍，从丝。

# 上下偏旁形近相混

**祭登** 祭，从示，以手持肉也，又者，右手也； 登，篆作𤼷，从𣥠，隸變作癶，俗與祭之上半混。察、蔡、際从祭，發、登从癶。

**彝尋** 彝，从糸，从廾，从米，从彑； 尋，从口工，从又寸，又，隸變作彐，俗與从彑之字混。

**急㥯** 急，篆作𢚩，上半即及字； 㥯，从心，㸒聲。俗急字誤作㥯。隱字从㥯，俗或誤作㥯，或又誤从急。

**夸尞** 夸，从大，亏聲，亏，即于字； 尞，尞柴祭天也，从火，从昚，昚，古文慎字，祭天所以慎也，隸變作尞，俗書上半互相混。

**彥奇** 彥，从彣，厂聲； 奇，从大，从可，俗書彥字與奇字上半相混。產，从生，从彥省。

**舉夅** 舉，从手，與聲，手，隸省作丰； 夅从夂㐄，俗書下半互相混。奉字下半亦是手字。

**桼嗇** 桼，从木，旁六點象水滴也，漆、膝皆从桼； 嗇，篆作嗇，从來，从㐭，隸變作嗇。俗書桼誤从來。喪，从哭，从亾，隸變作喪，俗與嗇之上半混。

**暴恭** 暴，篆作㬥，晞也，从日，从出，从収，从米，隸省作暴； 恭，从心，共聲。俗書暴下誤作恭。

**滿漏** 滿，从水，㒼聲，㒼从廿，从㒳； 漏，从水，从屚。俗書漏誤从兩，滿誤从雨。

**霸羈** 霸，从月，䨣聲； 羈，从罒，罒即网字。俗書羈誤从襾，因而霸亦誤从襾。

# 引書法

説經之文與時文不同者，時文不能引書，説經之文則必須引書。引書有引書之法，得其法則文辭雅馴，不愧爲讀書人手筆，且將來學問成就著述之事亦基於此矣。其法本不難知，今爲初學者詳述之。

一、前人之書當明引不當暗襲，《曲禮》所謂「必則古昔」，又所謂「毋勦説」也。明引而不暗襲，則足見其心術之篤實，又足徵其見聞之淵博；若暗襲以爲己有，則不足見其淵博，且有傷於篤實之道矣。明引則有兩善，暗襲則兩善皆失之也。

一、引書須識雅俗，須識時代先後。書之雅者當引，俗者不可引也；時代古者當先引，時代後者當後引，又或不必引也，在精不在多也。若引淺陋之書，則不足以登大雅之堂矣。

一、書之顯赫者但當舉其書名，亦有當兼舉其人之姓氏者，其次則當兼舉其字或號或官或謚；若其人其書皆不顯赫，則舉其名，此當斟酌於其間也。文字之内説古人亦當斟酌，如韓、蘇豈可直呼爲韓愈、蘇軾？此最顯而易知者也。惟應制文字則當稱其名。

一、所引之書卷帙少而人皆熟習者，但引其文可矣。否則當並引篇名，或注明卷數，以徵核實。

一、引書數條，固當以時代先後爲次第，然亦不可盡拘。有以此一説爲主以彼一説佐之者，有以此一説牽連彼一説而出之者，此當審其文義以定其次第也。

一、所引之書其説甚長者，當擇其要語，或不必直録其文而但渾括其意，如孔疏引鄭注有云「鄭以爲」者，此亦引書之一法。

一、引書必見本書而引之，若未見本書而從他書轉引，則恐有錯誤，且貽誚於稗販矣。或其書難得，不能不從他書轉引，宜加自注云「未見此書，此從某書轉引」，亦篤實之道也。若其書已亡，自當從他書轉引，然亦必須注明所出之書也。

一、引書之後繼以自己之語，宜加案字，或「據此」云云，如引書多，不能每條如此，亦須斟酌文氣，使自己之語與所引之説不相混淆。

一、引前人之説而加以稱贊必須斟酌，如鄭君、朱子之經注，許氏之《説文》，馬、班之《史》、《書》，何待稱贊？若必須稱贊，則其語須簡而實，如以浮辭稱贊則愚矣。

一、前人之説有當辨駁者，必須斟酌語氣，如鄭君、朱子之書亦豈能無誤？但當辨析，不可詆諆，即辨析亦須存尊敬之意。如鄭注《周禮》，不從先鄭之説者但曰「玄謂」云云，此當奉以爲法者也。若其人不必尊敬，其説又乖謬足以誤人，則當正言斥駁，仍不可加以謾駡，致有粗暴之病。至其人其書皆無足輕重，則更不必辨駁矣。

# 陳氏家譜

黄國聲　點校

# 點校説明

《陳氏家譜》爲稿抄本，封面有東塾親筆題云：「家譜咸豐元年六月修成」。又譜内「明洪武二十六年」條眉端題：「以下别抄爲一卷。」蓋譜成後由子弟謄正并經東塾審定者。其中卷七《墓圖》、卷八《祭田記》有目無圖或文。

東塾身後，家譜由長孫慶龢保存，并延續登録不輟，至宣統三年而止。此稿現歸中山大學圖書館入藏。

# 目録

點校説明……二四三
卷首　誥敕……二四七
卷一　譜一……二五一
卷二　譜二……二六五
卷三　譜三……二七〇
卷四　傳記一……二七四
卷五　傳記二……二九三
卷六　遺書録……三一二
卷七　墓圖……三一四
卷八　祭田記……三一四

## 卷九　舊譜序跋……三一五

澧謹案：昔我高祖繼先府君以世系散軼，筆而譜之。見丁氏翺所爲《陳氏家乘序》。閲七八十年，我先考翼廷府君、叔考綍廷府君續之，今又四十餘年矣。澧敬謹增修爲九卷，凡舊譜之文，一字不敢删改；今有所考，有所補，則爲案語，隨條附記；卷之釐析，圖之移置，亦必謹識之。家藏舊譜無墓圖，澧前在金陵觀再從叔父方來所藏《家乘》有《墓圖》一卷，今依例增《墓圖》一卷。其卷首敬録誥敕及附《遺書録》、《祭田記》，則今所創增也。增修已竟，彙存舊譜序、跋於後，不敢失墜也。其新修義例，詳於每卷各條案語，使後之增修者有所遵循也。

咸豐元年六月□日澧謹記。

# 卷首

## 誥敕

澧案：人無貴賤，凡食毛踐土皆受國恩，至於仰荷絲綸，彌爲榮幸。吾家先世誥命，敬謹尊藏，今恭録於家譜之首，俾後人時得伏而讀之，敬念士食舊德之義焉。

奉天承運皇帝制曰：考績報循良之最，用獎臣勞；推恩溯積累之遺，載揚祖澤。爾陳治平乃捐職布政司經歷加二級陳大綸之祖父，錫光有慶，樹德務滋。嗣清白之芳聲，澤留再世；衍弓裘之令緒，祜篤一堂。兹以爾孫克襄王事，貤贈爾爲奉直大夫，錫之誥命。於戲！聿修念祖，膺茂典而益勵新猷；有穀貽孫，發幽光而丕彰潛德。

制曰：册府酬庸，聿著人臣之懋績；德門輯慶，式昭大母之芳徽。爾韓、喻氏乃捐職布政司經歷加二級陳大綸之祖母，箴誡揚芬，珩璜表德。職勤内助，宜家久著其賢聲；澤裕後昆，錫類式承乎嘉命。兹以爾孫克襄王事，貤贈爾爲宜人。於戲！播徽音於彤管，壼範彌光；膺異數於紫泥，天庥允劭。

嘉慶貳拾伍年拾貳月拾壹日。

奉天承運皇帝制曰：求治在親民之吏，端重循良；教忠勵資敬之忱，聿隆褒獎。爾陳寶乃候選知縣加三級陳立本之父，禔躬淳厚，垂訓端嚴。業可開先，式穀乃宣猷之本；澤堪啓後，詒謀裕作牧之方。兹以爾子克襄王事，封爾爲奉直大夫，錫之誥命。於戲！克承清白之風，嘉兹報政；用慰顯揚之志，畀以殊榮。

制曰：朝廷重民社之司，功推循吏；臣子凛冰淵之操，教本慈幃。爾沈氏乃候選知縣加三級陳立本之母，淑慎其儀，柔嘉維則。宣訓詞於朝夕，不忘育子之勤；集慶澤於門閭，式被自天之寵。兹以爾子克襄王事，封爾爲宜人。於戲！仰酬顧復之恩，勉思撫字；載焕絲綸之色，用慰劬勞。

嘉慶八年十二月十一日。

奉天承運皇帝制曰：資父事君，臣子篤匪躬之誼；作忠以孝，國家宏錫類之恩。爾陳士奇乃捐職布政司經歷加二級陳大綸之父，善積於身，祥開厥後，教子著義方之訓，傳家裕堂構之遺。兹以爾子克襄王事，贈爾爲奉直大夫，錫之誥命。於戲！殊榮必逮於所親，寵命用光夫有子，欽兹優渥，長庇忠勤。

制曰：奉職在公，嘉教勞之有自；推恩將母，宜錫典之攸隆。爾沈氏乃捐職布政司經歷加二級陳大綸之母，壼範宜家，夙協承筐之熾；母儀貽穀，載昭畫荻之芳。茲以爾子克襄王事，贈爾爲宜人。於戲！彰淑德於不瑕，式榮象服；膺寵命之有赫，允賁泉壚。

嘉慶貳拾伍年拾貳月拾壹日。

奉天承運皇帝制曰：分符百里，必遴出宰之材；報最三年，爰重懋官之典。爾候選知縣加三級陳立本，雅擅才能，克宣慈惠。撫綏有要，常深疾痛在己之心；懷保無窮，不忘顧復斯民之責。茲以爾克襄王事，授爾爲奉直大夫，錫之誥命。於戲！前勞已茂，用褒製錦之能；來軫方遒，益勵飲冰之操。

制曰：良臣宣力於外，効厥勤勞；賢媛襄職於中，膺茲寵錫。爾候選知縣加三級陳立本之妻劉氏，終温且惠，既靜而專。綦縞從夫，克襄素絲之節；蘋蘩主饋，爰流彤管之輝。茲以爾夫克襄王事，封爾爲宜人。於戲！敬爾有官，著肅雍而並美；職思其内，尚黽勉以同心。

嘉慶八年十二月十一日。

奉天承運皇帝制曰：錫類推恩，朝廷之大典；奉公効職，臣子之常經。爾捐職布政司經歷加二級陳大綸，賦質純良，持身恪謹。既服官而奏績，行報國以抒誠，襄事維勤，新綸宜賁。茲以爾克襄王事，授爾爲奉直大夫，錫之誥命。於戲！宏敷章服之榮，用勵靖共之誼。欽茲寵命，懋乃嘉猷。

制曰：恪共奉職，良臣既殫厥心；貞順宜家，淑女爰從其貴。爾捐職布政司經歷加二級陳大綸之妻趙氏，含章協德，令儀夙著於閨闈；黽勉同心，内治相成於夙夜。茲以爾夫克襄王事，贈爾爲宜人。於戲！龍章載焕，用褒敬戒之勤；翟茀欽承，允荷泉原之賁。

制曰：臣子敦服勞之誼，典既□榮；女士嗣淑慎之徽，恩宜並茂。爾捐職布政司經歷加二級陳大綸之繼妻王氏，素嫻内則，動協女箴，相夫載著勤勞，宜家克彰令譽。茲以爾夫克襄王事，封爾爲宜人。於戲！蘋蘩繼美，式揚彤管之輝；綸綍同褒，勉贊素絲之德。

嘉慶貳拾伍年拾貳月拾壹日。

# 卷一

## 譜一

澧謹案：我祖考尚志府君在金陵爲第十世，始遷於番禺。今謹以舊譜世系釐爲三卷，九世以前爲一卷，十世以後居番禺者爲一卷，居金陵者爲一卷。尚志府君於群從中爲最長，故番禺之族編於前也。舊世系圖亦析爲三，前一卷皆舊文，後二卷舊未及載者今謹續之。

自太丘長仲弓府君四十世至復公，遷浙江住墅。

又十世至紀公，遷江蘇上元。

又十世至尚志，共五十九世。

澧謹案：前二條蓋繼先府君以前舊帙所傳也。吾家系出太丘，惟賴此文知之。後一條蓋尚志府君所續。

又案：復公不知何代人。澧少時聞表兄會稽婁楏云，住墅陳氏今爲巨族。異時訪求，當

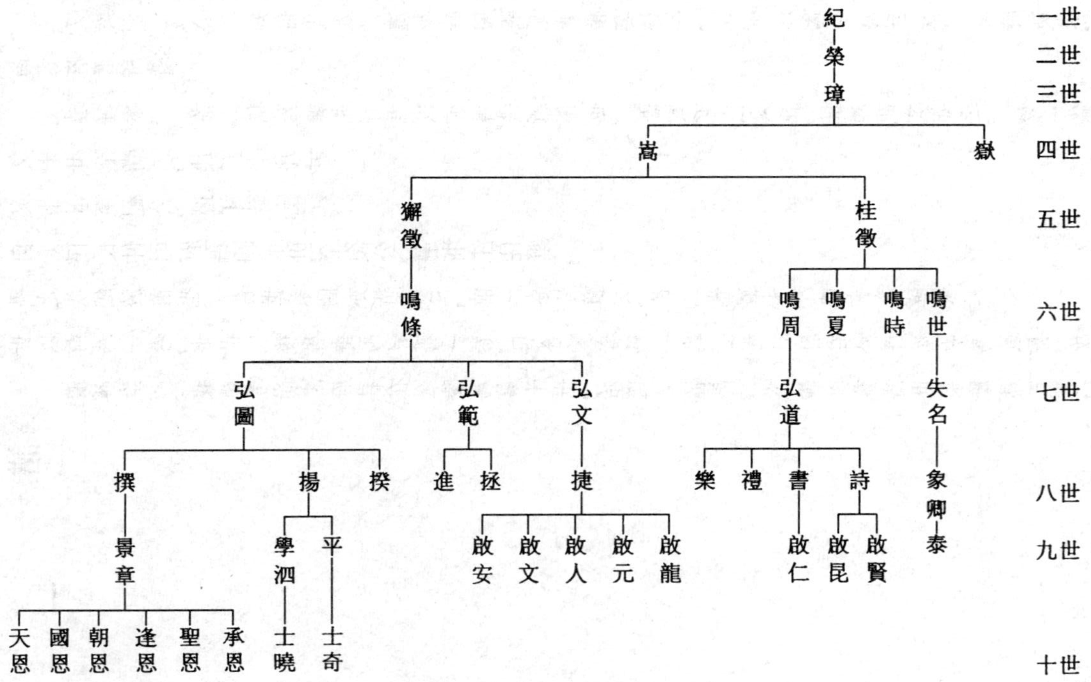
一世 紀
二世 榮
三世 璋
四世 嵩 嶽
五世 獬徵 桂徵
六世 鳴條 鳴周 鳴夏 鳴時 鳴世
七世 弘圖 弘範 弘文 弘道 失名
八世 撰 揚 揆 進 拯 捷 樂 禮 書 詩 象卿
九世 景章 學泗 平 啟安 啟文 啟人 啟元 啟龍 啟仁 啟昆 啟賢 泰
十世 天恩 國恩 朝恩 逢恩 聖恩 承恩 士曉 士奇

有譜牒，紀公以上或尚可追溯焉。

又案：庭倩公爲子中公《行述》云：先世浙之會稽人，國初以閭右徙實京師。考《明史》洪武二十六年徙富民實京師。士華公生於正統四年，上距洪武二十六年凡四十七年，則紀公遷上元後四十七年乃生士華公，蓋紀公始遷時年尚少也。

澧謹案：子中公《行述》、《家傳》皆言秉夫公有三兄，無後，舊圖不載。燦白公失名條下云：生三子，長象賢，次象乾，無傳，舊圖亦不載。

又案：舊圖子名分列父名下，今以長子名接父名，以明繼禰之義。餘以次而左，下卷仿此。

## 一世

### 紀公

字失傳，生、卒、娶俱無考。祖居浙江紹興府會稽縣昌安門外，離城十里，鄉名住墅，葬於越。今因前代譜帙淪亡，莫可稽述，遂尊爲江南白下始祖云。

## 二世

### 滎公

字士華，紀公之子。生於明正統己未三月十五日子時，卒於弘治丁巳六月初八日申時。娶戴氏，生於正統丁卯十一月十二日子時，卒於嘉靖己亥六月初七日巳時，葬於越，生一子璋。

## 三世

### 璋公

字秉夫,號鏡湖,士華之子。生於明成化甲辰四月二十三日辰時。國初以閭右徙實京師,離浙會稽,遷應天府上元縣居焉。卒於隆慶己巳九月十一日辰時,享年八十有六。公讀書嗜古,慷慨好施,而又忠信純樸,里中稱爲長者。且事母極其色養,如甘毳紈帛之奉,斑衣五彩之歡,不以家業凋零而稍減,且不使母知其家之艱也。於是里中又稱爲孝子。娶曾氏,生於弘治戊申十月二十二日子時,卒於嘉靖壬辰八月十六日酉時,得年四十有五。繼娶齊氏,生於弘治乙卯八月十二日未時,卒於嘉靖己未三月初十日辰時,享年六十有五。合葬聚寶門陽巷。生二子:係齊氏出。長嶽,無傳。次嵩。

澧謹案:齊夫人以庚寅歲生子中公,而元配曾夫人卒於壬辰,子中公已三歲矣,此亦有誤也。

## 四世

### 嵩公

澧謹案:世系圖秉夫公長子諱嶽,此闕。

字子中,號自湖,秉夫次子。生於嘉靖庚寅十二月初四日寅時。由歲貢授蘇州府常熟縣訓導。卒於萬曆癸丑十一月十五日子時，享年八十有四。公孝友性成，端方素行，而又好學不倦，終日乾乾，稱古之君子，不是過也。惜其位不副志，才不見用，有深惜焉。娶方氏早卒，繼娶湯氏，生於嘉靖壬子六月二十五日卯時，卒於崇禎丙子十二月二十八日，享年八十有五。合葬竹溪寺。生二子：係湯氏出。長桂徵，次獬徵。

## 五世

### 桂徵

字庭倩，自湖長子。生於萬曆丙子六月十一日巳時。上元縣庠生。卒於崇禎甲申五月初九日子時。娶張氏生於萬曆己卯十月初二日辰時，卒於崇禎壬午五月初六日卯時，享年六十有四。合葬武岡山。生四子：長鳴世，次鳴時，鳴夏，俱無傳。幼鳴周。女一，字何。

澧謹案：庭倩公年六十九。

### 獬徵

字曇倩，自湖次子。上元縣文生。生於萬曆戊寅六月二十五日卯時，卒於萬曆庚戌四月二十一日，得年三十有三。娶徐氏，生於萬曆辛巳七月十三日戌時，卒於順治辛卯八月初九日子時，享年七十有一。孺人篤修婦道，奉姑以謹，良足多也。而又柏舟矢志，撫孤成立，有古節孝之遺風焉。生子一，鳴條。

澧謹案：此條未記葬地，今竹溪寺子中公墓下有碑，題云五世祖之墓，未題考妣字。澧讀金陵舊譜，則曇倩公徐夫人合葬也。

## 六世

鳴世

字□□，庭倩長子。生於萬曆□年□月□□日□時，卒於□□□□年，□月□□日□時。娶胡氏，生於□□□□年□月□□日□時，卒於□□□□年□月□□日□時。合葬西善橋。生子一，燦白。

澧謹案：世系圖鳴世公有二弟：鳴時，鳴夏。此闕。

鳴周

字周佐，庭倩幼子。生於萬曆丙辰九月初四日戌時，卒於康熙戊戌十二月二十八日□時。娶孫氏，生於□□庚申八月二十三日巳時，卒於康熙丙寅十一月三十日辰時。合葬武岡山。生子一，弘道。

澧謹案：周佐公年四十三，孫夫人年六十七。庚申上所闕是「萬曆」二字。

鳴條

字叔韶，曇倩公之子。生於萬曆丙午正月二十五日辰時，卒於康熙乙卯閏五月初八日申時。公生平正直，群居不倚，獨立不懼，遇貴倨而不屈，見貧賤而不驕，雖讀書談道之君子有未易及也。

娶黃氏，生於萬曆乙卯十月十八日午時，卒於崇禎甲申八月初三日卯時。繼娶冷氏，生於萬曆丙辰七月二十六日辰時，卒於康熙己巳十月初二日未時。公暨黃合葬西善橋，冷葬竹溪寺祖塋。生三子：長弘文，次弘範，黃氏出。三弘圖。冷氏出。女三：長適龍，次適劉，三適劉。

澧謹案：叔韶公年七十，黃夫人年三十，冷夫人年七十四。

## 七世

### 失名

字燦白，鳴世之子。生、卒闕。娶□氏，生卒闕，合葬于山。生三子：長象賢，次象乾，無傳。三象卿。

### 弘道

字遠公，號毅菴，鳴周之子。生於崇禎庚戌十一月初二日辰時，卒於康熙辛卯四月十九日未時。娶胡氏，生於崇禎辛巳九月十五日卯時，卒於康熙辛午五月初五日申時，合葬竹溪寺。生四子：長詩，次書，三禮，四樂。

澧謹案：遠公公年七十二。「辛午」二字有誤，胡夫人年壽遂不可考。

### 弘文

字燦然，鳴條長子。生於崇禎甲戌五月初五日寅時，卒於康熙癸巳正月初五日丑時，享年七十。娶羅氏，生於崇禎丁卯七月二十五日酉時，卒於雍正癸卯七月十二日寅時，享年八十有七。生一子，捷。

澧謹案：燦然公甲戌生，癸巳卒，年八十，此云七十，誤也。如七十，則當卒於癸未。又崇禎無丁卯，亦誤也。羅夫人癸卯卒，年八十七，當生於丁丑。

弘範

字九疇，鳴條次子。生於崇禎己卯五月二十日辰時，卒於康熙丙申十一月二十五日未時，享年七十有八。娶江氏，卒闕。繼娶方氏，生於康熙乙卯五月二十七日寅時，卒於康熙辛丑八月初四日卯時，得年四十有七。生二子：長拯，次進。係方氏出。生二女：一適王，一適鄭。

弘圖

字鞏臣，鳴條三子。生於順治甲午九月初二日戌時，卒於康熙癸未十一月初四日戌時，享年五十。公俯仰以誠，接交以信，而又敦倫好古，創業興家，稱曰哲人，不是過也。娶孫氏，生於順治丁酉三月十八日子時，卒於康熙壬寅三月十八日酉時，享年六十有六。孺人之事姑也以孝，其事夫也以敬，可謂婦道咸宜。且克勤克儉，和熊茹荼，相夫課子，俾于有成，巾幗中丈夫之流亞歟！合葬棲霞楊家庫。生三子：長揆，次楊，三撰。女二：長適張，次適程。

## 八世

### 象卿

字□□，失名之子。生、卒闕。娶□氏，生、卒闕，合葬于山。生一子，泰。

### 詩

字言志，弘道長子。生於康熙□□年□□月□□日□時，卒於康熙□□年□□月□□日□時。娶史氏，生於康熙□□年□□月□□日□時，生三子：長啓賢，次啓昆，三啓仁。出繼昌其爲嗣。

### 書

字昌其，弘道次子。上元縣文庠生。生於康熙辛亥□□月□□日□時，卒於雍正乙巳，得年四十有五歲。娶戴氏，生於康熙壬戌□□月□□日。立長房三子啓仁爲子。

澧謹案：昌其公辛亥生，乙巳卒，年五十五。如四十五，則當生於辛酉，或卒於乙未。

### 禮

字執夫，弘道三子，出居河南。

### 樂

字觀周，弘道四子。生於康熙□□年□□月□□日□時。娶□氏，生、卒闕。

**捷**

字克敏，弘文之子。生於康熙庚戌□□月□□日□時，卒於雍正癸卯四月□□日□時。娶江氏，生於康熙□□年□□月□□日□時。生五子：長啓龍，次啓元，三啓人，四啓文，五啓安。

澧謹案：克敏公年五十四。

**拯**

字景仁，弘範之子。生於康熙丙寅六月初九日□時。娶朱氏，生於康熙辛巳□□月□□日。

澧謹案：景仁爲九疇公繼配方夫人出。方夫人生於康熙乙卯，至丙寅年甫十二，疑景仁公非生於丙寅也。

**進**

字晉侯，弘範次子。生於康熙辛未八月十五日□時，娶金氏，生於康熙壬午□□月□□日。

**揆**

字敘伯，弘圖長子。生於康熙丁巳九月二十八日戌時，卒於康熙壬寅六月二十八日午時，得年四十有六。公性明敏，善權衡，故能善繼善述，無忝前人。惜也昊天不弔，不顧其後，人之云亡，謂之何哉！娶白氏，生於康熙壬戌正月二十九日未時。生二女：長字，次待字，適張。

澧謹案：敘伯公無後，我祖考尚志府君命我叔考綍庭府君於敘伯公及白夫人忌日祀之。

揚

字繼先，弘圖次子。生於康熙壬戌七月初五日午時，卒於乾隆戊辰八月初二日子時。公生而好學，有志裕後，故於祖兆族譜爲亟亟焉。卒之譜明兆吉，妥先靈於地下，振宗緒於家中，於陳氏可謂奏膚功矣。葬於聚寶門外鳳西二圖地方，癸山丁向。娶程氏，生於康熙庚午正月二十三日亥時，卒於乾隆庚辰八月三十日丑時，葬於安德門外一四圖，庚山甲向。生子平。妾周氏生子學泗。

澧謹案：繼先公年六十七，程夫人年七十一。

撰

字巽三，弘圖三子。生於康熙丁卯十一月二十一日未時。公愛施與，重然諾，雖逐什一之求，而藹然可親，毅然不苟，令人一見而知其爲忠厚長者。娶朱氏，生於康熙乙亥十二月二十六日未時。生子景章。女一，適江。

## 九世

泰

字□□，象卿之子。生於康熙□□年□月□日□時。

啓賢

字□□，詩之長子。生於康熙□□年□□月□日。

**啓昆**
字□□，詩之次子。生於康熙□□年□□月□日。

**啓仁**
字□□，書之嗣子。生於康熙丁丑年□月□日□時。聘方氏，生於康熙壬午年□月□日。

**啓龍**
字□□，捷之長子。生於康熙□□年□月□日。

**啓元**
字□□，捷之次子。生於康熙□□年□月□日。

**啓人**
字□□，捷之三子。生於康熙□□年□月□日。

**啓文**
字□□，捷之四子。生於□□□□年□月□日。

**啓安**
字□□，捷之五子。生於□□□□年□月□日。

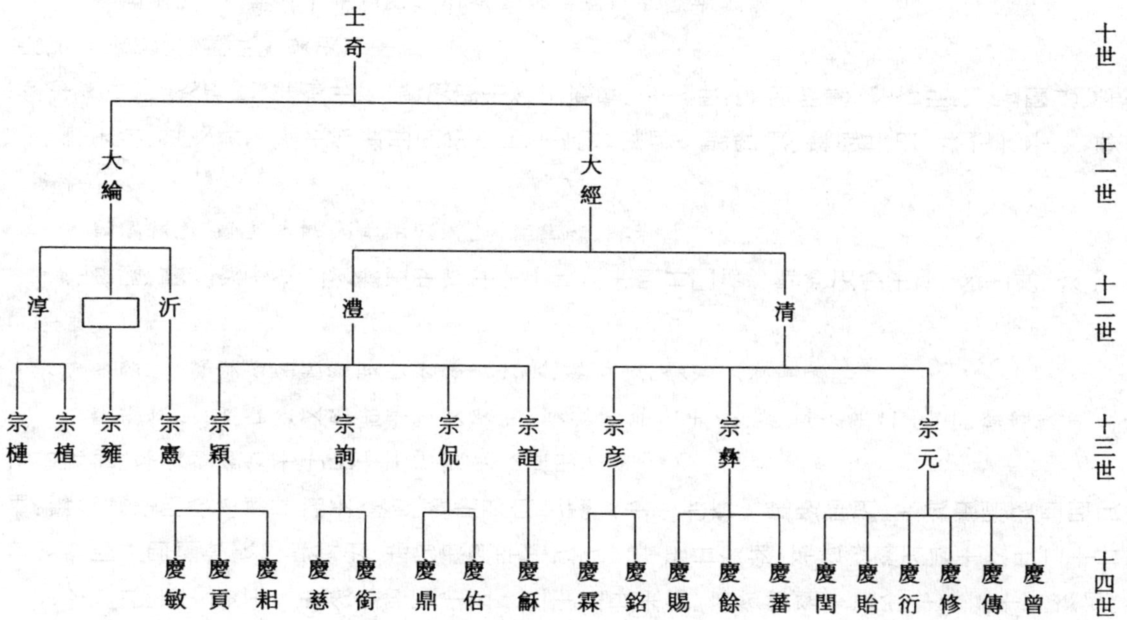
十世
十一世
十二世
十三世
十四世
士奇
大綸
大經
淳
沂
澧
清
宗榩
宗植
宗雍
宗憲
宗穎
宗詢
宗侃
宗誼
宗彥
宗彝
宗元
慶敏
慶貢
慶耜
慶慈
慶衔
慶鼎
慶佑
慶穌
慶霖
慶銘
慶賜
慶餘
慶蕃
慶閏
慶貽
慶衍
慶修
慶傳
慶曾

### 平

字可均，揚之長子。生於康熙甲午五月二十三日未時，卒於乾隆十五年十月三十日亥時，葬於安德門一四圖地方。聘韓氏，生於康熙甲午五月二十五日寅時，卒於乾隆丙辰十二月二十日巳時，葬於鳳臺門外邵墜村龍王廟前，乾山巽向之陽。生子士奇。繼娶喻氏，生於康熙癸巳四月十三日辰時，卒於乾隆戊子七月十三日寅時。無出。

澧謹案：可均公又諱治平。又案：可均公年三十七，韓宜人年二十三，喻宜人年五十六。又案：紵庭公請貤贈可均公奉直大夫，韓宜人、喻宜人皆宜人。

### 學泗

字魯園，揚之次子。生於雍正甲寅年十一月二十四日□時。聘何氏生子一，名士曉，女一。

澧謹案：學泗公墓旁有蔣氏墓，未詳何人，再考。

### 景章

字天倬，撰之長子。生於雍正丙午十月十六日寅時。聘賀氏，繼聘吴氏，共生六子：長承恩，字惠川；次聖恩，字廣川；賀氏所出。三逢恩，字大川；四朝恩，字有川；五國恩，字永川；六天恩，字繡川。吴氏所出。

澧謹案：天倬公一字雲昭。三從叔父相周名大綱告澧云。

# 卷二

## 譜二

### 十世

士奇

字尚志，平之長子。生於雍正癸丑年十月初七日辰時，卒於嘉慶甲子年七月初九日戌時。聘沈氏係浙江紹興府會稽縣小皋埠進賢沈公次女，生於乾隆甲子年十月初二日巳時，卒於嘉慶壬戌年十月二十七日申時。生子二人： 長大經，次大綸。女六人。

士奇公

公諱士奇，一諱寶，字尚志，號虹橋，又號畸人氏，江蘇上元縣人。僑寓粵東省垣，乃可均公之子。授職布政使司參軍，晉封奉直大夫。生於雍正癸丑年十月初七日辰時，卒於嘉慶甲子年七月初九日戌時，享壽七十有二。生子四： 長大經，次大綸，三四俱先公卒。女六人： 長適徐，次適妻，三適陶，四適秦，五適徐，六適□，俱配室沈宜人出。公生而穎悟，英氣逼人，以少失所怙，棄舉業作遠遊。然嗜讀書，自六經群史以至諸子百家，無不貫串通曉。偶爲詩文，雖宿儒遜謝不及。而尤精於六壬數學，占輒奇中。生平廉静寡欲，無聲色貨利之好。而性慷慨，尚意氣，凡孤寡困乏藉以拯援全活者甚衆。然施不望報，不欲人知，不受人謝，樂人之樂，憂人之憂，蓋數十年如一日也。疾惡嚴而能恕，凡親朋後輩偶行不善，輒苦口訓誡之，旋復婉言勸誘，以故人樂于親近，即僕婢違犯，呵斥後必繼以温恤，其立心之恕，殆所謂厚于仁者耶！年逾古稀，無疾而逝。彌留之際，家事一無縈念，惟惓惓于親友中之窮乏者，囑令分給資財衣物，處置周詳，無一遺漏，是豈非了然于生死之理，爲善惟恐不足者哉！遺命葬於禺山之陽，他日陳氏之族支分派别於粤者，自公始也。

德配沈宜人爲會稽望族，乃小皋埠進賢公之次女，例封安人，晉封宜人，生於乾隆甲子年十月初二日巳時，卒於嘉慶壬戌年十月二十七日申時，得年五十九歲。宜人賦性温惠塞淵，内則素嫻，不苟言笑，于歸四十年，凡蘋蘩享祀以及中饋操作，靡不一一親躬。而御下以寬恕，教子以義方，能使門庭之内，藹然秩然，公之得以無内顧憂者，宜人力也。以嘉慶□□年□月□日合葬於粤東省城□□門外。

澧謹案：舊譜記我祖考尚志府君二條：一條綴先世之後，一條别爲篇。今讀前一條文皆後一條所有，然不敢删并，遂兼存之。又案：士奇公女六人，六適下空一字，其時未嫁也。後適劉。又葬之年月日及葬地皆未書，其時未葬也。今案：嘉慶二十一年六月合葬於省城東北二十里茶坑，辛山乙向兼戌辰。

## 十一世

### 大經

一諱立本，字翼庭，號新齋，士奇子。候選知縣加三級，誥授奉直大夫。乾隆二十八年十一月初六日□時生，嘉慶二十四年四月初一日卯時卒，年五十七。事實見子澧所撰《事略》。妻劉氏，浙江會稽人，捐職布政司理問孝德之女，明左都御史謚□□宗周之五世孫，誥封宜人。乾隆二十九年二月初五日□時生，道光十六年五月十三日□時卒，年七十三。事實見子澧所撰《行實》。合葬省城正東門外二十五里礮旗山馬嶺，申山寅向兼坤艮。子二：清，澧。女一，適候選郎中仁和湯爾泰。

### 大綸

字綍廷，號秋崖，又號了齋，士奇子。捐職布政司經歷，加二級，誥授奉直大夫。乾隆三十四年八月初一日□時生，道光十八年四月□日□時卒，年七十。事實見□□□□□。葬省城正東門外二十里長坂村禾串樹山，□山□向兼□□。妻趙氏，□□人，□□之女，誥贈宜人，乾隆三十三年二月二十日子時生，六十年六月初九日子時卒，年二十八。繼娶王氏，□□人，□□□之女，誥封宜人，乾隆四十四年七月二十八日□生，道光三十年六月十八日□時卒，年七十二。皆葬□□□□□□□□□□。子三：沂，淳。聲案：次子失名，故此闕記。子三人，并無誤。女二：適□□□、沈□□，廣東候補州吏目錢瀚。

## 十二世

清

字天一，大經子，母劉氏。國子監生捐從九品職銜。乾隆五十四年三月初一日□時生，道光四年十一月初五日□時卒，年三十六。祔葬馬嶺。妻張氏。子三：宗元，宗彝，宗彥。女五：適同縣舉人章鳳翎，舉人金錫齡，附貢生鍾炳奎，梁汝駒，某官南海伍元蓮。

□

字溥堂，大綸子。生母沈氏，乾隆□□□□年□月□日□時生，道光□□□□年□月□日□時卒，年□□□。葬省城正東門外二十里茶坑山，□山向兼□□。

嘉慶二年□月□日□時生，道光□□年□月□日□時卒，年□□□，葬省城小北門外□里白雲山□□□，□山□向兼□□，妻尉氏。

子一，宗雍。女一，適□。

澧謹案：以上四條，今所增記也。其例大都因於舊譜而整齊之，首書名、書字，有號者書號。次書父，父有繼妻及妾者，注母氏，若妾子并注生母及其生卒葬地。次書官職，次書生卒，次書年壽，次書行事，無可書則不書。若有行述碑傳之屬，則曰見某人某文。次書葬地，若與妻合葬則書於後。次書妻，并書妻父官職里貫，其先世有聞人，并書之。次書封贈，次書生卒、年壽、行事、葬地。次書子，子之殤者注之，次書女，并書婿姓名、官職、里貫。下卷仿此，後之修譜者，循此例可也。

# 卷三

## 譜三

十世　十一世　十二世

士曉——大純
　　　——大絨
　　　——大綬

承恩

聖恩

逢恩——大緯——澐
　　　　　　——淦
　　　　　　——汫

朝恩——大綱

國恩——大紀

天恩

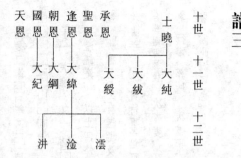

澧謹案：十一世、十二世今所謂增也。

## 十世

### 士曉

字晴山，學泗之子。乾隆□□年□月□日□時生，道光十六年□月□日□時卒，年□十□。公勤慎樸誠，宅心和厚，賈於粵東，往返者屢矣，竟溺於鄱陽湖而歿。妻沈氏，□□人□□之女，乾隆□□年□月□日□時生，道光□□年□月□日□時卒，年□十□，葬江寧城□□門□□雙鴉巴樹，□山□向兼□□。子三：大純、大紱、大綬。殤。女二：適□□姜廣齡、□□張志爵。

澧謹案：舊譜惟「士曉，字晴山，學泗之子」九字，今續之。

### 承恩

字惠川，景章子。母賀氏。□□□□年□月□日□時生，□□□□年□月□日□時卒，年□十□。公客於廣東樂昌而歿。妻沈氏，樂昌人□□之女，乾隆□□年□月□日□時生，道光□□年□月□日□時卒。夫人貞静柔嫻，寡居依其兄弟，久之侄大綸自省城移居花縣把水山莊，請夫人至其家，未幾仍歸樂昌而歿。合葬於樂昌某地。無子。

### 聖恩

字廣川，景章子。母賀氏。□□□□年□月□日□時生，□□□□年□月□日□時卒，年□十

□，未娶，葬江寧。

逢恩

字大川，景章子。母吴氏。乾隆丁亥年十月初一日□時生，道光甲午年八月初三日□時卒，年六十八，葬江寧城鳳臺門外井兒孫即朱家牌樓。先塋。妻李氏，□□人□□之女，乾隆丙午年九月二十九日□時生，道光己酉年七月二十六日□時卒，年□十□，葬江寧城北十廟帝王廟後。無子，以弟朝恩子大緯爲後。

朝恩

字有川，景章子。母吴氏。乾隆□年□月□日□時生，□□□年□月□日□時卒，年□十□，葬江寧城□□門外陽巷即吴家窪。先塋。妻周氏，□□人□□之女乾隆□□年□月□日□時生，□□□□年□月□日□時卒，年□十□，葬江寧城□□□□□。子二，大綱、大緯。爲兄逢恩後。

國恩

字永川，景章子。母吴氏。乾隆□□年□月□日□時生，□□□□年□月□日□時卒，年□十□，葬陽巷先塋。妻陸氏，□□人□□之女，乾隆□□年□月□日□時生，□□□□年□月□日□時卒，年□十□，葬□□□□□□□□，子一，大紀。女二，適□□胡榮錫、鄭□□。

天恩
字繡川，景章子。母□氏□□□□年□月□日□時生，□□□□年□月□日□時卒，年□十□，葬井兒孫□先塋。未娶。

# 卷四

## 傳記一 祝壽題像詩文附。

澧謹案：舊譜所載文、詩，今以金陵所傳者爲一卷，先考、先叔考所續録尚志公墓志、壽序、壽詩、題像詩及今所續録者爲一卷。每卷以行述、誌傳編於前，故題曰傳記，其祝壽、題像之作附焉。後之子孫雖世代綿遠，猶得以此而知先人行迹。嗚呼，其敬誦之哉！

### 自湖公行述

澧謹案：此文當時蓋題官階及先考府君等字，不知何時删改如此。凡此卷之文，其題皆似有删改，今皆謹仍之。

嗚呼痛哉！先君果棄不肖往耶。先君素無疾疢，今歲八月初六日忽然痰痃，稍沃以沸湯，旋即甦，言後事不輟，然猶飲啖如常，未見異狀。至八月二十六日，早起沐浴，冠服坐中堂，云有所往，啓户俟來迓者。自此遂絶粒，往往言世間報應事甚悉，若爲世勸者。府君生平不甚親竺典，亦絶口不言鬼神幽怪之事，八月間，忽命不肖書《太上感應篇》一卷，欲時披閲，云「此三教中勸善書也，能體而行之，爲聖爲賢，爲仙爲佛，俱其階矣。其最切者，行方便，速改過，汝其勉之」。至十一月初十日，緣久不茹穀，稍覺體弱，因而時時伏枕，乃爲詩曰：「薄劣虛生八十年，如今魂魄一絲懸。借位天堂須有分，却當人世已無緣。積收書籍篇篇在，但願兒孫奕奕傳。切念二親同祖壙，恨違宿志竁新阡。」於十五日早云有輿馬來迎，且有冠帶者六人在側，逐家人迴避。自此遂不言，如熟枕狀，至夜半神漸散，屬纊時顔面如生，身體柔和，如尸解者。嗚呼痛哉！先君往矣。世間人子俱稱不孝與不肖，若不肖者真可謂不孝與不肖矣。往先君得不肖甚晚，然督責甚嚴，自童時至今日，過庭無非訓誡叮嚀之語。不肖質最鈍且惰，以故憚見先君，至于定省清温，全然不解。嗚呼痛哉！先君而生也，諄諄教戒尚不能勉而成人，先君而往也，誰復爲之提撕撫諭乎？是以痛傷切骨，蓋棺之際，即欲以身殉，獨念先人之懿行未彰，以故不能默默以死也。雖然，當今世而欲以筆舌揄揚其祖父之遺休，即言言實録如龍門之敘父談，扶風之敘父彪，亦不免於載鬼之疑。蓋緣舉世皆溢美之詞，覽者目爲套語，方展卷而厭心生矣。不肖既貧且賤，亦何取於候蟲之鳴？獨計先君之實心實行，天地鬼神且鑒臨之，而大道之公，又何能使其泯泯已也。以故苫次答拜之餘，隨思先君實行，置筆研地上，匍匐書之，敢乞於學士先生一言，以不朽先君，而世爲子孫著鑑云。先君諱嵩，字子中，別號自湖。先世浙之會稽人，國初以閭右徙實京師，遂占上元縣匠籍。高王父諱紀，曾王父諱榮，王父諱璋，字秉夫，以其系出於越，不忘桑梓之里，故號鏡湖，而府君號自湖云。曾王父早棄世，曾王母戴孺人生四子，王父最幼。孺人守志五十餘年，撫育諸孤，備極荼苦。諸王父俱中絶，王父以一絲繫如線之緒焉。王父讀書嗜古，慷慨好施，又且忠信純樸，里中稱爲長者。先世頗存不腆業，消亡於諸王父者已過半，而王父又不習挈瓶之智，會浙鄉親貿蠶絲于京師者，常主於王父。王父多發其貨於所知者，後負值者甚衆，王父俱代償之，以故家愈落，然而甘毳紈帛之奉，斑衣五彩之歡，未嘗稍減，雖曾王母亦不知其家之窘也。於是里中又稱王父爲孝子。前王母曾孺人無出，王母齊孺人出世父公諱嶽，次即府君。王父得府君最晚，愛憐特甚，絶不督其程課。然府君聰穎異常，七八歲時讀書即解其意。王父喜誦六朝麗句，府君耳入心通，是以童試時論、策、表、判俱各成章，有司奇之。弱冠游府庠，時嘉興沖溪彭公署應天學篆，批其文有「他日當中高魁，入翰林」之語。先外王父肥川方公擇婿，謀于彭，彭曰：「有二美少年俱可坦腹，然周某爲文清潤，最利場屋，陳某者雄奇絶世，恐難諧俗，然具隻眼者，自當知爲天下士也。」方公得二卷，甚喜，持歸較之，遂女於府君焉。未幾，周中鄉榜而府君獨奇於數。同時有吳封公鳳州、大司成幼峯余公通、少溪郭公同師事奉常石城許公，公獨心異之，每語人曰：「陳子中我輩人也。若伯祥諸賢，恐未易及也。」後屢舉不第，公每扼腕焉。此不肖非敢妄言，皆其孫今裕州公平與先生向不肖云云者也。天台耿先生督學南畿，拔府君先諸彦，然不與講學之科，以故聲譽獨遜于諸道學。是時以試輒居高等，公侯貴戚間俱欲延之賓師，府君不屑就也。惟鴻臚秋澗姚公，海內名流，賢達士也，每見府君詩文，必歎曰：「此翰林才也。余遊京師閲人亦多，未有與之匹者。」乃力延爲仲子元圃公師，而長君白門封公與學博紹渠曹公皆契結金蘭，愈久而愈敬者也。平生凡十一舉，皆躓，府君歎戰之罪乎？抑造化與有力也。萬曆丁酉，始以歲薦，又自歎曰：「吾初志已違，安能以皤然翁向雲中客哉！」適同貢鳳賓姚公齒更長於府君，以長安爲舊遊，强拉之行。沿途于古先祠宇、山川名勝相與賡和焉。辛丑春，授常熟司訓。先是，有嘉定常熟缺，友人蔣松向公戲府君曰：「何不一斡旋之。」府君曰：「人生食禄有方，況生平任運，奈何以末年變塞？」次日掣簽，竟得常熟。常熟爲蘇郡巖邑，諸生五百有奇，其時時餽問者，固不因之而改觀；其經年不覿一面者，亦不以之而動色。惟是文章德業與諸生相切磋焉。至於朔望或課藝日，必五鼓櫛沐，終日正襟危坐以臨之，絶不目爲戲局也。癸卯歲，郡守周公類考童生，唱名有濡次不前者，將扑以示誡，而誤及常熟生員。有別縣狂生跳梁於府君前，府君初以温言慰之，不悛，繼以正言責之，遂仆府君于地。一時鼓噪，千人群起，府君僅以身免。隨即整歸裝。而署篆荆玉盧公曰：「公行，吾豈能獨留，將與子同爲帶月之鋤可也。」府君曰：「吾暮年得此，味已在雞肋下，而公方且上春官，對大廷，奈何止是哉！姑隱忍與公共患難可也。」是時部議以釁起常熟而重懲本學，三師俱擬褫職。幸督學以毆府君揭進，會有旨云：「毆辱陳教官係非常熟生員。」始分其咎于合郡，而二公之得以瓦全者，府君之力也。次年督學按郡，適府君署篆，例開行劣生員，府君曰：「海虞昔遭大變，荼毒已深，況今諸生愈加檢束，又將誰戮乎？吾第以去就争之可也。」當事者索愈急，府君持愈堅。會令有所銜者，指名以迫府君。府君曰：「吾安能以殺人媚人而變其初志乎！」是生雖獲全而令于是銜府君甚矣。以故次歲即轉周王府教授，常熟搢紳洞觀瞿公見先君行李蕭然，勸先君曰：「吾聞周府雅尚文墨，以公所學，必遭隆遇，則一歲賚賜俸禄，不減郡邑廣文脩儀也。何不一往，稍補萬一。」先君曰：「一生辛苦，五載青氈，已非素志，吾又何暇鼓瑟王門乎？吾其賦歸去來矣。」沿途惟有書簏少壯行色，頗與琴鶴相隨同其致也。歸來日手一篇，夜分猶篝燈不輟。或勸之節勞，先君曰：「吾舍此無他適，正所謂樂此而不爲疲也。」先是，多有舉府君賓筵者，力謝不往。後大京兆衛公欽府君高誼，必欲致之，始出赴焉。府君於書無所不讀，於文無所不解，自爲詩文無所肖，亦無所不肖，亦欲於取科舉之後大肆其力於文章，以垂不朽，不圖未竟其志。生平爲文，多出代作，其稿立毁。不肖從旁掇拾，府君曰：「此應俗之文，不足傳也。」以故稿皆散逸，間有所存，亦不過千百之一，少候痛定，檢而梓之，以就正四方。府君雖治《易》，而六經皆探討其源。最留心者《周禮》一書，其所抄焉。間嘗留心六藝，而星學頗精。又慨漢魏分隸失傳，于授禪等碑每臨摹數過，至今成帙。又常與陳横厓先生讀書于市隱園中，先生善寫墨竹，府君一戲效，頗肖，間有以扇頭索先生寫者，先生命府君代之，而先生款識，人亦無辨非先生筆也。此種不肖尚有存者。府君孝悌仁慈，忠直耿介，出於天性，不肖心中摧割，不能一一縷悉，然猶記憶一二可指者。其事王父也，備極色養，以故享有遐齡。年八十六歲。王母病危劇，虞不免，乃以詞籲天，願以身代。不肖童時尚及見其疏稿焉。至於孺慕之懷，風木之感，至今言之，尚蘇蘇隕涕也。其事世父也如事父，白首同居，毫無間言。所得脩儀餼廩，雖錙銖必歸之，以故一切家計持籌，了不介於懷也。有姑母適張者，家頗饒，中年喪子，育一所愛以爲孫。姑父亡，族人欲利其有而以二分之一與府君以養吾姑，府君不惟毫無所取，且終身扶植其孫以有其家，蓋不忍傷吾姑之心也。又有姑適鄒者，家道中落，有子三人，不能兼育。先君攜其中子，撫養教誡以至于成立，不啻己出焉。友人暴亡，姻戚宗黨俱欲瓜分其産，府君立主續嗣，議定，隨爲文以告廟。其族有無賴者，以言觸府君，府君以正詞責之，理不能奪，後每遇諸途必趨而揖焉，語人曰：「此公直義凌人，吾見之不覺心折也。」門人中，貧者時爲慰念，而薄有所周，富者絶足不往，甚且有大失禮於府君者，亦不校也。母舅方公客越三十年歸，無依，府君留於家，解衣推食者幾廿年，其歿而殯葬之。方宦族，而母舅又宗子，所遺先世誥命數種，即以遺其族人。任虞時，先賢言游氏其後人亦厠黌宫，貧不能娶，府君即捐俸助之。其有貧而助者，亦不能悉數也。有同府王公來署縣篆，其人嚴厲而拘方，鮮有當其旨者，獨與先君契合。有以冤獲重譴者，挾數十金來求解於府君。府君不許，後晤王，悉述其冤狀，王悟而釋之。會有吏竊聽，即詐其人五十金。久之，知爲府君力也，持數金來叩謝。府君曰：「吾爲公道白冤，非爲汝也。」力却之。是邑交接應酬，旁午於道，凡在任五年，其啓牋賀章無一不出府君手。每令無不德府君，然絶不以片紙隻字關白公事。爲諸生四五十年，未嘗足跡一履公庭。自少至老，未嘗仆一僮僕，雖罵怒之色，亦未加也。先君丰姿嚴整，不矜飾而自威儀，望之者無不敬而愛之，少年新進，雖悻悻自負者，見之無不凜凜也。生平與人無所親昵，亦無所違迕，見貴倨而不屈，遇貧賤而不驕，言爲訓式，行爲楷模，群居不倚，獨立不懼，純誠鄰於太初，至樸翕於上古，絶無希冀覬覦之心，趨巧避拙之態，是以終身布蔬而口不言貧，人亦不覺其貧也。其真渾沌氏之未鑿者歟！使登孔子、佛老之堂，聖賢、仙佛有餘地矣，惜乎平生以科第爲念，所志未酬，怏怏于懷，是或其宿業障緣掃除未盡者歟？不肖不敢知矣。府君生于嘉靖庚寅年十二月初四日寅時，卒于萬曆癸丑年十一月十六日子時，享年八十有四。元配方孺人，都察院都事方公子文學肥川公女也。蚤卒。繼配湯孺人，指揮僉事湯公德庵女也。男二：長即不肖桂徵，娶張氏，都憲公孫紹亭張公女也；次獬徵，先卒。娶徐氏，貢監雲蒼徐公女也。女一，適六合庠生顧應翺而亦先卒。孫男五：聘文學正庵胡公孫女長孫鳴世也，次鳴時、鳴夏，八十一、六十一幼，俱未聘。孫女一，許字忠節進士何公子愛麓孫天佑。嗚呼痛哉！先君去不肖數日耳，竄未有吉，奈何亟亟于是。不肖有深哀焉，如有物欲吐而不能舍者然。蓋嘗致恨於世澤之失傳而先德之不彰也，上世久遠者姑無論，即如吾曾王母誓柏舟而保遺孤，壽幾百齡，年九十六。而宗祧賴以延焉，此亦今世之所希覯者。王父敦誠樸而篤人倫，嗜《詩》《書》而甘肥遯，破産以周人之急，有古義俠風焉。不肖間欲請於先君而爲之傳，久而未果，至今有餘恫矣。又嘗致感于吾宗之孱弱孤危，有岌岌乎殆哉者。曾王父生四子而三人失傳，王父以晚年舉世父與府君，而世父又不嗣，以八十六歲老翁而不見一襁褓之孫，亦可歎矣。府君四十七歲始得不肖，五十而得弟，弟又先亡，府君今且見背，嗚呼痛哉！不肖一身煢煢孑立，形影相弔，而又寄食他方，未知死所，倘痛悼之極，溘先朝露，坐令先世泯没無聞，雖百世其何贖矣。以故撫棺之際，不揣鄙陋，直述常所睹記者信筆書之，自知言詞猥俚，次序不倫，亦且挂一漏萬，捨巨拾細，惟欲徼靈于名公巨卿主盟文章少知府君者而賜之材澤，蓋慰生者則傳之，爲逝者則狀誌而銘之，不惟光被泉石，澤及子孫。倘當世而有龍門、扶風其人者，出秉史筆而收之列傳，採邑乘而載之人物中，未必無補于世道也。十一月二十五日，不孝孤桂徵泣血謹述。

海虞通家門生沈昌時填諱。

## 自湖公墓誌銘

自湖先生，里中篤行力學君子也。蕃師友間多從先生游者，樂其坦直，敬其端方，久而彌篤。蕃亦竊嚴事先生，所爲訓告一以邁俗飭躬爲惓惓。比蕃入仕籍，先生始應貢授學職。居五載，當事器重，弟子愛戴。歸而優游林下，復十餘年，以考終。其嗣桂徵述先人操履甚悉，而哀毁無以自解，屬蕃誌先生墓中之石，其何敢辭！按狀：先生諱嵩，字子中，自湖其别號也。先世爲會稽著族，國初以閻右徙實京師，遂隸上元匠籍。先生曾祖紀，祖榮。父鏡湖璋娶曾，繼齊始舉二子：長曰嶽，次即先生。鏡湖公有隱德，事母極盡孝養。有三兄，俱早世，竭力撫諸遺孤，又復中絶。公獨肩家務，嘗代親知償絲賈之主于其家者，業益中落。然奉母不異曩時，母亦不知其窘迫也。而讀書嗜古，期後人以儒業振家聲，然得先生最晚，不復督其向學，乃先生聰敏夙成，有聞輒解，甫弱冠，試於有司，即以該博受知遇。沖溪彭公以高才爲學師，絶少許可，獨以巍科駿發期先生。適肥川方翁就彭擇婿，彭舉先生爲天下士，方翁讀所爲文，遂妻以息女。先生文名既振，積學益深，持身愈勵。嘗偕余司成、吴封公、郭别駕師事石城許翁，亦首稱先生當繼其後塵。公侯戚里争欲延致先生訓弟子，皆辭不赴。惟姚鴻臚秋澗翁以博雅著聲，乃延以教其次君，而長君白門封公及諸名流咸與先生相切劘。欲有所建樹於世，顧數奇不售，十一試棘闈，竟阻一第。歲丁酉始以里選起家，不欲北上，同事强之，試於廷，辛丑授常熟縣訓導。課士必五鼓盥櫛，終日無倦容，門下士五百餘人，一意提命之，不以脩脯之有無厚薄易念也。先生素工駢體，先後令尹及當道屬筆於先生者甚衆，其親愛敬禮無少間，而先生絶不干以私。一守王公來署縣篆，其待先生獨優於衆。獄有寃繫者，先生據實以白之，竟得免，挾重貲以酬，峻拒之，不少濡染。郡守周公試儒童，扑其傲慢者，誤及青衿，群起而譁。先生正詞諭責之，遂擠仆先生。亟欲挂冠歸，而督學使者具揭獨直先生於銓部，常熟學師概得復留，實先生之力也。會令於諸生中有所銜，欲先生開置劣行中。先生拒之曰：「常熟諸生方經此大創，安忍苛責。」

此生雖獲免，而遷怒署以下考，遂轉周王府教授。先生蕭然載故所攜圖書，扁舟歸矣。歸而日杖策以遊，足跡遍名勝，無論近遠。近性耐寒畏熱，遇暑月或累日夜端坐，目不交睫，神氣逾旺。冬夜則篝燈熒然，手一編不少置。或諷以逸老，笑應曰：「真所謂樂此不爲疲耳。」學邃於《易》，而諸經皆探討，手抄《周禮》嘗至于再。分、隸、詩、詞、星學、墨竹皆臻精妙，然不輕以示人。所爲古文詞多出代作，即毀其藁曰：「此不足傳也。」桂徵從旁珍襲之，所存亦僅百一耳。賦性友孝慈仁，至老不衰，事父備極色養，享有遐齡。母病，具疏籲天，願以身代。考終之先數日，猶賦詩，有「切念二親同祖壙，恨違夙志竄新阡」之句。其屬纊猶顧桂徵曰：「城隍閻羅亦如人間官府，吾不願爲，惟求二親相依，以閑此神魂足矣。」可不謂終身孺慕者哉！事伯兄白首無間言，無私財，而姊妹寡居，爲之立孤訓子，各保其家。方孺人之兄客越三十年，歸無所依，先生生養殁葬之。生平足不履公庭，怒不加僮僕，口不言貧而安處裕如，人亦不知其貧也。先生誠今之古人，儒之質行者乎！生于嘉靖庚寅十二月四日，卒于萬曆癸丑十一月十六日，享年八十有四。元配方氏，都察院都事公之子文學肥川公女。繼配湯氏，指揮僉事德庵公女。男二：長即桂徵，娶張氏，都憲公之孫少亭公女；次獬徵，先卒。娶徐氏，貢監雲蒼公女。女一，適六合庠生顧應翱，先卒。孫男五：長鳴世，聘胡文學正庵公孫女；次鳴時、鳴夏，八十一、六十一俱幼未聘。孫女一，許字何侍御公之子愛麓公孫天佑。桂徵將以□□年□月□日葬先生於□山之新阡。惟先生位不副志，材不究施，而德與壽可謂備其盛，是宜爲之銘。

銘曰:

矩方繩直,律己惟嚴。抱真甘澹,立德惟潛。仕不愧於師表,而介然守正,爲拯俗之鍼砭。隱樂志于川巖,而翛然任運,力矯世之趨纖。年逾大耋而委蜕,聊以乘化;經遺燕翼而清風,可令頑廉。期子孫之千億,永式穀於顧瞻。賜進士及第、嘉議大夫、南京禮部右侍郎、前詹事府少詹事、纂修玉牒總裁、右春坊右庶子、右諭德、掌南翰篆、國史修撰,編纂章奏記注起居管理誥敕、欽差正使朝鮮、賜一品服、眷晚生朱之蕃撰。

## 廣文公家傳

陳廣文名嵩,字子中,先世會稽人,國初徙富民實京師,隸上元籍。王父榮,父璋。榮早世,王母戴從一而終五十年。璋三兄蕩其貲,死無後,獨持門户,又以居停代人償責,家愈落。然而事母奉養必豐,里稱孝子。娶齊孺人,生嶽;已,生公。憐愛少子,不苦以學。公警悟異常,父口授前人詩,輒解。邑試童子,論策表判,惟公成章。弱冠爲府諸生,檇李彭公亟賞之,方肥川公者就彭擇婿,彭曰:「陳生少年,于俗不諧,然有後福。」方公遂以女字公。與大司成余公諸名士同師事奉常許公。許公每與人語:「陳子中,我輩人。」耿恭簡督學南畿,拔公,獨不與講學。會鴻臚姚公跌宕不群,又工詩,與公調合,姚以爲仲子玄甫師,因與其長君及學博曹公結袗契。凡十一舉不收,萬曆丁酉始以明經薦。所過齊、魯、燕、趙山川古蹟，登覽詠賦。辛丑謁選，人人言可謀善地，公不可，吾委運大化久矣。遂除常熟訓導。諸生五百有奇，往來疏數，遇之如一，言氏子弗能娶者，力助之，曰：「先賢裔也。」每試，雞鳴起，端坐皋比竟日。上官雅知公善屬文，徵索填委，不以其間闕記。郡倅王公署縣篆，善公。有冤獄，挾數十金白公爲地，不許，後與王語次及之，王悟，釋不問。吏竊聽，詐索其人金。其人知爲公，更持數金來謝。公曰：「使吾爲利，辭多而受寡乎！」郡守周公試童子，將扑其逋慢者，并及常熟諸生。他縣生群噪，公巽言法語，不聽；擠公仆地，侮郡守，守幾不免。事聞宗伯，宗伯議釁起常熟，宜罷三教官。督學知罪不專常熟生，以公爲證，并其長得無恙。次年，督學按部，應報劣生，公以邑遭大創，諸生救過不給，無可刻者。令有銜屬公，公艴然：無罪而戮士，吾有去耳。令中公，左官周王府教授，瞿太僕勸駕曰：「王右文，公必受知，吏隱可耳。」公曰：「老矣。」遂歸。歸橐惟書數百千卷，篝燈讀如諸生時。所爲詩文，師古師心，兩相得而有合，多不存草。其於經獨精《周禮》，手抄至再。旁及藝術，則日者家言，漢魏分隸，畫墨竹殊有致。事父母色養，至老不衰。母病，爲文籲神以身代。事兄白首同居，所得月俸不入私室。姑適張與鄒。張喪子，育所愛爲孫，族人欲利其所有以啗公，公不取。鄒貧，子三人，攜其中子而資植之，俾有成。友人暴亡，宗黨不爲後，公定後者，爲文告廟，衆莫能奪。婦弟客越歸，無依，養之家二十年而葬之，以其先世誥命遺族人藏弆焉。居恆無疾言怒色加僮僕，於人無私親昵，而少年傲岸者，望之自遠。性不耐暑而耐寒，夏露坐，達旦不寢。冬則杖策獨遊,金陵諸勝,探陟殆遍,徒走數十里不言勞。于文長四六,于詩錯出唐宋間,于樂府小令,分隸節度,窮極幻眇。所得輿圖地志,丹鉛稽覈,悉其土風,坐照千里。于梵教不甚領略,絶不談鬼神。卒之日,命子書《太上感應篇》「此勸善書也,能力行之,聖賢仙佛具舉矣」。少夢胡僧示以貝典,病革,若有僧誦經其側,爲賦七言律一章示子。沐浴,冠服坐堂中,云有所往,啓户俟迎者。又數言當爲城隍神。垂絶,子問將何之,曰:「城隍閻羅亦若人世煩勞,但願得二親所在,常依歸耳。」子泣曰:「何不往生浄土。」曰:「吾素未習。」遂瞑。面如生,類尸解者。年八十有四。子諸生桂徵爲公狀,多情至語,文自斐然。

舊史氏曰:余客金陵,人言陳廣文先生賢,未從遊也。叔弟諭常熟,距先生去位三年,知其事爲詳。常熟諸生以叔弟之好交余者,亦數談陳先生,與子狀合,是以傳之。

大泌山人李維楨本寧父撰。

## 家貽跋言

白下自湖先生來教吾虞,余正在弟子之列,望之端然如松柏千尋之峙也,叩之則經史及藝家者流,亹亹然如泉源之百斛出而不窮也。是時爲萬曆癸卯,虞人士適罹池魚之殃,有詔停科試。先生終日匍匐免冠以請於當道,迨事得釋,猶有求多于虞人士者,先生報以平原獨無,寧拂邑令意,得下考以去，至今與論惜之。去之日，行李蕭然，圖書數卷而已。先生歸，乃得優游雲林，婆娑文囿，享大耋之齡。生平方正清白，仰天俯人，殆庶幾不愧不怍者矣。哲人既萎，徽音永絶。閲念餘載，而余吏隱白下，復與先生之子庭倩君游，安貧味道，一遵式穀之遺風，竊心儀之，歎先生爲不亡也。間出本寧、蘭嵎兩先生所爲傳述先生者，索余題其後。會余以于役入長安，諾焉而未果。今年夏，庭倩君忽來吾虞，相與瞻禮宫牆，徘徊往蹟，徵斯諾也，敬題數語。嗚呼！吾虞人士，文學愈盛而風氣自澆，青青子矜之章，令人三歎，而皋比一席，有類土偶，鐘簴不靈，欲求人師如先生者，其又可多得耶！時崇禎四年辛未五月夏至日，海虞門人魏浣初頓首拜撰。

## 自湖公像贊

虞山許士柔

先生司訓虞山時，予先子實在門下。予未毀齒，然聞先生風甚高，知慕重之。今閲四十餘年，先生去世已久，余叩命南雍，近先生之里。先生之子庭倩奉先生遺像屬題，敬成一律，并誌感慨。

憶昔聞名卯角年，開圖今始見翛然。學同范甯通經十，望比河汾負笈千。講席祇餘虞嶺月，墓田空鎖秣陵煙。九原若問舊遊地，惆悵風光不及前。

**又贊**前韻　里中徐揚光

仙蜕今垂四十年，清風道範望依然。便便腹笥書盈萬，濟濟紗帷客過千。抔土惟思同日月，陰官並爾等雲煙。有懷不寐堪承志，眼底名流孰似前。

**又贊**前韻　石城徐　惺

開卷如逢天寶年，先賢異代貌巋然。兒孫珍重同雙璧，祖父貽謀勝百千。白下風流空故里，秣陵人物剩寒煙。慚予六十餘年後，猶見槐堂手澤前。

**又贊**　會稽章秉法

卓爾前哲，篤學暮年。獲心於古，委運自然。出處不苟，動安性天。敦行式士，遜志希賢。德溢於位，貧耐鄭虔。著述日富，謙令勿傳。道存言立，良用慎旃。與公隔代，接斯遺顔。衣冠鬚眉，端惟古先。肅温清惠，繪影畢宣。厥後名道，嗜古踵前。以儒竟老，追慕風沿。持像願章，垂範實覃。何以贊之，典型在焉。生平梗概，朱李名篇。朱諱之蕃，爲公誌墓。李諱維楨，爲公作傳。師可百世，起敬以瞻。

## 又贊許先公韻

荆溪丁翺

高風久矣著當年，今日披圖更儼然。出仕竟無粟九百，居庭惟有禮三千。海虞猶見十分月，白下全憑一縷煙。可惜余生何太晚，不能立雪在門前。

## 又贊前韻

曾孫揚

奕世流傳已有年，今晨始得拜巍然。青氊坐老詩三百，白玉修文歲八千。一片清風留夜月，半生苦況鎖寒煙。雄才未展歸泉下，常使兒孫泣墓前。

## 又贊前韻

里中孫奇

每憶披圖悵昔年，此圖予髫年於周佐姑丈宅曾見，後杳不復見，每每恨之。於今重見始欣然。今見於鞏臣妹丈處，不覺欣然。斗山望媲昌黎一，神化功流泮水千。峻格遠鍾於越秀，高風尤邁石城煙。夜分讀至南州句，南州同鄉徐南高爲予祖姑丈。三世朱陳恍在前。

## 鞏臣公傳

公諱弘圖，字鞏臣，叔韶季子曇倩之孫也。公生於順治之甲午秋九月，自幼好讀書，欣然忘日，迨其父時雖少，已似成人，能動止以禮，嶄然見奇特，咸謂陳氏有子矣。不幸父早世，家甚貧，奉母伶相依爲命，歷盡艱苦，蓋亦有年。上有二兄，不能撫恤，故輟其誦讀，勵志經營。於是涉山川，越險阻，遍歷都會，駸駸乎其家漸興。故事母益孝，而事兄益恭，閭之人莫不過而式焉。康熙丙辰，始娶孫氏，以勤以儉，宜爾室家，視昔之母子煢煢，形影相弔，其相去益以遠矣。然以不能大啓爾宇爲抑鬱，爲牢騷，爲感慨悲歌之語。於何知之？於其遺訓知之也。遺訓云者，謂欲自我一人燕翼孫謀，開什百千萬云爾。壯哉公之志乎！惜乎未即遂也。其後歲在丁巳，舉長子掞，歲壬戌，舉次子揚，又歲丁卯，舉季子撰。居閒益自刻苦，課子義方，仰觀於天文，俯察於地理，而肆力於權衡術數閒。當時之有力者，欲羅而置諸幕下，不屑顧也。後母老以殁，每祭祀必涕泣，顧謂諸子曰：「吾祖越人也，以徙實京師而來此，迄今五世矣。族譜散佚，忘其先，子姓又孱弱，吾何恃而能俾而昌也。吾於父母未能竭力，及其歸也，又未能兆而封之，吾何恃而望後人之奮然而起，以慰先大父於九京耶！吾思及之，汗未嘗不濕背沾衣也。吾老，未果行也，然吾之夙志也。汝等勉而行之也。」掞等識之不忘。嗟夫！爲善無不報，求仁而得仁，必然之理也。若我翬臣壯遊少學，未竟生平，而其勤慎醇厚，孝悌慈祥，若有大過於人者。則將來食報於天，子孫赫奕，鳴於盛時，以振乃家聲，而彰公之德，頌公之志者，正未有艾也。翬臣卒年五十，歲在癸未冬之十一月。余未炙夫德而聆仲子繼先之述，於以述其事而傳其實云。時康熙歲次甲午季秋，奉政大夫、知遼陽府事、前濟寧州知州事、年家眷弟王三槐拜撰。

## 鞏臣公孫孺人六十壽序

原夫彤管揚徽，惟詳内則，瑶編紀美，多頌母儀。故百男致啓於後昆，夫子得光於前列者，自古既難，于今未易。若夫檢身應瑞，振厥家聲，積德回天，錫以純嘏，予於陳母孫太夫人不能不欣羨焉。母爲翁鞏臣公元配。翁會稽祖籍，白下僑居，曾王公薦于鄉，廣文常熟；祖父翁遊于泮，聲噪黌宫。翁上有二兄，終鮮繼述，惟翁承先啓後，創業興家，固翁之德有以致之，然莫非我母太夫人協贊之力也。母以孫氏江東巨族，素嫻内則，永叶桃夭。修婦道於内庭，二親色養；展坤儀於繡閫，三子聲聞。繼以克儉克勤，初終弗替；宜家宜室，閭境交稱。因思所謂太丘仲舉，一代偉人，而振邦家之光，被閭里之榮者，或亦得夫内助厥勷之力也。今者三子克家，三媳中饋。雀屏中選，張程皆坦腹之才；蘭萼盈前，長幼盡東南之美。始信醴泉溥博，芝草葱蘢，于以見我母家訓之善且美，豈余一人諛溢其辭也哉！歲在丙申，律中姑洗，既望二日爲母六十帨辰，請余一言爲序。余忝姻誼，知事甚詳，姑質其概如此。而尤足爲母述者，癸未之歲，翁赴玉樓，後之十餘年，母于扶鳩調鶴之暇，其相顧愉樂爲何如也。異日子若孫蟬聯鵲起，出其才華以襄王國，上請綸詔，以耀家庭。母由是而躋古稀，登大耋，享期頤，旌門建坊，且以曲江之遺，珥筆揚徽，紀休嘉於靡艾矣。賜進士及第、日講起居注官、翰林院侍讀學士、前提督順天府等處學政、奉召内陞翰林院編修、前知鞏州知州事、知壺關縣知縣事、年家姻眷弟張逸少頓首拜撰。

## 繼先家傳

秣陵之山巍然而大者，不可勝紀，鍾山獨稱爲宗。每多蜿蜒扶輿磅礴之鬱積者，恆有魁奇忠信才德之民產於其間。然往往欲從而求之不可得者，不意得吾陳子諱揚字繼先。繼先爲人慷慨有大志，時人不能知，繼先亦不出以求知，故放志於山巔水涯，隱朱頓而不倦。其先自會稽白下蟬聯而後，代有隱君子韜晦而不出，猶山之蜿蜒扶輿磅礴而鬱積者，則繼先之生，必神氣之所感通，豈吾所謂魁奇而一出者耶！繼先乃箪臣仲子，獨能恪遵庭訓，不忝先人。嘗遍歷山川，不避寒暑，尋其最大而遠者爲祖，近者爲宗，求其所謂蜿蜒扶輿磅礴而鬱積者，爲祖父封兆。如是者蓋亦有年，然求之愈久而愈不可得，意者亦同隱君子伏而不出歟？何天之不假易也。且山川結其精英，不過發此魁奇之士而爲邦家之光，爲宗社之榮也。今有隱君子者，出而求之，求之不得，寤寐思服，何天之不假易也？且宗緒二百餘年，散佚不考，宗人一本之氣於是窮，繼先毅然身任，囑余新之，以彰前烈，以啓後昆，是則祖宗積鬱二百餘年，今一旦發其磅礴之氣，必歡然無間，相慰九原，其立德爲何如？而其後又豈易量哉！康熙壬辰，余寄秣陵，即與繼先遊。迄今五載，素敬其爲人。其持己也儉，其待人也忠，而敦倫好學，丕振家聲，非吾所謂魁奇而一出者耶！至於邇言細行，洵有可觀者，予未能盡及之。時雍正丙午孟秋，眷教弟、荆溪丁翺少遊氏撰於石頭之浣花居。

# 卷五

## 傳記二

### 敬録先府君自撰墓誌于後

澧謹案：此篇原録於世系尚志公條下，故云于後。今析置此卷之首，不敢删改，謹仍之。

公諱士奇，一諱寶，字尚志，號虹橋，又號畸人氏，原浙紹之住墅村人。其先四世祖自湖公宦卒於江寧，貧不能歸，葬於鍾山之南麓，因家焉，故遂爲上元人。君少失椿萱，弱冠投渭陽于嶺左，四十餘年，艱難困苦，備嘗之矣。今以老疾，没于粤東，鬱鬱不得志，窮愁以終。其嗣君爲葬於粤山之陽，囑予爲誌。予與君周旋久，故深知其生平梗概。君性好學，其於經史百家以及陰陽術數之書，靡所不覽。而性情疏略，拘迂多疑，故終無一成。君又性好施與，見一人飢若己餒之，見一人寒若己凍之，故其憐孤恤寡之名，溢於嶺表。然不度德，不量力，往往稱貸於人以贈貧乏，故老而益窘，人或苦之，而君處之晏如也。終亦以此不能歸葬，而其先人丘隴，僅託其堂弟名士曉者守視，竟不得于生前一行歸省，是誠名教中一大罪人，君子亦無取焉。然予憫其志而悲其遇，故爲誌而銘之。其銘曰：

君生也窮，其死也空，予奚怨乎蒼穹！君生也勞，其死也超，予亦安用其悲號。

先君一生誠樸，深耻過情之譽，恐百年後不孝等溺于時俗，鋪張行述，或乞當代名公撰作傳誌，溢美失實，故于暇時手書是稿，以授不孝等。維時情殷愛日，屬望期頤，未及細審。兹卜葬有期，敬加詳繹，其中有一二過自引咎之語，未敢遵用。而此稿乃先君所著，亦不敢復有所增飾，故敬録于譜内，庶手澤之存，亦足以知前人之志矣。

不孝男大經、大綸百拜謹識

## 布政司經歷晉封奉直大夫陳君暨淑配沈安人晉封宜人墓誌銘

呂　堅

君諱寶，字尚志，别字虹橋，姓陳氏，紹興住墅村人。四世祖自湖公宦于江寧，卒官，貧弗能歸，葬鍾山之麓，遂家於上元。世著清白。考可均公力學不永，君少孤，旋失恃。弱冠，依舅氏於嶺南，貧孑一身，備嘗辛苦。憤其學之不竟，俗務少畢，輒手一篇，由是瘁力經籍，究諸子百家之言，尤精數學，占則屢中。然義所當爲者，不占即爲，爲人占，必先正其誼而後及乎趨避，人或迂之，弗顧也。晚好爲詩，出語清快，觸有天趣而渾其工鍊之迹。其爲學也如是。然君不自衒其才，與人言循循然，或不知其所養。其不言而躬行，則人皆知見之。在粤歷年多，歷事又多於年，人地有徵，筆舌難罄，惟樂善如東平，見色如展季，臨財如管寧，飲酒如邴原，擇交如蔣詡，處友如范式，人恆稱道之。其爲人也如是。君既好其德，則因依者衆，又每至於乏，抵於老，且不倦，而終弗能歸。先人丘隴，託其從弟士曉守視，而心以爲歉。示疾將死，乃自爲誌，其作達也如是。是多貶辭，存其略世系云云：今以老疾於粵東，鬱鬱不得志，窮愁以終。配沈宜人，先二年卒，其嗣經若綸爲合葬于番禺□□山之原，此君之志有在，温非其好也。非不正首丘，行季札伯鸞之道也。曰君於書無所不覽，而性情疏略，拘迂多疑，故終無一成。此自知之明，病病不病，而又不自足其業之盛也。曰君性好施與，見一人飢若己餒之，見一人寒若己凍之，不度德，不量力，往往稱貸於人以周給。蓋有味乎言之，所以勸後也。其死無所憾，而惓惓於住墅之村，惻惻於鍾山之麓，且自引以爲罪，其孝思也如是。君生於雍正癸丑年十月初七日辰時，卒於嘉慶甲子年七月初九日戌時，享壽七十有二。職布政司經歷，晉封奉直大夫。德配沈宜人，會稽小皋埠進賢公之次女，秉賦殊特，秀外慧中，勤己而後勤人，儉己而弗儉人。不傳粉墨，親操井臼，如孟德曜；存不忘亡，安不忘危，如桓少君。四十年敬不衰於夫子，如冀却之婦。夫如是，相夫育子所以底於成也。生於乾隆甲子年十月初二日巳時，卒於嘉慶壬戌年十月二十七日申時，享壽五十九。例贈安人，晉封宜人。生四子：伯大經，娶□公女孫；仲大綸，娶□□公孫；叔季不禄。六女：長適徐，次適婁，三適陶，四適秦，五適徐，六未聘。

石帆呂氏曰：余因史春林納交於虹橋先生之長君、次君，誦詩倍文如得其爲人，而恨不及先生之尚存也。嗣出一篇，云：「先子自誌，俟起貸也，意抑辭苦，吾子筆焉，然尚質不尚文也。」余不得辭，感其不請於大人先生而屬之堅，以余有狂直名也。至先生之言行，自足不朽，於文何有。銘曰：其生也與衆同而不同，其同也數之壽夭窮通，其不同也理之仁義正中。其死也與衆止而弗止，其止也塊然之官骸支體，其弗止也卓然之文章名氏。矧老萊之有婦，而太丘之有子，宜其山高水長而延之不已也。

## 先祖考布政司理問銜封奉直大夫尚志府君家傳

府君諱□，又諱□□，字尚志，號虹橋，又號畸人，贈奉直大夫可均府君之子。生而穎悟，英氣過人，年四歲，母韓宜人卒，繼母喻宜人撫之甚有恩，府君終身慕之。嘗曰：「世人謂繼母多不慈，吾不信也。」年十八而孤。家貧，時舅氏韓公客廣東，因往依焉。吾家世居金陵，至府君始遷粤，爲番禺人。客於沈氏芝亭、李氏厚齋家，往來兩廣、湖南，寄食於鹽商，備嘗困苦。性慷慨好施與，勤苦所得，十九以分人，所交多貧士，解衣推食，力不足，則稱貸給之。家無一宿糧，不計也。所周恤有素不相識者，然施不望報，不欲人知，如是數十年不倦。廣西有貧嫗，子客廣東，久無書問。嫗思子成疾，府君爲其子書，言明年當歸，并寄白金。嫗得之，大喜，疾良已。明年，子竟歸，聞之大疑怪。人曰：「必陳公所爲也。」來問府君，府君笑頷之。曲江、樂昌間受其德者尤多，稱陳菩薩云。偶有他往，送者雲集，有追思泣下者。時有鹽商陳維屛，卓犖負氣，重府君，欲分鹽筴之半爲贈。秀水李觀察韞齋欲爲捐納得官，府君皆却之，曰：「富貴者，天所以厚有德也，無德而冒之，不祥。」生平廉静寡欲，無聲色之好，誠樸嚴正，疾惡如讎。人有過，直言抵斥，已復巽言勸誘，故人亦樂近之。好讀書，凡六藝、諸史、百家之書，靡不貫串通曉。尤精陰陽術數之學，占六壬最驗。嘗讌集有失金者，府君占知其人，笑曰：「君匿彼金，戲耳，今可還之。」其人大慚，因曰：「實戲耳。」乃出金。有鬻宅者，府君占之曰：「此近用武地。」其人大驚，蓋宅鄰爲較場云。嘉慶九年正月，自占年壽，曰：「我七月當無疾而死，死必以夜。」至七月，家人夜勿閉户也，果以七月九日無疾而卒。將卒時，不言家事，惟以資財衣物分贈親友，又自爲《墓誌銘》，有云：「見一人飢若己餒之，見一人寒若己凍之。」又云：「其生也窮，其死也空，其生也勞，其死也超。」其自道如此。捐從九品，又捐布政使司理問職銜。以子大□封、大綸贈皆爲奉直大夫。所著有《雙字類箋》二卷，《焚餘草》一卷，《錢卜》一卷。

孫澧謹案：祖考自爲《墓誌》及呂秀才堅所爲《墓誌》，書事皆簡略，澧今謹據兩《誌》及左都御史李公宗瀚、某官趙公維經所爲《壽序》與家庭所聞，又從學鄭先生光宗、王先生和鈞時亦有所聞，撰次爲傳，以示子孫。傳中所書人，皆據舊文，不知其名者，謹闕之。

## 書後

府君在韶州鹽商所，主人計所入虧千金，謂府君取之，將訟焉。府君恚甚，度與商訟必不勝，思殺身自明，乃夜縊於樹，昏黑中若有人抱持之，繩絶如剪，復自刎，不殊。鹽商大悔謝。府君遂歸，自是不復客於人。此事澧聞之叔父諸姑如此。表兄徐先生行告澧曰：府君與友朱公同客鹽商所，朱耗主人千金。府君爲書使朱公至廣州，告我先考曰：我負主人千金，急謀償之。朱公甫行，而主人察知所耗金。府君曰：我爲之。主人將訟之。府君計朱公未抵廣州而訟不可緩，計無所出，然終不肯言朱公，乃縊。朱氏至今感泣焉。朱公之子越亭爲徐先生言之。澧告叔父，叔父不知也。以所聞有異，不知其審，别記之於傳後。

## 花南軒筆記一則

番禺舉人李能定碧玲

予友陳君蘭甫出其令祖虹橋翁詩見示。聞翁不以詩鳴，而天籟自然流轉，爲專門名家所不及。著有《焚餘草》一卷。兹録其《擣衣》云：「一杵一思尋，淒涼無限心。似將千古恨，并入五更砧。意逐金風遠，聲隨玉漏沈。旅人如聽此，應爲一沾襟。」《山居即事》云：「白雲深處少塵埃，自倚疏林坐石臺。村酒易從鄰叟得，山花偏向野人開。鵲巢駕樹鳩先待，螳斧當車雀便來。世事乘除都似此，豈如常覆酒中杯。」《新村野望》云：「扁舟一葉渡前灣，策杖登厓手自攀。徑涉總無過膝水，入村半是不毛山。行人遺火燎原去，飛鳥銜煙認樹還。遥望泗城春色好，蝶忙何似海鷗閑。」又云：「當年於此最關情，三度重來歲幾更。極目遠村猶繫姓，論心野老尚知名。雲開楚嶺銷愁陣，水下韓瀧變恨聲。回首夕陽山頂樹，鳴棲無復舊時鶯。」《暮春有懷白下呈表弟仙圃》云：「六十年來同作客，四千里外各浮家。身多疾病謀生拙，業鮮箕裘教子差。海徼已知春寂寞，秦淮猶記昔繁華。何時握手談心曲，武定橋頭聽賣花。」《望遠》云：「早潮纔退去，夜潮還復來。如何郎一别，不見應期回。」又：「昨夜花生燭，今朝鵲噪檐。殷勤囑女伴，黯地問神籤。」又：「徹夜欹孤枕，朝來夢轉多。鷓鴣驚醒後，猶聽叫哥哥。」其他佳句如「有酒日三斗，無題常數篇」；「無物可貪休諱老，有兒能養亦忘貧」；「客久反疑歸是别，路長難擬去還來」；「人到暮年多遠慮，客居安土得餘歡」；「多病始愁留客苦，濫交方驗作人難」；「拔劍擬驅蠅入座，焚香常誤蝶窺簾」；「野徑自饒螢火照，衡門知應犬聲開」；「一任江豚吹浪起，小舟安穩足酣眠」。又五字句云：「燈光近曙寒。」又七字句云：「得意文章憂患來。」又云：「詩到成魔始漸工。」

## 虹橋先生暨德配沈孺人七秩雙壽序

蓋聞負軒輊之材者必具堅貞之質，爲瑚璉之器者自非苦窳之流。竹有筠而松有心，豈幸全於社櫟；金不爍而玉不變，抑何貴於康瓠。比類而觀，於人不爽。是以君卿達節，馴至高年；杜子揮金，遂通仙籍。大都志量宏深，亦屬善緣累積。若夫鴛鴦茀禄，白頭偕鴻案之人；堂構焜煌，束髮繼昭琴之緒。此又昔賢所稱全福，而奕世被其流光者已。惟我尚翁老伯大人，潁川大姓，嬀水名宗，世家占觀國之光，太史奏德星之聚。始居西浙，卜鄰則里近孝慈；繼徙金陵，買墅則鄉臨廉讓。雖南朝舊俗，靡綺成風；而六代强宗，賢豪不替。乃祖繼先公標格嶔奇，胸襟磊落。何子皙群稱通隱，每樂施予；樊君雲恩在鄉閭，終焚券契。翁荷承祖德，卓有家風。崔信明生逢異雀之徵，徐孝穆幼著石麟之兆。識風丁於襁褓，知具夙根；辨麞鹿於髫齡，賞其早慧。五行俱下，十事無遺，七步成吟，八叉就韻。耻爲章句，笑無益之經生；薄視科名，羨出群之良馬。相如涉獵，文擅漢庭；宏景多能，名高江左。是以奇侅之學，靡不旁通，至於壬遁之書，亦皆潛究。乘風破浪，縱懷天末飛鴻；挾策干人，立見囊中脱穎。既遠遊於楚越，遂取重於原嘗。翁借箸而籌，揮毫而答。陳計然之畫，銖累無差；占孟公之書，親疏必當。比肩狐貉，不愧緼袍；出入朱門，無殊蓬户。或聳以鹽鹽致富，或諷之入粟拜官，皆含笑不言，掉頭不顧。其高尚也如此。至若專趨人急，有甚己私，慕郭元振之存心，懷紀歷陽之尚義。徐陵散米，以贍諸親，子敬指囷，用資良友。告緩急者，未嘗辭之以亡；呼庚癸者，則將應之曰諾。坐是囊無餘蓄，廪乏宿舂，而義俠馳聲，淵源有自者矣。翁欲歸無陸賈之裝，選勝卜虞翻之宅。五羊城裏，頗盛交游；朝漢臺邊，堪栖眷屬。乃德配沈孺人楚國高門，東陽華裔。十三織素，巧擅天孫；二八明詩，居然博士。窈窕閨房之秀，幽貞林下之風。其處室也，不逾外閑；其結褵也，克修婦職。衿纓問寢，雞鳴則敬捧盤匜；衽席懷箴，昧旦則往觀鳧雁。禮梵天而樂善，助夫子以博施，或至傾貲，不嫌脱珥。龐眉皓首，同登杖國之年；駟馬高門，復有克家之子。爰於小春令候，欣逢初度佳辰，帨設於庭，弧懸在户。星名婺女，傍南極以生輝；樹號靈椿，與芳萱而並茂。麻姑釀好，時當桑落初過；子晉笙調，律應葭飛伊邇。屏開雀尾，簾軸蝦鬚，炰膾芬芳，庭幃燕喜。金昆玉友，羡養炬之雍容；瑜珥瑶環，撫孫曾之朗秀。試聽珩璜流韻，趨承則膝繞雛鴦；即兹冰玉相形，妙選則人稱禁臠。又有東都賓客，南國名賢，契託芝蘭，義同肺腑。相將製錦，酌大斗以祈年；鄭重摛辭，屬觚生而授簡。蓋翁昔爲桂林之游，與家尊有縞紵之素。經年下榻，漫比伯通；即事題襟，尤推成式。侄幼聆妙緒，或至忘炊；每憶高風，輒思撰杖。拜耆英於床下，未獲從心；稱賤子於尊前，無由獻壽。然而親承霽月，允爲一代之賢；叨備史言，寧昧三途之義。方且載諸銀管，冀其必傳；便當先以吉詞，敢云善頌。伏願他時白鹿，見海上之方瞳；每歲蟠桃，偕西池之戴勝。謹序。賜進士出身、誥授中憲大夫、日講起居注官、翰林院侍講學士兼掌進擬文字、國史館協修、武英殿實録館宫史纂修、稽察右翼覺羅學、庚申科福建鄉試正考官、隨帶加一級愚侄李宗瀚頓首拜撰。

## 虹橋先生七十壽序

士固有伏處草茅，篤志好學，飭廉隅，薄名利，而復能利人濟物，好行其德者，倘所謂有道之士，非歟！惟吾虹橋陳公，有足稱焉。公先世浙東住墅人，後徙金陵。家本素封，大父繼先公慷慨好施，樂善不倦，家道中落。公甫弱冠，祖父相繼捐館，遂孑身入粤，混跡于沈芝亭、李厚齋之門，往來兩粤南楚間五十餘年。性恬澹，不慕榮利。所結交多貧士，解衣推食，所入脩脯，十九率以分人，家無隔宿糧，勿計也。韶、樂之間被其澤者，不可勝數。偶有他往，餞送雲集，甚有追思泣下者。噫，何入人之深耶！且雅好讀書，凡經史子集及陰陽術數之學，靡不周覽淹通，發爲詩歌，傲然有不可一世之概。尤工長句，爲吴古心、黄鶴溪、李松圃諸先生所推服。秀水李觀察韞齋奇其才，欲捐俸爲公援例通籍，公堅却之。維屏陳公卓犖負氣節，以公倜儻正直，舉州山埠十分之四贈之，公亦固辭。且曰：「富貴利達，天所以培有德也，無其實而冒濫之，必有奇禍。吾非惡富貴而逃之，實避禍矣。」夫世之汩没於名利而動以身徇之者，固無論矣。即有皎皎自好，平日竊附於聖人之徒，一旦榮寵當前，納金暮夜，不畏四知，及至餗覆於公，貨悖而出，求返其故步而不可得者，比比也。今公視朱緩其如浼，唾萬珠而如遺，非有道之士，惡能若是哉！今歲小春七日，爲公七十初度之辰，戚友咸欲製錦稱觴，吾等尤爲公所知愛，雖不能文，爰述公之梗概以介眉壽云爾。姻愚弟趙維經等仝頓首拜撰。

## 虹橋先生七旬大慶四十韻

四海萬重山，惟嶽凌宇宙。百幹千章樹，惟松挺堅瘦。吾鄉虹橋翁，實應金精宿。讀書慕古人，立志獨不苟。咬文嚼宫商，冥心窮二酉。挾策屢觀場，主者終勿受。翩然度嶺來，旅食商人埠。混跡魚鹽中，赤心豁白晝。其剛玉莫磷，其清石可漱。行誼無少虧，襟期可共剖。慷慨好施與，勿計人孤負。到處有逢迎，歡戀極老幼。至今重言諾，倜儻還如舊。家有丈夫兒，錚錚俱無醜。長者堪肯堂，次者亦肯構。蘭孫四五枝，枝枝皆穎秀。翁乃百無營，惟書不釋手。澤國名賢中，可有此人否。僕雖未見公，蒙惠頗已厚。感公情義深，塵埃識徐某。孟冬公七旬，詩書稱黃耇。裙屐四方來，觴公以大斗。賤子抱區區，無以爲公壽。報公以瓊瑶，公家富且阜。報公以桃李，公門種成畝。妄將下里音，强凝鈞天奏。祝公年日增，望公德日茂。年增不足矜，德茂纔堪久。鄉黨共推崇，内省終無疚。豈徒振家聲，且以垂不朽。他日賦歸與，僕願隨公後。茅屋三兩間，桑麻雜雞狗。閑來商文章，一月可八九。鳳鳴群鳥息，月出星辰走。頭銜號釣徒，環堵栽花柳。興到看遠山，客至剪春韭。何以佐盤飧，冰桃共雪藕。朝吟陶令詩，暮醉麻姑酒。旭日透南窗，清風來北牖。飯罷曝檐隈，身世復何有。山陰徐廷元拜草。

## 尚志公跨鶴揚州行樂圖贊

茫茫今古雙丸躍，三萬六千何處樂。黑甜無枕亦堪尋，酩酊酣眠誰束縛。人世黄粱未熟時，富貴神仙皆寄託。吾友虹橋磊落才，卿杯箕踞肆吟噱。論詩欲和崔顥題，格物不數張華博。鄉園白下客湞江，半生蠖屈藏鋒鍔。心跡雙清冰在壺，豪華擯棄功名薄。天機活潑悟真空，是仙是佛胸開拓。傳神豪素太離奇，避去尋常小丘壑。蒙面分明抱甕眠，乘雲已跨揚州鶴。竹西歌吹不聞聲，二分明月映城郭。箇中消息竟窅然，須信棋高原不著。我是天涯懵懂人，肯向天涯歎淪落。願生兩翼伴君游，好景如斯殊不惡。與君同幻夢中身，翱翔轉瞬成糟粕。從筆披圖發浩歌，他人有心予忖度。乾隆丙申嘉平月黄山愚弟黄燡照敬題。

## 又

平原下客字畸人，四十無聞名姓湮。一生碌碌不足道，睡鄉盤谷終其身。憶投渭陽年尚小，渭陽期望初矯矯。東馳西奔迄無成，不覺韶華倏已老。長鯨百川成子虛，秋風鱸鱠空踟躕。鏡中形影徒自悼，醉鄉遭際殊模糊。拊膺長息嗟淪落，鄭俠圖中顔索寞。牀頭金盡當若何，世間烏有揚州鶴？猶幸糟丘别有天，族居常覯搏與暄。予謂靈均不足學，此中佳趣宜流連。予曰舍此更安適，行將老此奚復遷。吁嗟我生茫似寐，相逢盡是壺中路。圖成酩酊復朦朧，從兹跨鶴揚州去。世人笑我太癡迷，我笑世人終不悟。乾隆丙申長至畸人氏自題。

## 書請旌表再從叔祖母沈夫人貞節事

侄孫澧

澧之再從叔祖諱承恩，字惠川，乾隆末年自金陵客游廣東，爲樂昌沈氏贅婿。早卒無子，叔祖母依其弟立綱。道光元年，先叔考自廣東省城移居花縣之把水莊，以書迎叔祖母，將奉養終其身。叔祖母偶自把水來省城，居澧家，貞靜慈和，家人咸愛敬之。未幾，仍歸樂昌而卒，今又三十餘年矣。澧以叔祖母早寡守節，當請旌表而不得其守節年數。會有鹽商張星隅往樂昌，澧屬其訪於沈氏。星隅書來言：立綱及其子敏求皆殁。敏求有妹適東頭街魏氏，言其父舊居曲樹街，有室奉我叔祖、叔祖母兩木主，皆有生卒年月。敏求賣宅，遂焚木主。今有墓在樂昌路佛廟右對山中。星隅往訪得之，叔祖墓碑刻乾隆六十年九月二十三日葬，叔祖母墓碑刻道光十年十月二十三日葬。立綱墓在其右，故魏氏婦爲祭掃維謹。澧遂以葬之年月具呈於官，請旌表焉。

## 先考奉直大夫候選知縣府君事略

嗚呼！澧生十歲而孤，不獲見先府君行事。年十五，又失我伯兄，不及咨問。稍長，聞諸先宜人，得府君内行及親友所稱道，蓋《周禮》所謂孝、友、睦、姻、任、恤，府君以之。乃流涕而書其略，所不及知者，靡得而詳焉。府君諱大經，一諱立本，字翼庭，號新齊，理問君之長子。母沈宜人。府君幼穎悟，善讀書。及長，家貧無以養親，乃棄舉業爲吏代耕，又去爲鹽商，當勞苦窮迫而奉養豐腆，不使父母知其貧。嘗負數萬金，歲除索債者集於門，府君入，以他出告，引索債者赴他所，婉辭使解去。漏三下乃歸拜堂上，愉愉如也。理問君性儉，天寒，府君進狐裘，假言其值，曰：「今年狐裘賤，此若干錢耳。」理問君服以過其友，曰：「天寒，君何不製狐服之，今年狐裘賤，我子買此若干錢耳。」友熟視裘，歎曰：「非裘賤，君有孝子也。」以理問君年老，當戲玩以娛志，則適市買自行偶人數十羅於前。理問君果大喜，以分賜童孫焉。其先意承志類如此。理問君小不悦，則衣冠束帶，率家人跪堂下引罪，俟色霽乃起。理問君或怒未已，府君進跪几前，免冠求撻以解怒。理問君即以杖扑首，怒解而府君徐退，欣欣焉如受賜焉。沈宜人有疾，府君率家人晝夜謹侍，數年無倦容。醫者言當視糞色，辨疾輕重。府君日捧持槭窬，反覆諦視。以沈宜人寐善驚，飭家之人入侍者咸不得語。天大暑，有摇蒲葵者，微有聲，命易羽扇，於是室中若無人者，沈宜人得安寢焉。府君仁慎而精敏，兩廣總督覺羅吉慶公見之，與語，歎曰：「良吏才也。」勸之仕。府君亦思以禄養，乃捐納知縣加三級，爲理問君沈宜人請五品封，未赴選而沈宜人及理問君先後即世，府君哀毁骨立，服闋，遂不出。府君頷下故未有鬚，丁沈宜人憂，不薙髮，鬚遂長。後乃畫像爲撚鬚狀，曰：「以此志吾痛也。」蓋終身之慕云。與弟妹友愛篤摯，兄弟同財，一無所私。嘗言於路拾一錢歸，必與弟共之。凡處事多損己益人，周恤親故無算，以故家有所積，半散去。有以府君資助至鉅富者，府君未嘗自言德也。有盜穿垣入，僕與格，僕傷墮齒，竟擒盜。府君問之曰：「何苦而爲盜耶？」盜曰：「家有老母，無以養也。」即釋之。其仁厚皆此類也。生平佩服粗樸，寡嗜好，惟喜讀史。晚年日讀《資治通鑑》，夜則穴帳置燈臥讀之。有所論，輒筆於卷端。《宋史》亦有府君評於卷上及夾紙評論者，其書今藏於家。體清羸畏寒，五十以後，至暑月披裘。嘉慶二十四年四月朔卒，年五十有七。

## 先妣劉宜人事略

先妣劉宜人，浙江會稽人，明左都御史忠端公宗周之後也。父諱孝德，捐職布政司理問，母呂氏，無子，惟生宜人。年二十，歸我府君。宜人仁厚淳慤，寡言笑，事舅姑以誠孝。先理問君性嚴，子女若婦時被訶責，獨愛重宜人，嘗齋戒禱神，人問其故，曰：「爲我賢婦祈福也。」其得歡心如此。御下慈惠而有體，奴僕愛戴之，私呼爲佛。畜小婢如子女，恆慮其飢，時持餅餌就啖之，有過訶之而已，未嘗笞撻。聞笞婢者，輒不悦曰：「彼亦人子也，而忍笞乎！」居家謹持禮法，年既老，非有故不至寢門，親串卑幼男子入謁者，必禮服乃見之。家人言語稍褻慢，必斥之。性惡酒，見飲酒者輒不喜。宜人惟生我伯兄，年方壯而卒，宜人日恆悲泣。是時澧與伯兄之長子宗元年皆未冠，宜人憫其無父兄之教，督察嚴密，聞塾中無讀書聲，輒責之。親表往來者，宜人至屏後伺其言動，或不正，戒澧、宗元勿效焉。及澧、宗元年既長，宜人稍歡樂，然於子孫上壽，猶禁之不欲侈費也。所服簪珥無珠翠飾，一衣恆數十年，見者詫爲古制。子婦若孫進新衣衾，輒却之，屢請，則藏於篋，仍用故者，蓋儉素出於天性焉。宜人以道光十六年五月十三日卒，享年七十有三。是時澧會試不第，歸至南雄，得家書知宜人疾病，舍舟馳至家，已不及矣。嗚呼痛哉！澧以孽子蒙宜人篤愛，無異所生，而未嘗盡纖毫孝養，復以馳逐科第，不得視含斂，躬蹈不孝之罪，復何言哉！復何言哉！然以宜人淳德，不有述焉，以示後世，其罪益大，乃泣血記之，將與先府君遺事並刻石於墓道焉。

## 先考奉直大夫候選知縣府君墓誌

皇清誥授奉直大夫、候選知縣、加三級陳府君之墓。君諱大□，字翼庭，更諱立本，理問君之元子也。誥封宜人會稽劉氏。

澧謹案：晉劉韜墓志云：「晉故使持節都督青徐諸軍事、征東將軍軍司關中侯劉府君之墓。君號韜，字泰伯，叔考處士君之元子也。夫人沛國蔡氏。」其石長今尺一尺六寸，廣四寸半，上鋭如圭形。武虚谷《偃師金石遺文記》以爲禮家宜倣爲仿人埋銘定式。澧於考妣　兄墓敬仿其制，屬南海熊君景星書之。

## 翼庭府君獨立圖詩

立腳須知穩最難，惟君識得坦途安。襟期擬作清風誦，世事能同止水觀。□野幾曾誇驥展，南溟猶未息鵬摶。神恬慮澹憑誰□，證入空明鏡裏看。

飲我醇醪春復秋，轉慚高誼豁南州。心藏雅好詩難寫，□□謙衷畫欲浮。駐足□□餘步計，撚髭應裕後人謀。傳經爲語趨庭子，獨立深情想見不？

嘉慶丁卯季翼庭大兄大人以鏡屏獨立圖，爰賦長句二章呈正。華墀弟孟佐舜拜藁。

## 恭祝誥封宜人陳母劉宜人八秩開一壽序

程恩澤撰　楊榮緒代作

元默執徐之歲，秋八月，余奉命典粵東鄉試，得士曰陳澧，篤雅有節，儀表可偉，有袁淑之文而不作才語，具奉高之器而莫挹遠量。余詢其家範，則知尊甫奉直君不及養十餘載，其嫡母劉宜人所以育之者備至。茅容之内行，具有本源；仲郢之能文，厥由稟受。余已心韙之矣。及游京師，未擢高第，遲遠志其有待，寄當歸以頻來，將以閼逢之年，夾鍾之月，爲宜人七十有一生辰。吹華黍之笙，上介眉之酌，瀕行之術，而神明益堅，不披老氏之書，而禮儀彌習。此非得天獨厚，而純嘏有常者乎！迨生以明經舉於鄉，賈誼之策殊科，纔逾弱冠；士衡之擅文譽，已滿名都。樹恆春而方滋，枝旁挺而彌茂，而宜人持盈以約，遇泰而安，方耿弇北上之日，述鄧元過江之誡。以故正平之刺，不懷於達門；孟郊之衣，時惕乎遊子。其賦陟屺而惕臨淵者，良有由也。惟中和之初吉，肇設帨之嘉辰，歷花朝而期益三蓂，增甲子而數將一紀。新婦則蘭膳初馨，曾孫亦荷衣學拜，羣賢畢集，弁首余言。夫古者閫限内言，不事侈陳婦範；籍稽洪算，弗聞曼衍遐齡。壽母之見於詩，以魯侯而作頌；壽人之揚於曲，逮唐山而權輿。厥後鐵牙金齒之詞，朱鳥丹鷹之祝，珩璜餙其耀鏗，鞶帨矜其藻繡。若余之爲斯序者，誠以膺史職而補彤管之遺，採文苑而仿菊銘之體，且勉生知年有訓，念宣尼一以喜之言；貽親以名，立文仲三不朽之業云爾。

## 陳母劉宜人壽序

緊者苔岑結契，范巨卿遠約升堂；萍水論交，盛孝章便邀拜母。故知内言不出，禮雖著於曲臺；坤範所宣，美已傳於麗澤。此盧壼特表宣文之學，而范逵深知陶母之賢者也。若我友陳蘭甫之母劉宜人者，其近代之女師乎！宜人幼即莊姝，長而和惠。當在馬融之室，女誡早嫺；將興王肅之門，家政能攝。及其歸我翼庭先生也，如賓之敬，舉案而前，知子之來，雜佩以贈。諧和叔妹，孝養尊章。唯采南澗之蘋，不撲東家之棗。月織一絹，日儲十錢，閨門之中，内職咸理已。至于翼庭先生，義重雙旌，行輕一羽，嫠孀待之舉火，姻串資其饋貧。宜人佐理，指囷曾無吝色，號佣椓斛，實媲芳徽。此又以徵積善之必昌，能勞之有繼者與？逮乎臺築懷清，門旌行義，雖家督之克荷，嗟予季之靡瞻。蓋時蘭甫年始幼孩，枝從旁挺，宜人則殫心聖善，極意恩勤。尸鳩無異視之情，凡能有至嚴之教。一食之細，必戒其絮羹；數齡以還，即課之荻筆。故蘭甫當仲華拜衮之歲，擅季方難弟之稱，闡高密之爻辰，習叔重之雅訓。餘事兼工夫《周髀》，小詩欲雜乎仙心。望重孝廉之船，文成元化之格。已拋白紵，待啖紅綾。從此虞集文章，胥由慈訓；馮勤貴寵，悉本義方。拜蘇家冠帔之榮，受蔣母帳帷之賜，或侍祓而持節，將觀樂以導輿。歡喜大來，純嘏屢錫，加以文孫競爽，亦號三龍，佳婦承顏，能供雙鯉。歡娱暮景，長歌介壽于蘭陔；擁護春暉，無假延齡于菊水矣。某等才愧王珪之客，辱交嚴憲之兒。謁虞氏之養堂，群賢畢集；過茅容之學舍，一飯曾留。以此周旋，備聞禮法。兹者纔過中和之節，屬開靈壽之花，班衣交映乎金章，絳幔争輝乎瓊席。輒亦自忘嗤，略述清芬。德星聚於一門，育源有自；寶婺明於五夜，介祉何疑。俾爾壽亦俾爾昌，有是德宜有是福。傳編列女，俟彤管載筆之書；曲製壽人，博玉女投壺之笑云爾。

## 先兄天一府君墓誌

皇清例贈修職佐郎、從九品職銜陳府君之墓。君諱清，字天一，□□知縣君之元子也。

# 卷　六

## 遺書録

澧謹案：自湖府君學術精博，據《行述》、《家傳》所云：探討六經，最精《周禮》，稽核輿圖地志，旁及藝術日者家言。爲文長於四六，詩錯出唐宋間，樂府小令，窮極窈渺。則所著撰當不少，惜乎不傳於後也。舊譜惟載庭倩府君一文，繼先府君一詩，餘無存者。澧今敬修家譜，特增此門，著録遺書，詳其卷數，若文少不成一卷者，則書篇數。載其序跋，凡以見著撰之旨云爾。若夫手澤所存，無使壞失，則在乎子孫護持之力矣。

**錢卜一卷** 尚志公撰

法以錢五文次第而出。按《洪範》水火木金土爲序，以面爲静，冪爲動。衡之時令，得時則吉，失時則凶。相生則吉，相剋則凶。静多主吉，動多主凶。皆天地自然之理，學者其細玩之。自序

**選擇書　卷**尚志公撰

**雙字類箋二卷**尚志公撰

澧聞二兄岱源云：祖考尚志府君輯有《雙字類箋》一書，分天文、地理等門目。如上字天文，下字地理之類，題曰金陵古錢氏陳寶輯。今書已亡矣。孫澧《識月軒筆記》。

**焚餘草一卷**尚志公撰

詩本性情，發乎天籟，有不求工而自工者。先大父理問君不爲詞章之學，所著有《焚餘草》一卷，稱心而言，遂多佳句，如「客久反疑歸是別，路長難擬去還來。」「多病始知爲客苦，濫交方驗作人難。」「人到暮年多遠慮，客居安土得餘歡。」「樓外曉霞終是幻，峽中殘夢莫疑仙。」「也知老去情難盡，未必愁來醉可消。」「雲開楚領銷愁陣，水下韓瀧變恨聲。」「拔劍擬驅蠅入座，焚香常誤蝶窺簾。」「一任江豚吹浪起，小舟安穩足酣眠。」大都閱歷既深，淵然有德之言。又如「無物可貪休諱老，有兒能養亦忘貧。」敬誦之，覺先考先叔考美志，承歡之美，溢於言外也。孫澧《識月軒筆記》。

**醫方歌訣一卷**綍廷公撰

## 卷七

### 墓圖[一]

茶阬墓圖

馬嶺墓圖

## 卷八

### 祭田記[二]

# 卷九

## 舊譜序跋

澧謹案：新修家譜既成，其舊譜序跋如冠於新譜之前，則覽者不明，而此諸文又不敢失墜，今謹彙而録之爲一卷。吕氏堅所爲《序》，爲舊譜所未載，今自吕氏《遲删集》録入。澧所鈔金陵舊藏《家乘》目録亦附於後焉。

### 序言

陳氏家譜，譜陳氏之族也。陳氏始於舜裔，後蔓於天下。晉太康間有祖起於趙，而譜不及者，親盡也。大宋肇興，遂徙南冀，迄今科第代不乏人。康熙庚戌，予舉進士，補令於濠，得與善居劉君、正誼孫君後先從事。公務之暇，嘗念祖功宗德之遠且深，而予所以報之者，未克殫其毫末也。間者，有鞏臣君來自金陵省姻婭，幕席孫君乃其舅也。在署信宿，因知其姓氏與予同一源也。知其曾祖秉鐸於虞山也。知其後嗣予同年友朱師晦高第也。議論往事，與吾族先代英賢皆歷歷在諸齒頰間。予幾回留之，不能止云。其後予轉京尹，三歷郎署，而犖臣次子繼先賈於京師，與予子青田晨夕促譚，敦好日睦。既而出其家貽與其家譜問序與余。余以宗人之誼兼故人之情，不敢謝以不敏。大凡來錦衣玉食家，不數傳而淹没無聞者，不可勝記，豈謀之不臧與？抑所以燕翼其子孫者而有未盡善耶？故欲明本支之義，務崇敦俗之風，而致其敦俗之方，則修譜牒之務爲亟亟也。蓋源之遠者，流必長，根之深者，枝必茂。昔者予典試粤西，取道浙右，於以見山川之勝，甲於天下。其後歷吴門，涉大江，睹鐘阜之龍蟠，仰石城之虎踞，洵不愧名區也。犖君出自會稽，發軔江左。誕三子，洵美且賢，宜其子孫繩繩，奕葉無窮也。然則由一世以至於八世可知，則自八世以至於千百世，亦何不可知也哉！敢綴數言，以爲弁首。時康熙歲次乙酉，孟冬穀旦，賜進士出身、中憲大夫、兵部車駕司郎中、典試廣西主考宗末宗彝拜撰。

## 陳氏家乘序

嘗聞家乘猶國史也。治國之事非一，而史不可不纂。治家之事非一，而乘不可不修。惟其修，而孝悌之心可以油然而興矣。夫情見於親，而親見於服。而服始於衰，而至於緦麻，而至於無服。無服，親盡也。親盡，情盡也。情盡，塗人也。嗚呼！以一人之身而分至於塗人，有心者能無乖慮乎？於是置爲譜以合之，使其視爲塗人者，知其初爲有服也。知其初爲兄弟也。知其初爲一人之身也。明尊卑以盡其禮，順少長以列其序，分昭穆以核其紊。然後書生卒以大其生死，使其遠而不忘也；書婚娶以重其配偶，使其擇而不遺也；書嗣續以著其統緒，使其傳而不佚也。夫然後觀斯譜者，孝弟之心有不油然而興也哉！丙午之秋，余客建康，友人陳繼翁暨弟異翁以世系散帙囑余筆而譜之，愧謝不敏。余聞陳翁祖籍會稽，簪纓巨族，一世祖紀公自浙而來，卜居白下，其後兵燹相仍，譜帙遺亡，無可考訂。故今之會稽，欲求水源木本之處，而漠然不可知者，蓋譜失其傳久矣。故一人之身而至於塗人者，而至於秦越，此繼翁所以推孝悌之心，即其在白下者葺而修之，以詔後昆爲亟亟也。今者自紀公而下，絲牽繩聯，承以九世，浸於奕葉，自爲一家。尊卑明，少長順，昭穆分，舉前之塗人推爲兄弟，兄弟推爲一人之身，則孝悌之心，不亦由此而興，而孝悌之風，不更由此而昌哉！是爲序。時雍正四年，歲次丙午、孟秋穀旦，荆谿眷教弟丁翺少遊氏拜撰。

## 序

蓋聞流水朝宗，源發一泓之遠；枝交委翳，條分一脉之長。故世系作乎歐陽，孝思惟則；族譜興於蘇氏，祖武其繩。此咸有家者，不可不知，而相爾室者，不能不議也。粤稽陳氏，有虞宗裔，潁水支傳。重意氣於寰區，元龍風度；沛膏霖於蔀屋，述古經綸。馳譽詞壇，畫省映紫微之色;騰聲蕊榜,鳳池傳紅葉之吟。潁川數有其人,越水不無其美。或寄北門鎖鑰,名著當年;或傳南國書香,聲聆近代。惟兹時移世革,臨吴水而興嗟;譜佚宗離,望越山而隕涕。以故陳子繼先,特興宗秩之思,而丁子少遊,代捉家編之筆也。考其先世,出自會稽,族聚湖山,鏡水作千家之照;田連阡陌,宗人爲百世之基。迨明初畿甸未充,成化富民徙實,是以移來浙右,僑居江東。紀公推白下之尊,秉夫作金陵之祖。人文一代,肇自自湖;勝緒千秋,繼由曇倩。然猶未明族譜,遺佚宗支,幾乎臨水忘源,探枝失本,兹以纂葺之美,燦其奕葉之休。業傳陶正,利器用於無窮;卜兆育姜,識生民之有自。想麟振於指下,示瓜瓞於眼前。祖父親而高曾疏,江南近而浙西遠,又何異奉老泉於今日,對永叔於他年也哉!是歲丙午,序屬初秋,余過金陵,謁丁友,陳仲子丐余序之。嗚呼!隙駒易逝,流水難來,世系披離,非無哲士;子孫散佚,豈乏文人。所賴君子承前,慈孫啓後。久而愈久,無非明發之懷;疏者弗疏,盡在孝思之則。惜東隅之已逝,幸未晚於將來。不愧追宗,紹潁川於二水;無慚報德,慰越水於三山。行見浙之不得而知者,後之人可按圖而合之。而在京之所可得而知者,後之人尤可披圖而悉之也。時雍正丙午夷則月,□□穀旦,賜進士出身、授北直河間府慶雲縣知縣事、年家眷弟蔣錫震起潛氏撰於秦淮之杏花村舍。

## 跋

嘗讀蘇氏《譜》「亭匹夫而化鄉人」之語，未嘗不三復而三歎也。夫鄉人者，其品不齊，其類不一，其齒亦繁。彼匹夫者，果何人哉！何其移風易俗而躋鄉人於忠厚長者之道耶！余於陳氏族譜而始知積之有本末，而施之有次第焉。蓋陳氏《譜》之先，姑置弗論。即江南紀公而下近有服者，不過數十人，往往歲臘不相往來，吉凶不通聞問，何以示諸鄰里鄉黨也！及作族譜而告之曰：是某人者，吾宗之所啓也，是某人之所繼也，是某人之所振而不佚也。喜宜相慶也，憂宜相弔也，少孤宜字，貧孀宜養也。此數者，吾族人之所宜尚也。於是族人莫不加儆，而鄉人亦顧而相謂曰：今而得吾得見鄉鄰風俗之美矣，吾其勉之，毋爲所誚焉。於是愛而親之，既老而孝養也。敬其兄之孤子，而友恤也。知其妾之不可加妻，而有別也。又禁其喧嘩雜處，而閨門肅也。擯其瀆財無厭，而廉耻生也。斥其嬉遊無度，而勤儉出也。吾不敢必諸人，而私以自勉焉。於以是知積之有本末而施之有次第爲何如也。則兹譜之有裨於人，不亦溥且博哉！謹跋。時雍正歲次丙午，蕤賓既望，福建汀洲府歸化縣知縣事、前己卯亞魁、荆谿年家眷弟周畿拜撰。

## 陳氏家譜序

族之有譜，家之有譜，猶國之有史，所以著氏族而序昭穆，別尊卑而重本支也。上古之世，人不輕去其鄉，自三代以後，沿及漢、唐、宋，其間以宦遊、客遊因羈旅而轉爲流寓者，殆未易更僕數。倘無譜以原其始，則不獨先王大宗小宗之法蕩然無存，即世家巨室，往往不詳其所自，而五服之散處於海内，竟有漠然如秦越者，是豈先生以孝弟敦睦教天下之意哉！此族譜家譜之所由作也。住墅陳氏，故山陰望族，其先代四世祖自湖公宦於江寧，卒葬鍾山之南麓，百姓愛戴，如桐鄉之祀朱邑者，因占籍上元。厥後衣冠繼美，名儒碩彦，代不乏人，其載諸族譜，固有班班可考者焉。數傳至尚志公，以磊落瑰偉之才，挾策遨遊東粤，前後垂四十餘年。事業日以開拓，及卒，遺命葬於禺山之陽，此爲入粤之始，從其朔也。嗣君以公起家東粤，不可不系以譜，所以誌遷徙而示子孫，從公志也。夫自君公大夫以及士庶，雖名位德業各有不同，而皆繼志述事之責。今嗣君之亟亟於斯譜，其亦繼述之大者乎！予于公衡宇相望，且與嗣君翼庭、綍廷爲文字意氣交，得之見聞爲最熟。因知公一生蓄道德而能文章，性慷慨，能急人之急，行之數十年，終身無倦容，亦無倦色。而自處則一歸於誠樸儉約，觀其所自爲墓誌，歷叙生平轗軻、艱苦備嘗之况，以自寫其鬱鬱不得志。且以先塋遠隔，不獲歸正首丘爲罪。嗚呼！此可以見公之心矣。慨自世風之不古也，處席豐履厚之時，每不知所以持盈保泰，非以驕奢致敗，或則以刻薄厚亡，往往於數十年間有親見其盛衰興廢之互易者，君子惜之。今公以厚德垂爲家訓，而嗣君復能體而行之，將見積厚者流光，根深者葉茂。他日賢子孫繩繩似續，用光家乘，不幾與先世所載之族譜後先輝映也哉！是則斯譜之創，所以溯水源木本之始，而先生以孝弟敦睦教天下之意，即隱寓乎其中，又不獨序昭穆而別尊卑已也。嘉慶丙寅仲秋，江西貴溪縣知縣、署南安府同知、壬子科鄉試同考試官、前武英殿校録、正藍旗官學教習、丁酉科順天鄉試舉人、南海愚侄馮斯衡頓首拜序。

## 陳虹橋先生家譜序

昔人有言，賢者不獨居一國。由余去戎入秦，然則以好畤田地美者爲家計，愛永嘉山水者爲遊計也。虹橋先生，浙人也，徙江寧上元。早年適粤，其衣食交遊，類取於粤，久而有所建立，親戚僮奴，日咻蠻語，即先生亦或詠「娵隅躍清池」，習而安焉，固其宜也。夫吴會之人，多遨嶺海，總百年而計之，宦而能歸者十之四五，賈而能歸者十之六七。羈旅依人，栖栖靡定者，且不知凡幾。雖輕去其鄉，而其無可奈何，迫於勢，繫於情，生爲客民，死爲流寓，度其心豈須臾忘紅梅之驛、常玉之山哉！爲傳乘者曰：某由某至某爲某郡人，數不可問。朱邑之葬桐鄉也，曰桐鄉人愛我。梁伯鸞亦不令妻子歸葬。昔之賢人高士，不沾沾於首丘之説如此，是則先生之所爲，有取爾也。唐宋名家，皆必有譜，篤親睦族，正本垂範，於是乎在。在《禮》：别子爲祖，繼祖爲宗，繼禰爲小宗。説通乎上下。先生粤陳氏之有功者乎！堅與君之嗣翼庭、秋崖遊，君之孫清、沂、澍復從余遊，故知先生之德，銘之於志矣。兹叙其家乘自先生始。番禺後學吕堅。

## 陳氏家乘目録

澧謹案：再從叔父方來所藏家乘，與粤東所藏之譜有詳略不同，澧詣金陵謹録其目而歸。

原序康熙乙酉陳宗彝撰
序雍正丙子蔣錫震撰
序雍正丙午丁翾字少遊
廣文公家傳李維楨字本寧撰
自湖公行述庭倩公撰　海虞通家門生沈昌時填諱
自湖公墓誌銘朱之蕃撰
鞏臣公家傳王三槐撰
鞏臣公孫孺人六十一壽序張逸少撰
繼先公家傳丁翾撰
自湖公像贊許士柔　徐揚光　徐惺　章秉法　丁翾　曾孫楊　孫奇
世系圖丁翾繪
世系丁翾葺

鏡湖公墓圖在聚寶門外湯巷，亥山巳向兼壬丙。

自湖公曇倩公墓圖在竹溪寺，向艮山坤兼未丑。

叔韶公墓圖雍正六年十一月二十六日巳時葬，在鳳臺門外井兒孫地方。艮山坤向兼寅申。澧謹案：以上三圖，皆有評，此評未署陳鳳鳴姓名，蓋地師也。

鞏臣公墓圖雍正六年十月十八日亥時葬，在鳳臺門外井兒孫地方，坤山艮向兼未丑。有陳鳳鳴評。

又一圖在陳墟橋蔡村地方，注云：此地暫借與王錫百厝。有陳鳳鳴評。

又一圖地同上。丁癸，未丑。有陳鳳鳴評。澧謹案：此圖不著誰葬。

題跋雍正丙午黃越。雍正己酉包士琰，字言如。雍正丙午周畿。崇禎辛未海虞門人魏浣初。

以下别抄爲一卷

癸酉明洪武二十六年按：紀公自會稽遷上元，當在是年。舊譜云：國初以閭右徙實京師。考《明史·太祖本紀》：洪武二十六年，徙富民實京師。又按：舊譜云，公生卒娶俱無考。

甲戌二十七年

乙亥二十八年

丙子二十九年

丁丑三十年

戊寅三十一年

己卯建文元年

庚辰二年

辛巳三年

壬午四年

癸未永樂元年

甲申二年

乙酉三年

丙戌四年
丁亥五年
戊子六年
己丑七年
庚寅八年
辛卯九年
壬辰十年
癸巳十一年
甲午十二年
乙未十三年
丙申十四年
丁酉十五年
戊戌十六年
己亥十七年
庚子十八年

辛丑十九年

壬寅二十年

癸卯二十一年

甲辰二十二年

乙巳洪熙元年

丙午宣德元年

丁未二年

戊申三年

己酉四年

庚戌五年

辛亥六年

壬子七年

癸丑八年

甲寅九年

乙卯十年

丙辰正統元年
丁巳二年
戊午三年
己未四年三月十五日子時，紀公子士華公諱榮生。
庚申五年
辛酉六年
壬戌七年
癸亥八年
甲子九年
乙丑十年
丙寅十一年
丁卯十二年
戊辰十三年
己巳十四年
庚午景泰元年

辛未二年

壬申三年

癸酉四年

甲戌五年

乙亥六年

丙子七年

丁丑天順元年

戊寅二年

己卯三年

庚辰四年

辛巳五年

壬午六年

癸未七年

甲申八年

乙酉成化元年

丙戌二年
丁亥三年
戊子四年
己丑五年
庚寅六年
辛卯七年
壬辰八年
癸巳九年
甲午十年
乙未十一年
丙申十二年
丁酉十三年
戊戌十四年
己亥十五年
庚子十六年

辛丑十七年

壬寅十八年

癸卯十九年

甲辰二十年四月二十三日辰時，士華公子秉夫公諱璋生。

乙巳二十一年

丙午二十二年

丁未二十三年

戊申弘治元年

己酉二年

庚戌三年

辛亥四年

壬子五年

癸丑六年

甲寅七年

乙卯八年

丙辰九年
丁巳十年六月初八日申時士華公卒，年五十九。
戊午十一年
己未十二年
庚申十三年
辛酉十四年
壬戌十五年
癸亥十六年
甲子十七年
乙丑十八年
丙寅正德元年
丁卯二年
戊辰三年
己巳四年
庚午五年

辛未六年

壬申七年

癸酉八年

甲戌九年

乙亥十年

丙子十一年

丁丑十二年

戊寅十三年

己卯十四年

庚辰十五年

辛巳十六年

壬午嘉靖元年

癸未二年

甲申三年

乙酉四年

丙戌五年
丁亥六年
戊子七年
己丑八年
庚寅九年十二月初四日寅時，秉夫公子子中公諱嵩生。
辛卯十年
壬辰十一年八月十六日酉時，秉夫公配曾夫人卒，年四十五。
癸巳十二年
甲午十三年
乙未十四年
丙申十五年
丁酉十六年
戊戌十七年
己亥十八年六月初七日巳時，士華公配戴夫人卒，年九十三。
庚子十九年

辛丑二十年

壬寅二十一年

癸卯二十二年

甲辰二十三年

乙巳二十四年

丙午二十五年

丁未二十六年

戊申二十七年

己酉二十八年

庚戌二十九年

辛亥三十年

壬子三十一年

癸丑三十二年

甲寅三十三年

乙卯三十四年

丙辰三十五年
丁巳三十六年
戊午三十七年
己未三十八年三月初十日辰時，秉夫公繼配齊夫人卒，年六十五。
庚申三十九年
辛酉四十年
壬戌四十一年
癸亥四十二年
甲子四十三年
乙丑四十四年
丙寅四十五年
丁卯隆慶元年
戊辰二年
己巳三年
庚午四年

辛未五年

壬申六年

癸酉萬曆元年

甲戌二年

乙亥三年

丙子四年六月十一日巳時，子中公子桂徵生。

丁丑五年

戊寅六年六月二十五日卯時，子中公子曇倩公諱獬徵生。

己卯七年

庚辰八年

辛巳九年

壬午十年

癸未十一年

甲申十二年

乙酉十三年

丙戌十四年
丁亥十五年
戊子十六年
己丑十七年
庚寅十八年
辛卯十九年
壬辰二十年
癸巳二十一年
甲午二十二年
乙未二十三年
丙申二十四年
丁酉二十五年子中公歲貢。
戊戌二十六年
己亥二十七年
庚子二十八年

辛丑二十九年子中公授常熟縣訓導。

壬寅三十年

癸卯三十一年

甲辰三十二年

乙巳三十三年子中公轉周王府教授，遂歸。

丙午三十四年正月二十五日辰時，曇倩公子叔韶公諱鳴條生。

丁未三十五年

戊申三十六年

己酉三十七年

庚戌三十八年四月二十一日□時曇倩公卒，年三十三。

辛亥三十九年

壬子四十年

癸丑四十一年十一月十五日子時，子中公卒，年八十四。

甲寅四十二年

乙卯四十三年

丙辰四十四年九月初四日戌時，桂徵子鳴周生。
丁巳四十五年
戊午四十六年
己未四十七年
庚申四十八年
辛酉天啓元年
壬戌二年
癸亥三年
甲子四年
乙丑五年
丙寅六年
丁卯七年
戊辰崇禎元年
己巳二年
庚午三年

辛未四年
壬申五年
癸酉六年
甲戌七年五月初五日寅時，叔韶公子弘文生。
乙亥八年
丙子九年十二月二十八日□時，子中公繼配湯夫人卒，年八十五。
丁丑十年
戊寅十一年
己卯十二年五月二十日辰時，叔韶公子弘範生。
庚辰十三年十一月初二日辰時，鳴周子弘道生。
辛巳十四年
壬午十五年五月初六日卯時，桂徵配張氏卒，年六十四。
癸未十六年
甲申國朝順治元年五月初九日子時，桂徵卒，年六十九。　八月初三日卯時，叔韶公配黄夫人卒，年三十。
乙酉二年

丙戌三年
丁亥四年
戊子五年
己丑六年
庚寅七年
辛卯八年八月初九日子時，曇倩公配徐夫人卒，年七十一。
壬辰九年
癸巳十年
甲午十一年九月初二日戌時，叔韶公子鞏臣公諱弘圖生。
乙未十二年
丙申十三年
丁酉十四年
戊戌十五年十二月二十八日□時，鳴周卒。
己亥十六年
庚子十七年

辛丑十八年

壬寅康熙元年

癸卯二年

甲辰三年

乙巳四年

丙午五年

丁未六年

戊申七年

己酉八年

庚戌九年□月□日□時，弘文子捷生。

辛亥十年□月□日□時，弘道子書生。

壬子十一年

癸丑十二年

甲寅十三年

乙卯十四年閏五月初八日申時，叔韶公卒，年七十。

丙辰十五年
丁巳十六年九月二十八日戌時，翚臣公子撲生。
戊午十七年
己未十八年
庚申十九年
辛酉二十年
壬戌二十一年七月初五日午時，翚臣公子繼先公諱揚生。
癸亥二十二年
甲子二十三年
乙丑二十四年
丙寅二十五年六月初九日□時，弘範子拯生。　十一月三十日辰時，鳴周配孫氏卒，年六十七。
丁卯二十六年十一月二十一日未時，翚臣公子撰生。
戊辰二十七年
己巳二十八年十月初二日未時，叔韶公繼配冷夫人卒，年七十四。
庚午二十九年

辛未三十年八月十五日，弘範子進生。
壬申三十一年
癸酉三十二年
甲戌三十三年
乙亥三十四年
丙子三十五年
丁丑三十六年□月□日□時，詩子啓仁生，爲書後。
戊寅三十七年
己卯三十八年
庚辰三十九年
辛巳四十年
壬午四十一年
癸未四十二年十一月初四日戌時，犖臣公卒，年五十。
甲申四十三年
乙酉四十四年

丙戌四十五年
丁亥四十六年
戊子四十七年
己丑四十八年
庚寅四十九年
辛卯五十年四月十九日未時，弘道卒，年七十二。
壬辰五十一年
癸巳五十二年正月初五日丑時，弘文卒，年八十。
甲午五十三年五月二十三日未時，繼先公子可均公諱治平生。
乙未五十四年
丙申五十五年十一月二十五日未時，弘範卒，年七十八。
丁酉五十六年
戊戌五十七年
己亥五十八年
庚子五十九年

辛丑六十年八月初四日卯時，弘範繼配方氏卒，年四十七。

壬寅六十一年

癸卯雍正元年

甲辰二年

乙巳三年□月□日□時，書卒，年五十五。按譜云：文庠生。其入學年月無考。

丙午四年十月十六日寅時，撰子景章生。

丁未五年

戊申六年

己酉七年

庚戌八年

辛亥九年

壬子十年

癸丑十一年十月初七日辰時，可均公子尚志公諱士奇生。

甲寅十二年十一月二十四日□時，繼先公子學泗生。

乙卯十三年

丙辰乾隆元年十二月二十日巳時，可均公配韓宜人卒，年二十三。

丁巳二年

戊午三年

己未四年

庚申五年

辛酉六年

壬戌七年

癸亥八年

甲子九年

乙丑十年

丙寅十一年

丁卯十二年

戊辰十三年八月初二日子時，繼先公卒，年六十七。

己巳十四年

庚午十五年十月三十日亥時，可均公卒，年三十七。　是年尚志公客廣東。

辛未十六年

壬申十七年

癸酉十八年

甲戌十九年

乙亥二十年

丙子二十一年

丁丑二十二年

戊寅二十三年

己卯二十四年

庚辰二十五年八月三十日丑時，繼先公配程夫人卒，年七十一。

辛巳二十六年

壬午二十七年

癸未二十八年十一月初六日□時，尚志公子翼庭公諱大經生。

甲申二十九年

乙酉三十年

丙戌三十一年
丁亥三十二年
戊子三十三年七月十三日寅時，可均公繼配喻宜人卒，年五十六。
己丑三十四年八月初一日□時，尚志公子綍廷公諱大綸生。
庚寅三十五年
辛卯三十六年
壬辰三十七年
癸巳三十八年
甲午三十九年
乙未四十年
丙申四十一年
丁酉四十二年
戊戌四十三年
己亥四十四年
庚子四十五年

辛丑四十六年

壬寅四十七年

癸卯四十八年

甲辰四十九年

乙巳五十年

丙午五十一年

丁未五十二年

戊申五十三年

己酉五十四年三月初一日□時，翼庭公子天一公諱清生。

庚戌五十五年

辛亥五十六年

壬子五十七年

癸丑五十八年

甲寅五十九年

乙卯六十年六月初九日子時，綍廷公配趙宜人卒。

丙辰嘉慶元年□月□日□時，綍廷公子沂生，後更名應泰。
丁巳二年□月□日□時，綍廷公子□生。
戊午三年
己未四年
庚申五年
辛酉六年
壬戌七年十月二十七日申時，尚志公配沈宜人卒，年五十九。
癸亥八年
甲子九年七月初九日戌時，尚志公卒，年七十二。
乙丑十年
丙寅十一年
丁卯十二年
戊辰十三年□月，天一公娶張氏。
己巳十四年六月初八日□時，天一公子宗元生。
庚午十五年二月十九日未時，翼庭公子澧生。

辛未十六年

壬申十七年

癸酉十八年

甲戌十九年八月□日□時，天一公子宗奕生，更名宗彝。

乙亥二十年

丙子二十一年□月□日□時，紓廷公子淳生。　□月□日□時，應泰子宗憲生。

丁丑二十二年正月初七日□時，天一公子宗彦生。

戊寅二十三年

己卯二十四年四月初一日卯時，翼庭公卒，年五十七。

庚辰二十五年

辛巳道光元年

壬午二年

癸未三年

甲申四年

乙酉五年

丙戌六年七月，澧取縣學附生。
丁亥七年□月，澧補增生，補廩生。
戊子八年
己丑九年
庚寅十年□月，宗元娶金氏。
辛卯十一年九月，澧舉優貢生。　□月□日□時，宗元子慶曾生。
壬辰十二年九月，澧中舉人。
癸巳十三年九月，澧娶潘氏。　三月十三日□時，宗元子慶傳生。
甲午十四年
乙未十五年十一月初五日未時，宗元子慶修生。
丙申十六年五月十三日□時，翼庭公配劉宜人卒，年七十三。
丁酉十七年
戊戌十八年十二月初九日□時，宗元子慶衍生，後更名日升。
己亥十九年十一月二十九日卯時，澧子宗誼生。
庚子二十年正月二十六日□時，宗彝子慶蕃生，後更名慶年。　六月十八日□時，宗元子慶詒生。　十月，澧舉補學海堂學長。

辛丑二十一年

壬寅二十二年□月，宗彥取縣學附生。

癸卯二十三年□月□日□時，澧子宗訓生。　□月□日□時，殤。　三月初□日□時，宗彥子慶銘生。

甲辰二十四年三月，澧大挑二等。　九月十一日□時，宗彥子慶霖生，後更名國勳。

乙巳二十五年十月二十六日子時，澧子宗侃生。

丙午二十六年

丁未二十七年

戊申二十八年八月□日申時，葬翼庭公、劉宜人於馬嶺，天一公祔。　□山□向兼□。

己酉二十九年正月，澧選授河源縣訓導。　閏四月二十四日□時，宗元子慶潤生。

庚戌三十年六月十九日□時，紓廷公繼配王宜人卒，年七十二。　十一月，澧到河源訓導任。

辛亥咸豐元年正月，澧告病歸。

壬子二年

癸丑三年十二月二十九日未時，澧子宗詢生。

甲寅四年十二月二十六日辰時，澧子宗穎生。

乙卯五年
丙辰六年
丁巳七年
戊午八年
己未九年
庚申十年
辛酉十一年
壬戌同治元年六月，慶修取縣學附生。
癸亥二年
甲子三年
乙丑四年六月，宗侃取縣學附生。
丙寅五年正月，慶修娶馮氏。
丁卯六年澧主講菊坡精舍。
戊辰七年正月二十八日丑時，慶修子耄基生。　三月，宗侃娶桂氏。　□月，宗侃補增生。
己巳八年十一月初三日卯時，宗侃子慶龢生。

庚午九年閏十月，初四日巳時，慶修配馮氏卒，年三十一。

辛未十年六月初八日戌時，天一公配張宜人卒，年八十三。

壬申十一年九月，宗穎取縣學附生。　十一月，慶修續娶郭氏。

癸酉十二年十二月，宗詢娶沈氏。　十二月二十日午時，慶修子甡基、喆基同生。

甲戌十三年

乙亥光緒元年十一月，宗詢取縣學附生。

丙子二年十二月，慶修補廩生。　二月初二日卯時，宗侃子慶佑生。

丁丑三年十一月，宗穎娶廖氏。

戊寅四年六月初□日□時，甡基殤，年六歲。　七月二十二日午時，宗穎子慶耜生。

己卯五年九月，宗侃舉優貢生。　九月二十一日亥時，慶修子華基生。　四月，宗侃補廩生。　八月十九日丑時，宗穎子慶貢生。

庚辰六年四月初一日□時，蘭甫公配潘孺人卒，年六十六。　十月初□日□時，華基殤，兩歲。

辛巳七年十月初四日申時，宗詢子慶銜生。　七月初三日，澧奉旨加恩賞給五品卿銜。

壬午八年正月二十二日午時，京卿公卒，年七十三。　□月□日□時，宗詢子慶慈生。

癸未九年三月，宗侃管菊坡精舍董事。

甲申十年三月十五日，宗侃、穎生母江太孺人卒，年□□。

乙酉十一年九月，慶修中舉人。　十二月初四日，宗侃子慶鼎生。亥時。

丙戌十二年六月，宗侃補應朝考三等，就職訓導。　十二月，慶龢取縣學附生。三月二十日□時，宗穎子慶敏生。

丁亥十三年□月，宗穎補增生。　十月，宗侃團練保舉加六品銜。　十一月十九日，慶龢娶譚氏。　七月，宗侃管粵秀書院正監院。宗穎管菊坡董事。

戊子十四年七月，宗穎補廪生。　九月，宗穎取優貢第一名。

己丑十五年六月，宗穎應朝考二等，録用訓導。　八月初七日寅時，慶龢子之達生。

庚寅十六年

辛卯十七年八月，慶龢正取優貢第二名。　九月，慶龢中副貢第八名。

壬辰十八年八月，宗侃舉補學海堂學長。

癸巳十九年七月，宗侃江蘇賑捐獎叙，加五品頂戴銜。　十一月初六日，慶佑娶俞氏。　十月，慶龢補廣雅書院文學分校。

甲午二十年三月，慶佑補縣學附生。　三月，慶耜取佾生第一名。九月，慶佑中副貢第十名。

乙未二十一年七月，慶耜補縣學附生。　七月□日□時，慶龢子之逵生。

丙申二十二年十月，慶耜補廪生。

丁酉二十三年二月，宗穎補兩湖書院經學分教。　十一月，慶龢獎内閣中書。　二月二十九日巳時，孝直公卒，年五十三。　十一月初□日□時，張太孺人卒。　四月，慶祐管廣雅書院東省監院事。

戊戌二十四年□月□日□時，國勳卒。

己亥二十五年七月，慶佑安徽賑捐獎國子監典簿銜。

庚子二十六年正月，慶龢舉補菊坡精舍學長。

辛丑二十七年四月二十二日巳時，慶佑配俞孺人卒，年二十七。　八月，慶龢獎安徽知府。　慶佑獎雲南知府。

壬寅二十八年四月，慶龢、慶佑均由吏部帶領引見，奉旨發往安徽、雲南試用。　慶龢戴花翎。

癸卯二十九年

甲辰三十年

乙巳三十一年

丙午三十二年慶佑戴花翎。

丁未三十三年慶龢保道員二品銜，歸直隸補用。

戊申三十四年

己酉宣統元年

庚戌二年

辛亥三年慶龢充駐檀香山領事官。　慶佑改學部員外郎。

壬子

癸丑

甲寅四月十一日巳時，孝直公配桂太夫人卒，年六十七。　孝堅公卒，五月□日□時。　慶佑充清史館協修。

【校記】

［一］　本卷有目無圖。

［二］　本卷有目無文。

# 東塾讀書簡端記五種

黄國聲
李福標　輯録
宋綿有

# 整理説明

這裏輯録了陳澧的五種讀書簡端記。其中《讀蕭統〈文選〉簡端記》是從中山大學圖書館藏清乾隆二十三年汲古閣刻本《文選》録出，由黄國聲輯録。《讀韓愈〈昌黎先生文集〉簡端記》是從中山大學圖書館藏清乾隆四十九年觀槵氏依宋重刻《昌黎先生文集》録出，由李福標輯録。《讀顧炎武〈日知録〉簡端記》是從中山大學圖書館藏清經義齋刻《日知録》録出，由黄國聲輯録。《讀姚鼐〈惜抱軒文集〉簡端記》是從中山大學圖書館藏清嘉慶間刻《惜抱軒文集》録出，由黄國聲輯録。《龔自珍〈定庵初集〉簽評》是從天津《益世報》民國二十四年十月十日及十七日《讀書週刊》中張公量《記原刻本〈定庵初集〉》一文録出，由宋綿有鈔録。

# 目録

讀蕭統文選簡端記……三六七
讀韓愈昌黎先生文集簡端記……三八〇
讀顧炎武日知録簡端記……四二四
讀姚鼐惜抱軒文集簡端記……四四四
龔自珍定庵初集簽評……四四六

# 讀蕭統文選簡端記

聲按：東塾讀蕭統《文選》，輒於書眉以朱筆批語，今謹録如次。

## 《文選序》

「蓋踵事而增華，變其本而加厲」句上批：「文章源流正變，二語括盡。」

「物既有之，文亦宜然，隨時改變，難可詳悉」句上批：「故論文不可拘於時代。」

「嘗試論之曰」至「今則全取賦名」句處批：「以賦原本六藝之一，故選以賦爲首。」

「又楚人屈原，含忠履潔」至「騷人之文自兹而作」句上批：「《離騷》亦賦之類也。」

「次則箴興於補闕，戒出於弼匡」句上批：「諸體之中，猶重賦、詩，故特論之。箴、戒以下，則總論之而已。」

## 枚叔《七發八首》

「觀其所駕軼者，所擢拔者」至「所由然也」句上批：「先從空際以大力震盪之。」

「怳兮忽兮，聊兮慄兮」至「荒曠曠兮」句上批：「空中摹繪，極其汪洋恣肆。」

「太子曰善，然則濤何氣哉？客曰，不記也。然聞於師曰，似神而非者三」句上批：「問答皆奇絶。」

「沌沌渾渾，狀如奔馬」句上批：「以上節節寫來，此處乃全力所萃。」

「顛倒偃側，沈沈湲湲」句上批：「餘波極其横厲，真有神力。」

**潘元茂《册魏公九錫文》**

「袁紹逆常，謀爲社稷，憑恃其衆，稱兵内侮」至「此又君之功也」句上批：「操之勝紹，最爲奇功，故敘次獨詳。」

「今又加君九錫」至「珪瓚副焉」句上批：「前敘其功，此述九錫，皆層疊排比，前後相配。」

**任彦升《宣德皇后令》**

「宣德皇后，敬問具位，夫功在不賞，故庸勳之典蓋闕」句上批：「當引《論語》注『蓋闕』二字。」

「六百之秩，大樹之號斯存」句上批：「合用兩事。」

**傅季友《爲宋公修張良廟教》**

「夷項定漢，大拯横流」至「莫測其端矣」句上批：「簡括。」

「過大樑者或佇想於夷門。遊九京者，亦流連於隨會」句上批：「流美。」

**孔文舉《薦禰衡表》**

「臣聞洪水横流，帝思俾義乂」至「群士響臻」句上批：「用洪水及世宗皆切合時事。」

「竊見處士平原禰衡」至「誠不足怪」句上批：「此英才。」

「忠果正直」至「無以過也」句上批：「此淑質。」

「昔賈誼求試屬國」至「衡宜與爲比」句上批：「恐以年少見疑，故爲舉證。」

**諸葛孔明《出師表》**

「願陛下托臣以討賊興復之效」至「以章其慢」句上批：「雙收。」

**曹子建《求自試表》**

篇首批：「東漢之文謹嚴，思王才氣絶人，極其所至，乃始趨於繁褥。然起伏動盪，字字挾飛鳴之勢,書家所謂龍跳虎臥,故非後人所能及也。」

「此徒圈牢之物,非臣之所志也」句上批:「『圈牢』一句已束住,復宕開一筆,口口乃生氣遠出也。」

「臣竊感先帝早崩,威王棄世」至「身名並滅」句上批:「言哀入痛,字字有嗚咽之聲。」

**曹子建《求通親親表》**

篇首批:「《求自試表》稱引頗廣,有繁緩之音。此則伊鬱迫切,聲情並急矣。」

**羊叔子《讓開府表》**

篇首批:「未嘗有警動之處,以所處時地然也。然簡直平實,可爲模範。」

**李令伯《陳情表》**

「臣無祖母,無以至今日」至「報劉之日短也」句上批:「魏晉人能以質直達其委曲,其驚心動魄處,乃明瞭如話,不可及也。」

## 陸士衡《謝平原内史表》

「陪臣陸機言」至「所以獲免」句上批：「進退無據，自取危迫，故其辭若此。」

「使春枯之條，更與秋蘭垂芳，陸沉之羽，復與翔鴻撫翼」句上批：「此境開自晉人。」

## 劉越石《勸進表》

篇首批：「平實鋪敘，無不實之辭。」

## 張士然《爲吴令謝詢求爲諸孫置守塚人表》

「臣聞成湯革夏」至「一時並記」句上批：「劉項較夏殷虞齊於情事尤切，故論之獨詳。語語與孫氏對照。」

「若使羽位承前緒」至「有後可冀」句上批：「翻轉説，於情事尤合。」

「是以孫氏雖家失吴祚，而族蒙晉榮」句上批：「以孫氏子弟引入。」

「臣聞春雨潤木，自葉流根。鴟鴞恤功，愛子及室。故天稱罔極之恩，聖有綢繆之惠」句上批：「典雅細膩。」

「追維吴僞武烈皇帝」至「名顯往朝」句上批：「序孫氏之有功於漢，自與魏晉不礙。」

「故舉勞則力輸先代，於德則惠存江南。正刑則罪非晉寇，從坐則異世已輕」句上批：「包裹完密，剖析深細。」

**庾元規《讓中書令表》**

「向使西京七族、東京六姓皆非姻黨，各以平進，縱不悉全，決不盡敗」句上批：「未始無此情勢，然身是外戚，故所言未能無偏。以文論，則議論昭晰，精神震動矣。」

**桓温《薦譙元彦表》**

「庶武羅羿浞之墟，想王蠋於亡齊之境」句上批：「精細典雅。」

**殷仲文《解尚書表》**

篇首批：「强顔自解而卒無以自解，適足形其辭之慚且屈耳。」

**傅季友《爲宋公至洛陽謁五陵表》**

「山川無改，城闕爲墟」至「感舊永懷，痛心在目」句上批：「纏綿悱惻，語短情長。」

## 任彥升《爲范尚書讓吏部封侯第一表》

「除名爲民，知井臼之逸」至「閉門荒郊，再離寒暑」句上批：「『除名』二句之後，可直接『閉門荒郊』，或接『亂離斯瘼』。乃突然插入『百年上壽』四句，遂覺神采飛動。」

「雖室無趙女而門多好事。禄微賜金而歡同娱老。折芰燔枯，此焉自足」句上批：「句調流美，頓挫峭遠。」

「漢魏以降」句後大段，批：「讓吏部尚書。」

「近世侯者，功緒參差」至「既義異疇庸，實榮乖儒者」句上批：「讓封侯。」

## 司馬長卿《上書諫獵》

「臣聞物有同類而殊能者」至「獸亦宜然」句上批：「筆筆有力，字字有神。」

「且夫清道而後行」至「其爲害也不亦難矣」句上批：「極用力之後，每易平接。一波未平，一波又起，惟長卿有此神力。」

## 枚叔《上書諫吴王》

「人性有畏其景而惡其跡」至「未知操弓持矢也」句上批：「不能顯言，故多爲譬喻也。」

**任彦升《上蕭太傅固辭奪禮啓》**

「膝下之歡，已同過隙」至「晨暮寂寥，闃若無主」句上批：「語短意長，無限悽惻。」

「所守既無別理，窮咽豈及多喻」句上批：「『所守』二句，高簡無匹。」

**繁休伯《與魏文帝牋》**

「悽入肝脾，哀感頑豔」至「悲懷慷慨」句上批：「『悽入』八字，已形容盡致。『是時』以下，又從空際烘托，此文章取神之法。」

**吴季重《答魏太子牋》**

「若乃邊境有虞，群下鼎沸，軍書輻至，羽檄交馳，於彼諸賢，非其任也」句上批：「筆筆動盪。」

「往者孝武之世，文章爲盛，若東方朔、枚皋之徒不能持論，即阮陳之儔也」句上批：「欲説到自己，而難於質言，故以東方朔諸人爲比。」

「其唯嚴助壽王，與聞故事」至「實可畏也」句上批：「自負語，卻隱然不露。」

「但欲保身敕行，不蹈有過之地，以爲知己之累耳」句上批：「與『不壽其身』數語相應。」

**吴季重《在元城與魏太子牋》**

「雖虞卿適趙，平原入秦，受贈千金，浮觴旬日，無以過也」句上批：「用兩事而四句分承，漢晉人多此文法。」

「西帶恒山，連岡平代」至「東接鉅鹿，存李齊之流」句上批：「西北東南，或詳或略，前奇後偶，剪裁極工。」

**謝玄暉《拜中軍記室辭隨王牋》**

篇首批：「篇幅修潔，字句矜鍊。」

「皋壤摇落，對之惆悵」至「邈若墜雨，翩似秋蔕」句上批：「秀色可餐。」

**阮嗣宗《奏記詣蔣公》**

「夫布衣窮居韋帶之士，王公大臣所以屈體而下之者，爲道存也」句上批：「接筆神骨聳拔，齊梁以下鮮窺此秘矣。」

### 孔文舉《論盛孝章書》

「歲月不居，時節如流，五十之年，忽焉已至。公爲始滿，融又過二」句上批：「工於發端，有筆所未到氣已吞之妙。」「以情動之。」

「海内知識零落」至「此子不得復永年矣」句上批：「淒絶。」

「今孝章實大夫之雄也」至「九牧之人所共稱歎」句上批：「『友道可宏矣』以上，其意已盡，復慮有沮之者，爲預絶之。」

「燕君市駿馬之骨，非欲以騁道里，乃當以招絶足也」句上批：「此以下稱古事以證成之。」

### 魏文帝《與鍾大理書》

篇首批：「此文殊陋，不知何以入選。」

### 賈誼《過秦論》

「有席捲天下，苞舉宇内，囊括四海之意，并吞八荒之心」句上批：「『席捲天下』四語，同一意而必言重辭複者，所以厚集其勢也。通篇皆然，不獨此四語。」

「於是秦人拱手而取西河之外」句上批：「頓句山立。」

「諸侯恐懼，會盟而謀弱秦」句上批：「接入諸侯，不別起波瀾，乃氣之雄直處。」

「此四君者，皆明智而忠信，寬厚而待人」句上批：「束一筆。」

「於是六國之士，有寧越、徐尚、蘇秦、杜赫之屬爲之謀」句上批：「推而廣之。」

「嘗以什倍之地，百萬之衆」至「而天下諸侯已困矣」句上批：「積之極厚，頓之極重，而一筆掃之，極直捷輕快，如彀强弓，持久乃發，遂應弦而落也。」

「天下已定」至「餘威震於殊俗」句上批：「『天下已定』六句，提束力已極滿，無可加矣，以下可以輕轉。『始皇既没』二句，更蓄其勢，是神力絶人處。」

「山東豪俊並起而亡秦族矣」至「非及曩時之士也」句上批：「輕快。」

「然而成敗異變，功業相反」至「則不可同年而語矣」句上批：「筆筆勝擲，如龍跳虎卧。」

## 班叔皮《王命論》

「悲夫此世之所以多亂臣賊子者也」句上批：「急接有神。」

「英雄誠知覺悟」至「天禄其永終矣」句上批：「收裹細密。」

## 魏文帝《典論・論文》

「斯七子者，於學無所遺，於辭無所假」至「亦良難矣」句上批：「『於學無所遺，於辭無所假』二語，千古學人才人能當此者有幾，恐七子亦有不足於此矣。」

「夫文本同而末異，蓋奏議宜雅，書論宜理，銘誄尚實，詩賦欲麗」句上批：「『奏議宜雅』四語，確不可易。」「『本同末異』四字尤精。」

「文以氣爲主」至「雖在父兄不能以移子弟」句上批：「剖析微茫。」「此所謂氣，謂吐屬也。文之佳惡，惟在吐屬不同。」

## 韋弘嗣《博易論》

「蓋聞君子耻當年而功不立，疾没世而名不傳」句上批：「整肅而明暢。」

## 嵇叔夜《養生論》

「夫服藥求汗」至「猶國之有君也」句上批：「極精深卻極淺易，此爲談理之妙境。」

「夫爲稼於當世」至「而望嘉穀於旱苗者也」句上批：「尤細入微茫。」

**陸士衡《辨命論》**

「然則天下善人少惡人多，闇主衆明君寡，而薰蕕不同器，梟鸞不接翼」句上批：「此則憤怨之極，肆其謾罵矣。」

**班孟堅《封燕然山銘》**

「雷輜蔽路，萬有三千餘乘，勒以八陣，蒞以威神」句上批：「若出齊梁人手，必不以威神對八陣矣。其神采卻在此。」

「然後四校橫徂，星流彗掃，蕭條萬里，野無遺寇」句上批：「凡文勢將轉，必極力開拓。」

**陸佐公《新刻漏銘》**

篇首批：「典切緻密，胜《石闕銘》。」

# 讀韓愈昌黎先生文集簡端記

## 卷一

### 元和聖德詩

「是日崇文，入處其宇」至「遂自顛倒，若杵投臼」眉批：「以四言詩敘事，寫來奕奕有神，從古所未有也。」

「末乃取闞，駭汗如雨」至「東盡海浦，南至徐蔡」句上批：「以唐之不振，藩鎮跋扈，故峻厲其詞，此公之深意也。謂之工，謂之誇侈，皆非。如論雅體，則『投畀豺虎』非雅詩耶？」「序云警動百姓耳目，公已自言之矣。」

「魚魚雅雅」等句上批：「韓文重字、連綿字最工。」

「帝車迴來，日當正午，幸丹鳳門，大赦天下」句上批：「極質直，乃極宏麗。」

「登兹太平，無怠永久，億載萬年，爲父爲母」句上批：「勖以無怠，頌不忘規也。」

## 南山詩

「點點露數岫」句上批：「詩意直以岫爲山耳，不必引《説文》也。」「天人姿澤。」

## 謝自然詩

「童騃無所識」句上批：「學仙總由無識之故。」

「凝心感魑魅」句上批：「五字精極，非知鬼神之情狀者不能道。」

「如聆笙竽韻，來自冥冥天」句上批：「冥冥二字妙。其光天化日，安得有此。幽晦蕭寒，豈是神仙來時景象？」

「莫能保性命，安得更長延」句上批：「凡學仙者皆然。」

## 秋懷詩十一首

篇首批：「其瘦硬疏樸，則是自家面目。此正善學古人處。疏樸者其貌，其用意卻極細緻。讀韓詩者當知其細緻處。」

「茫茫出門路，欲去聊自歎。歸還閲書史，文字浩千萬」句上批：「出門不□，歸而讀書，時時有此情事。」

「名浮猶有耻，味薄真自幸」句上批：「『味薄』句猶勝。」

「霜風侵梧桐」篇首批：「此似過於奇幻。在此十一首中頗不類。」

「暮暗來客去」篇首批：「正當寂明之時，忽有憂累不能自克，寫得深細之極。」

## 卷二

### 此日足可惜贈張籍

「驅馳公事退，聞子適及牆」句上批：「『及牆』未安。」

「日念子來遊，子豈知我情」句下五百家注「孫曰：言籍亦繼至徐」句上批：「言籍繼至語頗未明。」

### 幽懷

篇首批：「爲晉宋人體格，亦復逼肖。」

### 落葉一首送陳羽

「悄悄深夜語，幽幽寒月輝」句上批：「此律詩也。若少陵則必作『夜深』，此昌黎拗律句調也。」

## 歸彭城

「天下兵又動，太平竟何時。訏謨者誰子，無乃失所宜。前年關中旱，閭井多死飢」句上批：「純似少陵。」

「到口不敢吐，徐徐俟其巇」句上批：「巇，韻不穩。」「巇字似出《鬼谷子》。」

## 醉贈張秘書

「性情漸浩浩，諧笑方云韵。此誠得酒意，餘外徒繽紛」句上批：「浩浩二字真得酒意。」

## 題合江亭寄刺史鄒君

「人生成無幾，事往悲豈那」句上批：「成，當作誠。」

## 陪杜侍御遊湘西寺獨宿有題獻楊常侍

「佛事煥且儼」句上批：「事，當作寺。」

### 送文暢師北遊

「屢造忍顛蹶」句上批：「『屢造』句謂造門求詩。」

「今成十餘卷，浩汗羅斧鉞」句上批：「羅斧鉞三字未安。」「此篇多未安之句。」

### 薦士

「彼微水中荇，尚煩左右芼。魯侯國至小，廟鼎猶納郜」句上批：「芼、郜二韻頗著迹。」

## 卷三

### 山石

「以火來照所見稀」句上批：「本不欲觀，故云所見稀也。」

「清月出嶺光入扉」句上批：「若作明月，便是常語。」

### 雉帶箭

全篇密圈。

## 條山蒼

「松柏在高岡」五百家注「祖曰：《選》阮嗣宗《詠懷》『松柏翳岡岑』」上批：「『松柏在高岡』，何必注。」

## 桃源閣

篇首批：「作轉韻詩便不佳。」

## 東方未明

題注上批：「謂太白殘月喻執誼、叔文，恐非。」

## 贈侯喜

篇首批：「韓詩此類雕刻纖毫者不少，學韓者宜留意焉。」

## 八月十五夜贈張功曹

「纖雲四卷天無河，清風吹空月舒波」句上批：「第二句第五字仄，餘皆平。連二句用韻，則此調亦諧。若問句用韻，此調或不諧矣。」

「我今與君豈殊科，一年月明今宵多」句上批：「改爲明月則常調也。」

## 卷四

### 送區弘南歸

篇首批：「古人贈言每道其實，不似今人輒作過情之譽。」

「蔽能者誅薦受禨」句上批：「禨字韻太勉强。」

### 和皇甫湜陸渾山火用其韻

「頳胸垤腹車轅掀」句上批：「言其腹隆起穹然，如車轅豎立之形。」

「豆登五山瀛四罇」句上批：「不云『五山豆登』，專以顛倒見奇。」

「縮身潛喘拳肩跟」句上批：「肩縮至跟，極形容拳縮之狀。」

### 哭楊兵曹凝陸歙州參

篇首批：「此是律詩。」

### 感春五首

「寸恨至短誰能裁」句上批：「連仄二平，此調少見。第五首末句（按指『誰肯留念少環回』）亦然。」

### 送李正字歸湖南

「孤游懷耿介，旅宿夢婉娩」句上批：「夢婉娩，謂夢見室家也。」

## 卷五

### 醉留東野

篇首批：「第二句（指『長恨二人不相從』）、第八句（按指『自慚青蒿倚長松』）調俱少見。」

### 李花

篇首批：「第二句、第四句調俱少見。」

「不見玉枝攢霜葩」句上批：「枝當作杖。若作枝，則四平落調。」

「洛陽園苑尤紛拏」句上批：「（此處）當分作二首。」

## 招楊之罘

「馬羈入廄中」句下樊注引東坡銘「柏生兩石間，天命本如此」上批：「東坡别有所感，借昌黎爲説耳。」

「我令之罘歸，實待柏與馬」下五百家注「實待一作失待，一作失得」上批：「言失待柏馬之道。」

「晨夕抱饑渴」句上批：「渴字當以别本校之。」

## 酬司門盧四兄雲夫院長望秋作

「江湖生思自莫緘」句上批：「『江湖』句終不明白。」

篇末批：「此三韻(按指鑱、誠、纖)畢竟不穩。」

## 河南令舍池台

篇首批：「太粗率。」

## 送無本師歸范陽

篇末批：「收束處作奇恣語，以與篇首相稱。」

## 雙鳥

題上批：「有謂雙鳥爲公自謂與東野者，其説是也。『大法』三句太恣肆，遂啓後人之疑耳。」

## 題炭谷湫祠堂

「寄立尺寸地，敢言來途艱」句上批：「既立尺寸之地，則不敢以來途之艱而畏葸自保，但無權耳。」

## 射訓狐

篇首批：「用意寬大，文勢亦有頓折。」「鵂鶹夜能視，晝不見物。時已天明，古云兩眼睢盱也。」

「梟即鵂鶹，添出『蛇走竇』，何也？」

## 短燈檠歌

篇首批：「『黄簾』二句謂富貴家，『裁衣』二句謂幽閨，以引起『太學儒生』，然頗覺夾雜。」

# 卷六

## 符讀書城南

「一爲馬前卒，鞭背生蟲蛆。一爲公與相，潭潭府中居。問之何因爾，學與不學歟」數句注「餌其幼子以富貴利達之美，此豈故韓愈哉」上批：「教幼子安得不爾？且以潭潭之居、蟲蛆之背歸之學與不學，正其善教處也。此等議論，宜爲涪翁所譏。」

## 示典

「有路即歸田」句上批：「東坡『有田不歸如江水』之句似出於此。」

## 讀皇甫湜公安園池詩書其後

「糞壤多污穢，豈有臧布臧」句上批：「此詩之意謂此園池乃糞壤耳，殊不足掛牙舌而論其臧布臧也，非譏持正不能詩。」「我輩作無謂之詩文，真所謂枉智思，掎摭糞壤也。而猶計其臧布臧，此韓公所誚也。讀此詩甚有會心，謹當書紳銘座。已巳三月十九日記。」

按：己巳年爲同治八年（一八六九），此年陳澧六十歲。汪宗衍《陳東塾先生年譜》「同治八年」

條記：「先生點讀廣州大字本《通典》第四十册，卷二百末有『己巳四月初七日讀畢』九朱字。」（頁一〇一）而不記此陳澧讀韓集信息，殆未見此批點本之故。

## 卷七

### 瀧吏

「巧姦敗群倫」句上批：「並自承巧姦敗倫，蓋忠厚之中仍有憤激在。」

### 奉酬盧給事雲夫四兄曲江荷花行見寄并呈上錢七兄閣老張十八助教

篇首批：「真人謂盧，散仙謂錢、張與己也。」

### 庭楸

篇首批：「俚質似香山。」

### 南溪始泛

「上上不得返」句上批：「兩上字皆上聲。」

## 卷九

### 次同官峽

「落英千尺墮，遊絲百丈飄」句上批：「『落英』、『遊絲』二句，齊梁格也。」

### 答張十一功曹

「未報恩波知死所」句上批：「知死所，猶云不知死所。」

### 贈同遊

篇首批：「此詩乃類温李。」

## 卷十

### 送李尚書赴襄陽八韻

「千里地還方」句上批：「方字韻不穩。」

**和侯協律詠筍**

篇首批：「刻畫纖密，而仍出以疏樸，此種非昌黎不能也。」

**桃林夜賀晉公**

篇首批：「隔句對。」

**枯樹**

篇首批：「起十字高絶，他人只説風霜侵久乃無枝葉耳。句句精細。」

**祖席（次首）**

篇首批：「詩家每以此種爲風格高，其實不難。」「選韓詩者當選《枯樹》之類，若選此詩便不見韓詩面目。」

**寄隨州周員外**

篇首批：「此所謂癡人前不可説夢。」

### 次石頭驛寄江西王十中丞閣老

篇首批：「第四句猶義山之『燕重遠並泥』、東坡之『麥熟黃蜂亦懶飛』也。」

### 和張僕射相公感恩言志

篇首批：「韓之頌、歐之規，皆極得體。」

## 卷十一

### 原道

篇首批：「釋仁義道德名義。」

「嗚呼！其亦不思而已矣。如古之無聖人，人之類滅久矣。何也？無羽毛鱗介以居寒熱也，無爪牙以争食也。是故君者出令者也，臣者行君之令而致之民者也，民者出粟米麻絲作器皿通貨財以事其上者也」數句上批：「以此駁老莊，真可以息其喙矣。」

「是故以之爲己則順而祥，以之爲人則愛而公」句上批：「此一段有韻，甚似《禮記》。」

「傳曰：古之欲明明德於天下者，先治其國」句上批：「辯佛老治心之説。」「引《大學》至正心誠意而止，不引致知格物者，以佛氏之學多言心也。《朱子或問》以爲不探其端而驟語其次，未免擇焉不精、語焉不詳，過矣。」「明佛氏爲夷狄之法。」

「軻之死，不得其傳焉」句上批：「韓子所謂傳者，仁義道德，詩書易春秋云云是也。後儒襲其説而云傳心法，則非韓子之旨也。」

「人其人，火其書，廬其居，明先王之道以道之，鰥寡孤獨廢疾者有養也」句上批：「『鰥寡』句似贅疣。」

## 原性

「下之性畏威而寡罪」句上批：「畏不出於性耶？既畏威矣，非其善耶？然則韓子之言猶孟子之旨也。」

## 原毁

篇首批：「此篇繁其詞，淺其意，欲令人人皆解。後之爲古文者則但知務爲簡且深，不知有當繁當淺者矣。」

## 原人

篇首批：「氣體峻整而意緒不清。」

「然則吾謂禽獸曰人可乎？曰：非也」句上批：「夷狄，人也；禽獸，豈人耶？似《公孫龍子》。」

**對禹問**

篇末批：「堯舜之子不能守法，禹之子能守法，非天耶？韓子之説以補孟子未及則可，以訾孟子則非也。」

**雜説四首**

「龍噓氣成雲」篇首批：「此篇喻意，蓋即杜工部所謂『君王自神武，駕馭必英雄』也。」

「善計天下者，不視天下之安危」句上批：「安危二字似未安。未有紀綱亂而不危者也。此評非是。」

「千里馬常有」句上批：「千里馬亦恐不常有也。」

**讀荀子**

篇首批：「北宋以前人多爲揚雄所紿。」

篇末批：「余嘗抄諸子精醇之語爲一編，欲取韓子語題曰《諸子附聖録》，又抄其不合者題曰《諸子膏肓》。」

## 讀儀禮

「沿襲不同，復之無由，考於今誠無所用云」句上批：「誠無所用四字太過。」「先説誠無所用而後辨之耳。蓋當時有云無所用者也。不知韓子所掇而著者若何，惜不得而見之也。若非一部《儀禮》細細讀過，何以能掇其大要。」

篇末批：「苦其難讀，而猶讀之，掇其大要，奇辭奧旨，此讀書之法也。」

## 讀墨子

「余以爲辯生於末學，各務售其師之説」句上批：「自漢以來，學術之争辯皆由此。」

注語「蔡曰：　此分邪正末學之辨也。謂非孔子之正不足以知墨子之邪，無墨子之邪不足以明孔子之正，故曰不相爲用不足爲孔墨，學者于此又何足疑焉」上批：「如此回護，不通之甚。」

篇末批：「此篇必昌黎少作。」

# 卷十二

## 獲麟解

篇首批:「此隨筆揮灑,雖不存可也。」

## 師説

「士大夫之族,曰師曰弟子云者,則群聚而笑之」句上批:「今之士大夫則無不曰師曰弟子云者,且尤師其官盛者。使昌黎生於今,必又有師説之作矣。」

## 進學解

篇首批:「《月蝕》詩安得比《進學解》。」「執政如此,不可多得。」

「諸生業患不能精,無患有司之不明,行患不能成,無患有司之不公」句上批:「幸而獲選。不明不公等句,皆似反言譏諷。」

「沈浸醲郁,含英咀華」句上批:「能當此二語者,惟韓文。自歐陽子以下皆不能到此境。」

「絶類離倫,優入聖域」句上批:「賈捐之《不擊珠厓對》曰:『禹入聖域而不優。』韓文無一字無來歷，注家不能盡知也，然《漢書》語不難知耳。」

## 本政

篇首批：「此有意學先秦子書之文，字句間尚有艱澀痕迹。」

## 守戒

篇首批：「昌黎不知《古文尚書》之僞。」

「而不知爲之備。噫！惑矣。野人鄙夫能之而王公大人反不能焉」句上批：「臺灣有兵事，粤之大吏測虎門水深淺。讀此慨然。甲戌六月六日書。」

## 五箴

「聰明不及於前時，道德日負於初心，其不至於君子而卒爲小人也昭昭矣」句上批：「中年以後讀此語，未有(不)悚然者。」

「行箴」之「思而斯得，汝則弗思」句上批：「末二句言思斯得之矣，汝弗思耳。」

「好惡箴」之「既見其臧，從也爲愧」句上批：「既見其臧則從之，何愧之有？」

「知名箴」篇首「内不足者急於人知」句上批：「三復斯言。」

### 後漢三賢贊

篇首批：「此以韻語述其事而謂之贊，亦創體也。」

### 伯夷頌

篇首批：「近人有謂《論語》但云餓不云餓死，蓋避紂而窮餓耳。余曰太公亦避紂，何不聞太公餓耶？」「頌必有韻，無韻者惟王子淵《聖主得賢臣頌》。此殆效之。」

「補注：伊川曰：伯夷頌只説得伯夷介處。要説得伯夷心，須是聖人語『不念舊惡，怨是用希』」注上批：「必舉孔子之言以衡後世之文，則無不可訾議者矣。」「只説伯夷之介，是專明一義。《孟子》亦只説伯夷清，而且謂之隘。如伊川之論，是《孟子》亦未説得伯夷心也。」

## 卷十三

### 愛直贈李君房别

篇首批：「通篇多駢偶，少單行。」

## 張中丞傳後序

篇首批：「此篇純用質樸語，全無雕飾。」

## 河中府連理木頌并序

篇首批：「四言用韻，仿漢碑。」

## 汴州東西水門記并序

題下樊注「陳後山云：『退之作記，記其事耳。今之記乃論也。』以後山語觀公諸記，信然」上批：「今人遂執後山語，惟以直書其事者爲記矣。」

篇末批：「其源出於漢碑，觀《石門頌》等文可見。」

## 燕喜亭記

篇首批：「此應酬之作。」

## 畫記

題下注「樊曰：僕嘗謂退之《畫記》僅似甲乙帳爾，了無可睹。世人識真者少，可歎亦可愍也」注上批：「此論誤矣。然近人謂作記當以此篇爲定法，則又非也。記□古於《儀禮》之記及《大小戴記》，其中自有兩體，或條分件繫，或通論大意，不可偏廢也。」

「雜古今人物小畫共一卷」句上批：「首句云雜古今何也？云共一卷，則似非一幅也。」

「駱駝三頭，驢如駱駝之數而加其一焉」句上批：「云驢四頭足矣，而必加之者何也？於此亦可悟韓文之法。」

## 藍田縣丞廳壁記

篇首批：「以丞之抑鬱兀傲，故文亦曲肖之。以嘲戲之筆，寫抑鬱之懷。」

「悉書前任人名氏」句上批：「悉書前任人名氏，文至此已畢矣。以下寫景談色耳。」

## 送陳密序

「誦其文則思其義，習其儀則行其道」句上批：「爲經學者，當服膺此語。」

## 新修滕王閣記

「於是棟楹梁桷板檻之腐黑撓折者，蓋瓦級甎之破缺者，赤白之漫漶不鮮者」句上批：「三句參差，亦韓文之法。」

# 卷十四

## 鄆州溪堂詩并序

「僨心罷精，磨以歲月，然後致之，難也」句上批：「韓文用字法。」「以始至爲難，而制三方爲易，正以見制三方之難也。」

篇末批：「蕩漾夷猶，聲情並茂，似石鼓文。播播、駭駭、考考，皆獨造，非襲前人。然惟昌黎能獨造耳。」「此在初脱手時可以爲新異，亦可以爲贋古。今讀之則摹古而幾於化矣。題當有脱字。」

## 貓相乳

篇首批：「篇末言善持禄位富貴，規戒深切，何謂諂乎？」

## 進士策問十三首

第一首「今其文相戾悖如此，欲人之無疑，不可得已」句上批：「戾悖二字太重。抑揚太過，亦文辭之病也。」

## 諫臣論

題下注「韓曰：公作此論譏切之，城亦不屑意」上批：「陽子不屑意，真不可及。」「若毛舉細故，刺刺不休，將不得安於其位，至朝廷有大闕失，無由而争之矣。」

## 改葬服議

篇首批：「近人爲八家古文者，不喜考據。吾欲取八家考據之文爲一編以示之。」

## 省試顏子不貳過論

「故顏子之過，此類也。不貳者，蓋能止之于始萌，絶之於未形，不貳之於言行也」句上批：「此説雖爲顏子回護，而不知實不必回護也。孔子尚有太過之語，有過何傷於顏子乎。《易傳》言：『有不善未嘗不知，知之未嘗復行。』即《論語》所謂『不貳過』，不必别爲之説。」

## 答張籍書

「化當世莫若口，傳來世莫若書。又懼吾力之未至也」句上批：「著書之難、有益於世，數語盡之。」

「請待五六十然後爲之，冀其少過也」句上批：「著書不可太早。」

## 重答張籍書

「前書謂我與人商論，不能下氣，若己好勝者然。雖誠有之，抑非好己勝也，好己之道勝也；非好己之道勝也，己之道乃夫子、孟子、揚雄所傳之道也」句上批：「後世洛、蜀之争，朱、陸之争，皆好己之道勝也。前答李書已云當更忍而悔之，此則更不悔也。」

# 卷十五

## 賀徐州張建封僕射白兔書

篇首批：「當時蓋不得已而爲此耳，甚無謂也。」

## 上兵部李巽侍郎書

「沉潛乎訓義，反復乎句讀」句上批：「沉潛訓義，反覆句讀，後之爲古文者能如是乎！」

### 答尉遲生書

篇首批：「如此等篇皆多排偶之句，學韓文者宜知之。」

### 至鄧州北寄上襄陽于相公書

篇首批：「此等文皆勉强爲之。」「此篇皆駢偶。」

## 卷十六

### 答侯繼書

「僕少好學問，自五經之外，百氏之書，未有聞而不求、得而不觀者，然其所志，惟在其意義所歸。至於禮樂之名數，陰陽、土地、星辰、方藥之書，未嘗一得其門户。雖今之仕進者不要此道，然古之人未有不通此而能爲大賢君子者」句上批：「此與徐偉長《中論》所論俗儒正相反，當録出並論之。」

「僕雖庸愚，每讀書，輒用自愧。今幸不爲時所用，無朝夕役役之勞，將試學焉。力不足而後止，猶將愈於汲汲於時俗之所争」句上批：「此真幸也，非矯情語。」

## 答崔立之書

「猶將耕於寬閑之野，釣於寂寞之濱」句上批：「寬閑、寂寞處難得。」

## 答李翊書

「始者非三代、兩漢之書不敢觀」句上批：「近之言古文乃薄東漢，昌黎不然也。」

「然後識古書之正僞，與雖正而不至焉者，昭昭然白黑分矣，而務去之，乃徐有得也」句上批：「識古書之不易如此。愚讀書亦二十餘年，近一二年似稍識之。」

## 答陳生書

「觀足下之書及十四篇之詩，亦云有志於是矣，而其所問則名，所慕則科，故愈疑於其對焉」句上批：「今人如此者多。」

## 答李翺書

「布衣韋帶之士，談道義者多乎」句上批：「如此之語，今京師有此否？」

「然恐子有時不暇責我而悲我，不暇悲我而自責且自悲也」句上批：「（不暇悲我）四字似衍。」

## 卷十七

### 與于襄陽書

「惟朝夕芻米僕賃之資是急」句上批：「求芻米僕賃之資而獻所爲文，使人短氣。」

### 與馮宿論文書

「時時應事作俗下文字，下筆令人慚」句上批：「然則韓集中固有俗下文字。」

「老子未足道也，子雲豈止與老子爭彊而已乎」句上批：「攘斥佛老，故有此言。其實子雲豈能比老子哉。」

## 卷十八

### 與鳳翔刑部尚書

「閤下其無以爲狂而以禮進退之」句上批：「凡見達官，恐其以衆人視之，總以不往見爲是。如其先來，則到門謝之，不入見也。」

## 答殷侍御書

篇首批：「此篇有晉宋人遺意。」

「一來應舉，事隨日生，雖欲加功，竟無其暇」句上批：「應舉之廢學如此，古今同病。」

「其心曉然」句上批：「殷氏書蓋有不可曉者，故云然。」

## 答陳商書

「今舉進士於此世，求祿利行道於此世，而爲文必使一世人不好，得無與操瑟立齊門者比歟」句上批：「爲文使一世人不好，昌黎亦不以爲然，使之何也？所謂小稱意人亦小怪之，大稱意人亦大怪之，何必使世人好之哉！」「此評非是。蓋陳商文太怪耳。」

## 與孟尚書書

「潮州時有一老僧號大顛，頗聰明，識道理，遠地無可與語者，故自山召至州郭，留十數日。實能外形骸，以理自勝，不爲事物侵亂」句上批：「愚則謂公未嘗觀佛書，不知學佛者能外形骸，以理自勝，不爲事物侵亂。及見大顛如此，亦心喜之也。」

「崇信其法，求福田利益也」句上批：「求福田利益，可不必辯。」「然則公之闢佛，但闢其福田利益之説，而不闢其『外形骸，以理自勝』耶？」

「分離乖隔，不合不公」句上批：「分離乖隔，不合不公，謂漢儒各立家法也。後儒遂推衍此語，以輕蔑漢儒矣。」

篇末批：「此書非文過，其言交不可不擇，則是也。」

答吕毉山人書

「方今天下入仕，惟以進士、明經及卿大夫之世耳。其人率皆習熟時俗，工於語言，識形勢，善候人主意。故天下靡靡，日入於衰壞，恐不復振起。務欲進足下趨死不顧利害去就之人於朝，以争救之耳」句上批：「今人正如此，不知有吕毉山人否？」

## 卷十九

送孟東野序

「其末也，莊周以其荒唐之辭鳴。楚，大國也，其亡也以屈原鳴。臧孫辰、孟軻、荀卿，以道鳴者也。楊朱、墨翟、管夷吾、晏嬰、老聃、申不害、韓非、慎到、田駢、鄒衍、尸佼、孫武、張儀、蘇秦之屬，皆以其術鳴」句上批：「莊周不與下文楊朱、墨翟同一類，而與屈原並舉，所謂下逮莊騷者也。」「孟、荀之上加以臧孫辰，未解。」

上巳日燕太學聽彈琴詩序

「惟時醆斝序行，獻酬有容。歌風雅之古辭，斥夷狄之新聲。褎衣䕞冠，愉愉如也」句上批：「猶有駢儷之遺。」「句末多用平聲字，避駢體平仄相對之句調也。」

送陳密序

「夫外不足以信内，子誦其文則思其義，習其儀則行其道，則將謂子君子也」句上批：「爲經學者，當服膺此語。」

# 卷二十

送浮屠文暢師序

「是故道莫大乎仁義，教莫正乎禮樂、刑政，施之於天下，萬物得其宜，措之於其躬，體安而氣平。堯以是傳之舜，舜以是傳之禹」句上批：「此所謂傳者，仁義、禮樂、刑政也，非別有心法也。書之於册中，國之人世守之者也，非千四百年不傳者也。」

「弱之肉，强之食」句上批：「此即《原道》所謂『無爪牙以争食』。」

送王秀才序

「孟軻師子思。子思之學，蓋出曾子。自孔子没，群弟子莫不有書，獨孟軻氏之傳得其宗」句上批：「此語自昌黎發之。講道學者，不可忘其所自。」

「道於楊、墨、老、莊、佛之學，而欲之聖人之道，猶航斷港絶潢，以望至於海也」句上批：「昌黎以前，誰能爲此言？昌黎以後，宋儒尚道於佛學，反求而後得之也。」

## 卷二十一

送高閑上人序

「今閑之於草書，有旭之心哉！不得其心，而逐其迹，未見其能旭也」句上批：「善草書，豈因利欲就其所好，而以利欲誘之，必破其法耳。」

送殷員外序

篇首批：「篇首詞意甚莊重，何忽作評語？似有不可明言者。」

## 卷二十二

### 題哀辭後

「學古道則欲兼通其辭，通其辭者，本志乎古道者也」句上批：「後儒學古道，則不欲兼通其辭，而且以爲害道。」

## 卷二十三

### 弔武侍御所畫佛文

「就浮屠師請圖前所謂佛者，浮屠師受而圖之」句上批：「必著其受之者，嗤浮圖師之貪其財也。」

## 卷二十四

### 唐故太子校書李公墓誌銘

「文高乎當世，行過乎古人」句上批：「或謂『文高乎當世，行過乎古人』二語極其推許，故誌可略，然畢竟太略。」「過字太過。」

**施先生墓銘**

「先生之祖，氏自施父。其後施常，事孔子以彰」句上批：「四言中雜以五言，以其必須用五言也。」

「古聖人言，其旨密微。箋注紛羅，顛倒是非」句上批：「輕蔑先儒，自中唐始有此風氣，見於昌黎詩文者，如施士匄、盧仝是也。」

**考功員外盧君墓銘**

篇首批：「不得其詳，則舉其大者。近世古文家好删削事跡者，不得以此爲藉口。」

**清邊郡王楊燕奇碑文**

篇首批：「按年書事，凡書武人功績，必須如此。」

**河南少尹裴君墓誌銘**

篇首批：「條件甚多，而又無實事可書者，宜以此爲法。」

## 國子助教河東薛君墓誌銘

「君執弓腰二矢挾一矢以興，揖其帥曰」句上批：「三矢必腰二挾一矣。一中一呼笑，三中三呼笑，尤不待言矣。乃贅言之而彌覺生動。古文不專以簡爲佳也。」

## 楊燕奇碑文

「大曆八年」至「建中二年」句上批：「按年書事，凡書武人功績必須如此。」

# 卷二十五

## 唐故襄陽盧丞墓誌銘

篇首批：「敘事純作乞銘者之語，而答語則但稱其子。」

## 盧殷墓誌

篇首批：「里貫、姓名、官職及卒之時地，只一句書之。」

「無書不讀，然止用以自資爲詩」句上批：「讀書不當如是，爲詩則必當如是。」

**唐故河中府法曹張君墓碣銘**

篇首批：「述求銘之語以爲序，而敘事以爲銘，不復作韻語。」

「夫子天下之名能文辭者，凡所言必傳世行後」句上批：「後之自稱能文辭者爲人銘墓，多襲此等語。」

# 卷二十六

**唐朝散大夫贈司勳員外郎孔君墓誌銘**

「昭義節度盧從史」句上批：「孔戡之賢，在折從史，故於發端特書之。」

篇末批：「學行但於銘見之。」

**唐故河東節度觀察使滎陽鄭公神道碑文**

「系曰：　士常患勢卑不能推功德及人，常患勢貧無以奉所欲得，若鄭公者，勤一生以得其位，而曾不得須臾有焉」句上批：「碑文後不爲有韻之銘，而系語若傳論。」

## 卷二十七

### 唐故檢校尚書左僕射兼御史大夫龍武統軍贈潞州大都督彭城劉公墓碑

篇首批：「序不書事而銘書事，漢《北海相景君碑》是其例也。」

## 卷二十八

### 曹成王碑

「王亦有子」句下注「或云此下疑脱一句」上批：「非脱也。韓爲銘不限定二句一韻。」

## 卷二十九

### 貞曜先生墓誌銘

「維卒不施，以昌其詩」句末注「樊曰：蘇子瞻嘗舉此以問王定國，當昌其身耶？昌其詩也」上批：「東坡不喜東野詩，固也。而昌氣、昌志之論，則非爲東野詩言之，但就昌黎語進一解耳，豈可併爲一談耶？」

# 卷三十

## 監察御史衛府君墓誌銘

「既三年，與其弟中行別曰：既克自敬，勤及先人存趾。美進士，續聞成宗，唯服任遂功，爲孝子在不怠。我恨已不及，假令今得，不足自貴。我聞南方多永銀丹砂雜他奇藥，爊爲黄金，可餌以不死。今於若丐我，我即去」句上批：「此等句法，淺而言之，直是芟削語助，使長短錯落。又用稍異之字，如趾、爊字是也。以此爲陳言務去，未足與論韓文也。」「此文亦立意在明不死藥之妄。」「藥不成而政成，措語殊妙。」

「以干容帥，帥且曰」句上批：「投所好以誘之，容帥語亦然。」

## 鳳翔隴州節度使李公墓誌銘

「與母韓國夫人鄭氏拜訣，屬家徒隨走」句上批：「此事宜詳載，以表章韓國，但云拜訣，似太簡。」

## 平淮西碑

「光顔，汝爲陳許帥，維是河東、魏博、郃陽三軍之在行者，汝皆將之」句上批：「此學《尚書》舜命二十二人，所謂點竄《堯典》《舜典》字也。」

「因天大雪，疾馳百二十里，用夜半到蔡。破其門，取元濟以獻，盡得其屬人卒」句上批：「敘諸將戰功，惟愬最詳，而猶不滿，何也？」

# 卷三十一

## 南海神廟碑

「雲陰解駮，日光穿漏」句上批：「以古樸之筆寫極細之景，惟韓能之。」

「五鼓既作，牽牛正中」句上批：「精妙。」

## 柳州羅池廟碑

篇首注上批：「此論不可解。豈以爲言外有刺譏之意耶？子厚有廟於柳州，以在柳有惠政，故碑文自當述惠政而略其出處。乃以爲有刺譏之意，此全不知文章之體裁者也。公已爲子厚墓志，此碑更無庸述其出處矣。」

「侯降於州之後堂，歐陽翼等見而拜之。其夕，夢翼而告曰，館我於羅池」句上批：「此二事似不宜書，但書夢翼至廟成，足矣。」

### 黃陵廟碑

篇首批：「此篇乃考據之文，今之爲古文者輒詆考據，不知嘗讀此文否？」

### 故太學博士李君墓誌

篇首批：「爲李君誌而彰李之過，不可爲法。即欲以爲戒，何不别著一篇記此六七公事乎？」

「工部（尚書歸登）既食水銀得病，自説若有燒鐵杖自顛貫其下者，摧而爲火，射竅節以出，狂痛號呼乞絶」句上批：「歸登之死最苦，故述之最詳。」

篇末補注「孔毅夫《雜説》云：張籍哭退之詩云：『爲出二侍女，合彈琵琶箏。』白樂天《思舊》詩云：『退之服硫黄，一病竟不痊。』」注上批：「侍女彈絲，何遽云取硫磺入藥，亦非鉛汞，必也鉛，亦非不可服，惟燒水銀爲丹砂，此今所謂銀硃，不可食矣。」

## 卷三十二

### 柳子厚墓誌銘

「因其土俗，爲設教禁，州人順賴」句上批：「教禁二字簡括，順賴二字尤簡括。」

## 唐故朝散大夫尚書庫部郎中鄭君墓誌銘

篇首批：「前敘世系、官職，中述性情，後記妻子。此常格也。」

「君天性和樂，居家事人，與待交遊，初持一心，未嘗變節」至「費盡不顧問」句上批：「句法。」「此一段敘述極詳盡，使讀者如見其人。」

# 卷三十三

## 唐正議大夫尚書左丞孔公墓誌銘

「年七十三上書去官」句上批：「公以奏留孔公故，先從去官敘起。」

## 唐故江南西道觀察使中大夫洪州刺史兼御史中丞贈左散騎常侍太原王公墓誌銘

篇首批：「誌文簡，碑文詳。誌納壙中，碑立墓道故也。誌石小，碑石大。」

## 故江南西道觀察使贈左散騎常侍太原王公墓誌銘

「銘曰氣鋭而堅，又剛以嚴，哲人之常」句上批：「三句一韻，上二句又自爲韻。」「無銘，故云闕耳。然誌非必有銘也。」

### 殿中少監馬君墓誌

篇首批：「全無事跡，即交情亦只幼時一見，乃寫得如許濃至。」

「當是時見王於北亭，猶高山深林，鉅谷龍虎，變化不測，傑魁人也」句上批：「韓文著色處，非駢體文所能到。」

### 唐故殿中少監馬君墓誌

「去而東游，哭北平王於客舍。後十五六年，吾爲尚書都官郎，分司東都，而少傅卒哭之。又十餘年至今，哭少監焉」句上批：「哭北平王，少傅卒哭之，哭少監，哭字或上或下，雖文章佳惡不在此，然此是韓文之法。」

## 卷三十四

### 南陽樊紹述墓誌銘

「後漢迄今用一律，寥寥久哉莫覺屬」句上批：「東漢以後，文章多摹擬古人。」

## 卷三十五

### 乳母墓銘

「愈輒率婦孫列拜進壽」句上批：「謂己子曰孫，其敬乳母如此。」

### 虢州司户韓府君墓誌銘

「君諱岌，桂州君之孫，司録君之子。亦以能官名，少而奇，壯而强，老而通」句上批：「爲岌誌而但記岌父事，至岌則三四語而已。」

### 四門博士周况妻韓氏墓誌

「開封卓越豪縱，不治資業」句上批：「『卓越豪縱』云云，似亦不必載。」

## 卷三十九

### 潮州刺史謝上表

「以今月二十五日到州上訖，與官吏百姓等相見，具言朝廷治平，天子神聖威武慈仁，子養億兆人庶，無有親疏遠近」句上批：「刺史宣布朝廷德意，使官吏百姓聞知，此可以爲法。」

# 讀顧炎武日知録簡端記

## 卷一

**《原序》**「是書也，意惟宋元名儒能爲之」句上批：「元儒豈能爲之，其王伯厚乎？其馬貴與乎？」

**《朱子周易本義》**條「《彖傳》上下兩篇」「自漢以來，爲費直、鄭玄、王弼所亂」句上批：「費氏以《彖》《象》《文言》解説上下經，非亂也。」「復程朱之書以存《易》，備《三傳》啖、趙諸家之説以存《春秋》，必有待於後之興文教者」句上批：「此書皆此意也。」

**《遊魂爲變》**條「『維嶽降神，生甫及申』，非有所托而生也。文王在上，于昭于天，非有所乘而去也」句上批：「詩人似以爲有所托而生，有所乘而去。」

《孔子論易》條「自二子之學興，而空疏之人，迂怪之士，舉竄跡於其中以爲《易》，而其《易》爲方術之書，於聖人之寡過反身之學，去之遠矣」句上批：「百年以來談漢《易》者，於聖人寡過反身之學去之遠矣。」

## 卷三

《韓城》條「王肅曰，今涿郡方城縣有韓侯城，世謂寒號，非也」句上批：「王肅好與鄭異，因《潛夫論》有韓侯國近燕之説，遂以當時所謂寒號者當之御道。元人又因王肅之説而以高梁水所出者爲梁山，其實皆由於《潛夫論》之謬説耳。」

「竊疑同州去燕二千餘里」至「豈有役二千里外之人而爲築城者哉」句上批：「燕師至韓，當時必有其故，但不可考耳。不能懸斷其必無也。《嵩高》詩云『申伯之功，召伯是營。有俶其城』，召伯可以營申伯之城，燕師不可宅韓侯之城乎？」

「按《毛傳》，梁山、韓城皆不言其地」句上批：「《毛傳》云『禹治梁山』，據《禹貢》『治梁及岐』之文也，安得云《毛傳》不言其地乎？」

「又『其追其貊』，鄭以經傳説貊多是東夷」句上批：「因一貊字而謂韓近燕，然則《詩》言『因時百蠻』矣，又可因一蠻字而謂韓近楚乎？」

**《不吊不祥》條**「不教不學之徒滿於天下，而一二稍有才知者，皆少正卯、鄧析之徒」句上批：「少正卯、鄧析也不易得也。」

## 卷四

**《王正月》條**「《左氏傳》曰『元年春王正月』，此古人解經之善。後人辨之，累數百千言而未明者，《傳》以一言盡之矣」句上批：「朱竹垞亦曰，邱明一周字，可以抵千金。」

**《謂一爲元》條**「大底古人言數多不言一，不獨謂年數爲元也」句上批：「今人亦然。」

**《闕文》條**「《穀梁》有桓無王之説」句上批：「《穀梁》之説是也。」

**《楚吳書君書大夫》條**「二十五年門於巢，卒，始書吳子」句上批：「此與《滕子薛伯杞》條云『降其爵，非情也』頗相矛盾。」

《納公孫甯儀行父于陳》條「二子無秋毫之力而杜氏爲之曲説，使後世詐諼不忠之臣得援以自解」句上批：「杜氏之説往往如此，故焦理堂謂其爲司馬氏而作。」

《趙盾弑其君》條「太史書曰：『趙盾弑其君。』此董狐之直筆也」句上批：「謂盾主之，非也。穿既弑而盾庇之耳。討穿則免矣，盾非司馬師也。」

《文字不同》條「五經中文字不同多矣，有一經之中而自不同者」句上批：「愚嘗謂《説文》未出之前，古書多假借字。《説文》出而用假借字者寡矣。《説文》真有同文之功也。」「古者循有保氏教六書，然亦必無分行部居之書，故古人用字不同如此。由此言之，《説文》之功，亞於六經矣。」

## 卷五

《三年之喪》條「《禮記·雜記·下篇》曰：『期之喪，十一月而練，十三月而祥，十五月而禫』」句上批：「期之喪，十三月而祥，十五月而禫。則三年之喪，二十五月而祥，二十七月而禫，可知矣。而亭林既引《雜記》而猶不悟王肅之失何。」

## 卷六

**《鬼神》**條「如二子之説，則視之而不見，聽之而不聞者，鬼神也」句上批：「二子之意蓋以體物而不可遺，即妙萬物而爲言之謂。」

## 卷七

**《子張問十世》**條批：「此章之説，當以邢疏知前十世爲是。」

**《朝聞道夕死可矣》**條批：「愚謂道者生死之道，有生必有死，有壽亦有夭，知此，則夕死可矣。」

**《忠恕》**條「元戴侗作《六書故》，其訓忠曰盡己致至之謂忠」句上批：「《六書故》極有佳處。」

**《夫子之言性與天道》**條批：「孰知今日孔、孟、老、莊皆不談乎！」

《管仲不死子糾》條「故夫子之于管仲，略其不死子糾之罪，而取其一匡九合之功」句上批：「雖云名在重耳，然至重耳返國，乃有君臣之稱，前此未有也。竟以爲君臣，則管仲不死相桓，真非仁矣。」

《聽其言也厲》條「孔穎達《洪范正義》曰：言之決斷，若金之斬割」句上批：「正義名言甚多，自來無人拈出，惟亭林先生耳。先生讀書真不可及。」

《考次經文》條「董文清槐改《大學》『知止而後有定』二節於『子曰聽訟吾猶人也』之上」句上批：「此但當著其説於十八節之下，移之則不可也。」「《文言》入於《繫辭》傳内，有何不可而必移之乎。」

## 卷八

《都令史》條「胥史之權所以日重而不可拔者，任法之弊使之然也」句上批：「吾師陳厚甫先生曰：今之天下，曰利，曰例，曰吏而已。」

《法制》條「善乎杜元凱之解《左氏》也，曰：法行則人從法，法敗則法從人」句上批：「亭林先生能拈出注疏中精語。」

《選補》條「各道掌道御史，各舉廉慎明敏、寬厚待民、堪任知縣者一人」句上批：「爾時以寬厚愛民爲堪置任知縣，今知此者稀矣。」

《員缺》條「思立今日亡，明日有選人索憲闕者」句上批：「近時外官有病危者，則群起而謀其缺矣。」

## 卷九

《刺史守相得召見》條「史言孝宣拜刺史守相，輒親見問，觀其所繇，退而考察所行，以質其言」句上批：「召見必如此乃有益。」

《京官必用守令》條批：「京官必用守令，是也。然亦有難處，守令稱職則當久任，不稱職即當降黜矣。當如何而入爲京官，宜更酌之。」「韓非子曰，宰相必出於州部。」「今則外官不稱職入爲京官。」

《**輔郡**》**條**「夫逾山絶河，深入二三千里」至「而謀國之臣，竟無一策以禦其來而擊其去」句上批：「此謂崇禎時大清兵至山東也。」

## 卷十二

《**助餉**》**條**「天啓初，遼事告急，有議及捐助者，朝論以爲教猱升木」批：「天啓時尚如此。」

《**街道**》**條**「《説苑》：楚莊王伐陳，舍於有蕭氏，謂路室之人曰：巷其不善乎，何溝之不濬也」句上批：「自辛丑以後，廣東省城不通六脈渠。」

## 卷十三

《**宋世風俗**》**條**「故靖康之變，志士投袂，起而勤王，臨難不屈，所在有之」句上批：「余亦謂明之氣節，由建文殉難諸臣倡之，方正學爲明儒第一人。」

《**名教**》**條**「今日所以變化人心，盪滌汙俗者莫急於勸學、獎廉二事」句上批：「勸學獎廉，即博學于文、行己有耻也。」

《廉耻》條「羌性貪而貴吏清，前有八都尉率好財貨爲所患苦。及奐正身潔己，威化大行」句上批：「凡夷狄之性，皆貪而貴吏清，若正身潔己，未有不威化大行者，此治夷狄之要道也。安得張奐其人以治通市諸番乎。」

「王佖爲武靈節度使，貪而無謀」句上批：「廣東之事，昔時亦有壞於王佖其人者耳。」

《重厚》條「今之詞人率同此病，淫辭豔曲傳布國門」句上批：「袁簡齋是也。」

《三反》條「今日人情有三反，曰：彌謙彌僞，彌親彌泛，彌奢彌吝」句上批：「僞字當易傲字。」

## 卷十四

《從祀》條「顔、曾、思、孟四子之配享，定於度宗咸淳三年」句上批：「曾、思、孟三子配享，非禮也。余別有説。」

《嘉靖更定從祀》條「學之祭先師也」句上批：「今乃祭名臣。」

「詔以左丘明等二十二人配享宣尼廟堂」句上批：「從祀之不公、不當、不識禮意，最爲咄咄可怪之事。」

「神宗元豐七年，始進荀況、揚雄、韓愈三人從祀」句上批：「荀況、揚雄不當祀，韓愈當祀。」

「度宗咸淳三年，進邵雍、司馬光」句上批：「進邵雍不可解。」

## 卷十六

**《舉人》條**「然下第舉人猶令入監讀書三年，許以省親，未有使之遊蕩於人間者」句上批：「今之舉人，真所謂遊蕩人間也。」

**《科目》條**「不知進士偏重之弊，積二三百年」句上批：「今又二百年。」

**《擬題》條**「科場之法，欲其難不欲其易」句上批：「不可太難，科場但取天下之中材，不可太難。」

## 卷十七

**《進士得人》條**「當時士君子之進，不由是塗，則自以爲慊」句上批：「今亦如此。」

「其法以諸生掌六曹」句上批：「諸生掌六曹，其事難行。」

「於是不由進士出身之人，遂不得不投門戶以自庇」句上批：「陳新甲是也。」

《糊名》條「温庭筠苦心研席，尤長於詩賦」至「由是累年不第」句上批：「如菩薩蠻是也。」

《搜索》條「然狡僞之風，所在多有，試者愈嚴，而犯者愈衆」「如主司真具别鑒，雖懷藏滿篋，亦復何益」句上批：「程侍郎典試至粤，告監臨曰：二三場能夾帶得我所出題者，可中也。」

《通經爲吏》條「故國初之制，謂之三塗並用」句上批：「今則考試、捐納二塗。」

## 卷十八

《四書五經大全》條「而僅取已成之書，抄謄一過，上欺朝廷，下誑士子」「經學之廢，實自此始」句上批：「有骨鯁之臣，但不敢欺耳。然其人無實學，安能章教學之功，啓儒林之緒乎？宋儒實學至元末而衰絶。此經學所以廢，制義所以行也。」

《舉業》條「任其所之而冥行焉，未有不流於小人之無忌憚者」句上批：「禪學、心學之病，無忌憚三字盡之。」

《朱子晚年定論》條「監本止云此是向來差錯，别無定本二字」句上批：「增改古人文字而爲他人看破。」

「矜魚兔之獲而反追咎筌蹄，以爲多事，其可乎哉」句上批：「忘筌蹄是忘本也。」

「文成與胡端敏世甯鄉試同年」「端敏答曰：某何敢望公，但恨公多講學耳」句上批：「胡端敏此言，乃陽明定論也。」

《改書》條「東坡《志林》曰：近世人輕以意改書，遂使古書日就訛舛，深可忿疾」句上批：「今人得北宋板書，珍如拱璧，豈知乃東坡所忿疾者乎。」

## 卷十九

《文人之多》條「黄魯直言：數十年來，先生君子但用文章提獎後生，故華而不實」句上批：「今則以文章提獎者且無其人。」

**《巧言》**條「天下不仁之人有二，一爲好犯上、好作僞之人，一爲巧言令色之人」句上批：「余嘗謂《論語》言仁，以『孝弟』、『巧言』二章爲首，是聖門言仁之要旨。」

**《文辭欺人》**條「古來以文辭欺人者，莫若謝靈運，次則王維。謝至屢嬰罪劾，興兵拒捕，乃作詩曰『韓亡子房奮，秦帝魯連耻』」句上批：「謝康樂以傲慢招尤，當時遂誣以謀逆。細讀史傳，誣枉自見，王西莊已爲之雪冤矣。『韓亡子房奮』等句，未必非誣陷者虚造也。」

**《古人集中無冗複》**條「如歐陽公作《尹師魯志》，不言近日古文自師魯始，以爲范公祭文已言之，可以互見，不必重出」句上批：「此則歐陽公之過，不可爲法。」

**《古人不爲人立傳》**條「《太平御覽》書目列古人别傳數十種，謂之别傳，所以别於史家」句上批：「然則非史官不爲傳之説非也，别傳即傳也。」「劉夢得作《柳子厚文集序》曰，凡子厚名氏與仕與年暨行己之大方，有退之之誌若祭文在」句上批：「此則可也。文集序但言其文，不及其他。且明言有退之之誌若祭文也。若歐陽公作墓誌而亦如此，使范公祭文有師魯名氏，歐公亦不書耶。」

## 卷二十

**《年月朔日子》條**「若史家之文，則有子而無日，《春秋》是也」句上批：「古史家有子無日，今不必泥古。當有日而不必有甲子，今人無以甲子數日者也。」「惟天下分裂之時，各國正朔或不同，則當書甲子。」

**《年號當從實書》條**「後人作書，乃以編年爲一大事，而論世之學疏矣」句上批：「編年固不必以爲一大事，然究以《綱目》書甲子爲無可議。」

**《文章推服古人》條**「韓退之文起八代之衰，於駢偶聲律之文宜不屑爲，而其《滕王閣記》推許王勃所爲序」句上批：「《儒行》曰：博學以知服。」

## 卷二十一

**《書法詩格》條**「南北朝以前金石之文，無不皆八分書者，是今之真書不足爲字也。姚鉉之《唐文粹》，凡近體詩皆不收，是今之律詩不足爲詩也」句上批：「此語太過。」

《**説文**》**條**「武曌師之而制字，荆公廣之而作書，不可謂非濫觴於許氏者矣」句上批：「以武曌、荆公而集矢於許氏，可乎？」

《**説文長箋**》**條**「《後漢書·劉虞傳》：故吏尾敦於路劫虞首，歸葬之」句上批：「此以尾敦爲人名，不誤。非以敦路爲人名也」

《**千字文**》**條**「《舊唐書·志》又有《演千字文》五卷，不著何人作。注：《隋書·文苑傳》秦王俊令潘徽爲《萬字文》」句上批：「余少時亦欲編《説文》之字爲萬字文。」

「《淳化帖》有漢章帝書百餘字」句上批曰：「《淳化帖》以爲章帝書，誤也。」

## 卷二十二

《**四海**》**條**「安知漢、唐人所見之海非此類邪」句上批：「漢、唐人實見西海北海。」

《**九州**》**條**「蓋天下有九州，古之帝者皆治之，後世德薄，止治神州」句上批：「近時西洋人遍歷四海，繪地圖，分爲四州。其美利加州，蓋自古所未聞。餘三州，大海環之，乃古所謂大九州。騶子之言非荒誕矣。」

## 卷二十三

**《自稱字》條**「元稹作《白氏長慶集序》，自書曰微之序，乃是作文自稱其字」句上批：「《後漢書·鄭康成傳》，應劭曰：太山太守應仲遠北面爲弟子。此自呼其字也。」

**《假名甲乙》條**「不應一時四人同以堯、舜、禹、湯爲名，若有意撰而名之者」句上批：「此似非假名，蓋有意撰而名之。」

## 卷二十五

**《介子推》條**「參辰錯行，不毗和所致」句上批：「此似未完。」

## 卷二十六

**《晉書》條**「《晉書·宣帝紀》，當司馬懿爲魏臣之時，無不稱之爲帝」句上批：「此等處，實可不必稱帝。」

《新唐書》條「《新唐書·志》，歐陽永叔所作，頗裁斷，文亦明達，二列傳出宋子京之手，則簡而不明，二手高下，迥爲不侔矣」句上批：「歐、宋各有病。愚謂宋高於歐，不可但摘字句之病以定高下也。」

《元史》條「《順帝紀》，大明兵取太平路，其時國號未爲大明，曰大明者，史臣追書之也」句上批：「愚謂此等當於易代之後刊正之。」

《通鑑不載文人》條「此書本以資治，何暇録及文人」句上批：「此論稍偏。」

## 卷二十七

《漢人注經》條「左氏解經，多不得聖人之意，元凱注傳，必曲爲之疏通，殆非也」句上批：「『殆非也』句即學鄭注。」

「惟范寧不私於《穀梁》，而公言三家之失」句上批：「范武子服膺鄭學，故得鄭氏家法。觀《後漢書·鄭康成傳》可知也。」

《左傳注》條「而後儒遂傅合《魯頌》之文，謂太王有翦商之意，太伯不從」句上批：「不云朱子，而云後儒。」

**《杜子美詩注》條**「《行次昭陵》詩『威定虎狼都』注引《蘇秦傳》『秦爲虎狼之國』，甚爲無理。此乃用《秦本紀贊》『據狼、弧，蹈參、伐』，參爲白虎，秦之分星也」句上批：「此似不然。」

## 卷二十八

**《酒禁》條**「民間遂以酒爲日用之需，比之饔飧之不可缺」句上批：「豈知後世日用之需不止於酒乎。」

「頃者米醪不足，而煙酒興焉，則真變而爲火矣」句上批：「此不得謂變而爲火也，鴉片煙乃火耳。」

**《賭博》條**「君臣爲謔，其禍乃不旋踵，此不祥之物」句上批：「真不祥。」

## 卷三十

**《月食》條**「是謂闇虛，在星星微，月過則食」句上批：「微即食也。」

**《海中五星二十八宿》**條「《漢書·藝文志》:海中者,中國也」句上批:「然則海中猶云海内也。」

**《百刻》**條「梁天監六年,武帝以晝夜百刻分配十二辰」句上批:「晝夜百刻分配十二辰,始於梁武,而後人擇日推命皆用之,豈可信乎!」

**《正五九月》**條「天帝釋以大寶鏡照四大神洲」「故正、五、九月不食葷」句上批:「寶鏡不照之月即食葷,是欺天帝釋也。」

## 卷三十一

**《濟南都尉》**條「漢濟南太守治東平陵」「觀此二事,則知漢人立都尉治於陵之意矣」句上批:「讀地理志須如此。」

**《鄒平臺二縣》**條「《晉書·地理志》於安樂國下單書一鄒字,此史之缺文,而《齊乘》乃云晉省梁鄒入鄒縣」句上批:「晉下當是省字。」

# 卷三十二

《而》條「《後漢督郵斑碑》： 柔遠而邇」句上批：「而邇之邇當作耐，即能字也。」

《巳》條「今人以辰巳之巳讀爲士音」句上批：「士字本上聲，今讀去聲，亦誤。」

《里》條「《穀梁傳》： 古者三百步爲里。 今以三百六十步爲里，而尺又大於古四之一，今之六十二里遂當古之百里」句上批：「《漢書・地理志》所記水道行千里者，約當今六百里。」

《元》條「元者，本也。」「後人以原字代之，不知何解。 原者，再也」句上批：「原即水源之源，作本字解未爲不可。」

《豆》條「《戰國策》張儀説韓王曰：『五穀所生，非麥而豆，民之所食，大抵豆飯藿羹』」句上批：「古音菽與豆同，故以同音假借用豆字。」

# 讀姚鼐惜抱軒文集簡端記

**卷一《李斯論》**「蘇子瞻謂李斯以荀卿之學亂天下，是不然」句上批：「蘇説是也，姚氏蓋未細讀《荀子》耳。」

**卷三《莊子章義序》**篇首批：「曾文正公論姚氏文義精而詞俊者，首舉此篇。」

**卷四《荷塘詩集序》**，序中論曹子建以下至黄魯直七詩人。眉批：「稱述此七人，不知何人詩集可以當之，膚廓如此，不足以言古文矣。」

**卷六《復孔撝約論禘祭文》**「果周以禘祀天而以嚳配」至「而反漏不言乎」句上批：「禘嚳本殷禮而周因之，故《孝經》言周公之孝不數之也。」

**卷七《贈錢獻之序》**「各抱一經，師弟傳授，儕偶怨怒疾妒，不相通曉。其於聖人之道，猶築牆垣而塞門巷也」句上批：「此當稱其專門傳授之大有功，而後著其怨嫉之過，且當譬之甫辟門巷而未至四達之衢，不當謂之塞門巷也。」

# 龔自珍定庵初集籤評

《**寫神思銘**》批：「程先生聞鬼詩，似指定庵。」「似唐人小說。」

《**平均篇**》批：「何苦爲此，元遺山所謂鬼畫符，歸震川所謂文理不通。」「定庵之文，患在贋古。有此病根，故章法、句法、字法無不受病。」「又病在紆仄。」「統而言之曰宕氣。」「張南山有答定庵論文書，深中其病，不知定庵悟否？」「澤、玉、穀，不合韻。」「太尖刻。」

《**乙丙之際著議第十八**》批：「文理不通。」「既如此則何不質言之，何必作不可解之語耶！」

《**黄山銘**》批：「近人如洪雅存之《四言銘》，庶乎可矣，如此銘則何必作乎。」

**《哀思之華》**批：「何苦爲此。」「『文奇』四句，稚極俗極。」「駢體如此，竟可不作。且如此大題，非胡稚威誰能作乎。其次則袁簡齋、洪稚存耳。」

**《太倉王中堂奏疏書後》**批：「此篇不應作。」

**《徐尚書代言集序》**批：「文章最忌浮豔，俗人不知則賞之耳。」「『衙門』必作『牙門』，不得謂之古，直謂。」「又幾箇『自珍又曰』，便以爲古雅耶？」

**《與徽州府志局纂修諸子書》**批：「此篇所論是也。」

**《資政大夫禮部侍郎武進莊公神道碑銘》**批：「觀『爲予』二字，則此篇竟是定庵之意。人人詆古文《尚書》，則偏於翻案，欲翻案而不能，則藉口於上書房講授以爲說，定庵之意，如此而已。作僭僞、褻帝王、誣周孔（按皆銘文），乃可以濟天下乎？」「觀定庵自記，則此篇皆出於推測，所稱『自語曰』云云，實非莊公語也。」「既云掇拾百一之罪，則所謂『作僭僞、褻帝王、誣周孔』，科罪又太重矣。」

**《農宗》**批：「如上篇《送夏進士序》乃是文章，此篇則吾不知也。」「如此淵淵夜思，真有心人也，惜無人告以不如讀書，則議論乃有實際，勝於此之遊談無根也。」

**《家塾策問一道》**批：「定庵爲此文以示其曾讀段氏書耳。」「定庵蓋識等韻，故云爾，抑知等韻乃其末流，儒者所當知者魏晉以來之雙聲疊韻也。段茂堂所刻戴氏《聲韻考》論之甚明，定庵豈未之見耶？抑以佞佛之故，推尊等韻也。」

**《答人求墓銘書》**批：「此定庵之文之佳者。」「此所譏甚當。」

**《西域置行省議》**批：「凡府名有州字者，皆由州升爲府者也。定庵未之知耳。」「桂星垣告余：昔時問定庵，大風揚沙所設衙署皆掀翻則如之何？定庵笑曰：不過作文章云爾。」

**《擬進上蒙古圖志表文》**批：「此等當是定庵所長，惜不見其書也。但有所長便佳，何必説講經小學作駢體文，强作能事乎。」又于定庵文中有「臣珍曰」句下批：「當云臣自珍。」又于「臣珍檮昧，乃非其倫」句下批：「擬表豈可如此。」又文中「述曰」句下批：「表文安得有此，謬極。」

**《五經大義終始論》**批：「凡人學問淺深，當有自知之明。讀書十年二十年，潛心研究，就其所學以爲文章，或高或下，總有可取。若動于客氣，欲以虛誕欺人，當知不可欺者不少，適爲所笑而已。此學者之大戒也。」「以孔子至聖，但爲《易傳》。七十子以下至漢之大儒，所著者《禮記》《春秋傳》《書大傳》《詩傳》《外傳》，從無極五經之義以著論者。但觀此題，即知其人之無學問，直狂妄而已。此之謂不知量。」

**《宋先生述》**批：「此雖小疵，然可因此而知其病根也。」

**《擬上今方言表》**批：「只『臣自珍言』四字已不合，餘不必論矣。」「慣作此語，乃至表亦用之。」

**《明良論一》**批：「此四篇雖少作，然轉勝於後來之作，無贋古之病故也。」

**《明良論三》**批：「題曰《明良論》，豈可雜以嘲戲。」

**《明良論四》**批：「亦近嘲戲。」

# 附録一　東塾先生年譜簡編

黄國聲　編

**嘉慶十五年　庚午　（一八一〇）　一歲。**

二月十九日，生於廣東省城木排頭里第。《自記》

是年，父翼亭公四十七歲，祖尚志公卒後六年。《陳氏家譜》。張維屏三十一歲，侯康十二歲，譚瑩十歲，桂文燿四歲，楊榮緒二歲，徐灝一歲。

**嘉慶十六年　辛未　（一八一一）　二歲。**

**嘉慶十七年　壬申　（一八一二）　三歲。**

**嘉慶十八年　癸酉　（一八一三）　四歲。**

**嘉慶十九年　甲戌　（一八一四）　五歲。**

**嘉慶二十年　乙亥　（一八一五）　六歲。**

讀表兄徐達夫時文。《自記》

**嘉慶二十一年　丙子　（一八一六）　七歲。**

二月，入塾讀書，徐達夫爲師，授讀《論語》、《唐詩》。《自記》、《東塾集·徐達夫先生試律詩序》。

**嘉慶二十二年　丁丑　（一八一七）　八歲。**

徐達夫授讀《唐詩》、《論語》，半年去。尉繼蓮繼授《論語》。時兄子宗元同讀書塾中，繼蓮乃翼亭公、秋崖公受業師也。《自記》、《東塾集·書尉先生》。

**嘉慶二十三年　戊寅　（一八一八）　九歲。**

鄭光宗授讀《論語》、《大學》、《中庸》、《孟子》。《自記》、《東塾集・先祖尚志府君家傳》。

鄭光宗之甥胡仁山，時年二十許，常來書塾。仁山能學王右軍、趙松雪書，光宗命仁山寫字授先生學之。《東塾遺稿》第三十九册。

初學作詩及時文。《自記》。

九月，阮元就任兩廣總督。

**嘉慶二十四年　己卯　（一八一九）　十歲。**

鄭光宗授讀《孟子》、《詩》、《易》、《書》。《自記》。

四月初一日，翼亭公卒，年五十七。《東塾集・先考知縣府君事略》、《陳氏家譜》。

五月，暑病幾死，服醫師陳沛良大承補氣湯，乃愈。《自記》。

是年，鄒伯奇生。

**嘉慶二十五年　庚辰　（一八二〇）　十一歲。**

鄭光宗授讀《尚書》、《禮記》。《自記》。

**道光元年　辛巳　（一八二一）　十二歲。**

王和鈞授讀《禮記》。《自記》。

四月，作時文成篇。《自記》。

**道光二年　壬午　（一八二二）　十三歲。**

胡徵麟授讀《左傳》。《自記》。

**道光三年　癸未　（一八二三）　十四歲。**

胡徵麟授讀《左傳》。冬，出考縣試。《自記》。

**道光四年　甲申　（一八二四）　十五歲。**

府試第八名。學院試，墨污卷不取。自是胡徵麟命專讀時文，不授經書。《自記》。

十一月，伯兄清卒。《自記》。

冬，總督阮元建學海堂於粤秀山，以經史詞章課士。《學海堂集》。

**道光五年　乙酉　（一八二五）　十六歲。**

從胡徵麟學。《自記》。

肄業羊城書院。《東塾集·謝里甫師畫跋》。

是時篤好爲詩，自言：「十五六歲時，篤好爲詩，立志欲爲詩人。稍長，知有經史之學，雖好之，不如好詩也。」《東塾集·與陳懿叔書》。

胡錫燕生。

**道光六年　丙戌　（一八二六）　十七歲。**

從胡徵麟學。《自記》。

阮元頒發學海堂章程。委派吴蘭修、趙均、林伯桐、曾釗、徐榮、熊景星、馬福安、吴應逵八人爲學長。規定永不設立山長，亦不允薦山長。《學海堂志》。

夏，阮元卸兩廣總督任，移任雲貴總督。《清史稿·阮元傳》。

七月，督學翁心存考取爲縣附學生員。《自記》、《陳氏家譜》。

**道光七年　丁亥　（一八二七）　十八歲。**

從胡徵麟學。《自記》。

科試第一名，同時諸名士皆出其下。補增生，旋補廩生。《自記》、《陳氏家譜》。

翁心存命入粤秀書院肄業，院長陳鍾麟極賞譽之。《東塾讀書記》卷首《自述》。

與楊榮緒、盧同伯、桂文燿爲友，時有楊、陳、盧、桂之目。《東塾集·浙江湖州府知府候選道楊君墓碑銘》、張維屏《藝談録》。

初讀注疏，胡仁山教以必點句讀之乃有益，後見張南山先生亦云然，遂終身由之。《東塾遺稿》第三十九册。

初見張維屏，維屏見先生詩大賞之，時教以詩法與讀書法。《東塾集·與陳懿叔書》、《東塾先生遺詩》。

治《易》似在此年。《自記》。

問經學於侯康。《東塾讀書記》卷首《自述》。

先生自言：「余之治經自《易》始，時方弱冠，讀漢、唐、宋及近儒説《易》書三年，茫然無所得，乃置之而治他經。」《東塾續集·周易象義測序》。

**道光八年　戊子　（一八二八）　十九歲。**

肄業於粤秀書院。《自記》。

鄉試不中。《自記》。

**道光九年　己丑　（一八二九）　二十歲。**

肄業粤秀書院，時與楊榮緒在樓中讀書作文。《自記》。

**道光十年　庚寅　（一八三〇）　二十一歲。**

肄業粤秀書院。《自記》。

**道光十一年　辛卯　（一八三一）　二十二歲。**

肄業粤秀書院。《自記》。

鄉試不中，九月，督學徐士芬選爲優行貢生。《自記》、《陳氏家譜》。

讀《四庫簡明目録》。《自記》。

初學篆書，適張小篷入都應順天鄉試，托其過杭州買阮刻石鼓文。《東塾遺稿》第三十九册。

**道光十二年　壬辰　（一八三二）　二十三歲。**

正月，陳鍾麟歸杭州。《自記》。

陳鴻墀受聘來粤，爲越華書院院長，陳鴻墀《抱簫山道人遺稿》。梁梅、侯康、譚瑩與先生同受業。粤之名士吴蘭修、曾釗常與游。《東塾集·陳範川先生詩集後序》。

讀《禹貢錐指》。《自記》。

九月，應鄉試，中第十八名舉人。《自記》、《陳氏家譜》。主試爲程恩澤。同舉者有儀克中、温訓、黄玉階、梁國珍、龐文綱。《廣東鄉試録》。侯康邀同先生與章鳳翔、侯度同請算學家梁漢鵬授算學於獅子禪林。《自記》。

冬，北上會試。與梁國珍、龐文綱同行。《自記》。

**道光十三年　癸巳　（一八三三）　二十四歲。**

正月十日，謁陳鍾麟於杭州。《自記》。

會試不第。僕人盜二百金。《自記》。

南歸，與梁國珍同行。途中常與國珍談詩，國珍勸勿作，遂止。《自記》。

自道作詩經歷云:「僕少時喜爲詩,年二十四始棄。自此以後,興到爲詩者一年不過數首,亦竟有終年無一首者。偶有應酬之作,皆不愜意,迫於不得不作耳。故皆不存稿也。亦不欲爲古文,然亦有不得不作者,此則不可不留稿,與詩異也。」《東塾遺稿·默記》。

九月,娶元配潘宜人。爲潘有度之女。《自記》、《陳氏家譜》、《東塾先生遺詩·論印五首》注。

十月,張際亮南游廣東,與先生訂交。先生爲題其《南來詩録》。《東塾先生遺詩·贈張亨甫題其南來詩録兼以送别二首》。

**道光十四年　甲午　(一八三四)　二十五歲。**

始著《漢地理圖》。《自記》。

讀《文選》。《自記》。

治《穀梁春秋》。《東塾集·穀梁禮證序》。

總督盧坤札諭學海堂,令學長於所課諸生中舉其尤異者,教以專門。於《十三經注疏》、《史記》、《漢書》、《後漢書》、《三國志》、《文選》、杜詩、《昌黎先生集》、《朱子大全集》自擇一書肄業。學長公舉專課肄業生十名,先生爲首,餘爲張其翻、吴文起、朱次琦、李能定、侯度、吴俜、潘繼李、金錫齡、許玉彬,均爲一時之彦。《學海堂志》。

冬,北上會試,與謝念功同行。《自記》。

**道光十五年　乙未　（一八三五）　二十六歲。**

正月，謁陳鍾麟於杭州。《自記》。

抵京，寓國祥寺。《自記》。

會試不第，移寓梁國珍家。是時讀《毛詩》、《漢書》、《文選》，學篆書。暇則至琉璃廠買書，或與梁國珍、龐文綱、謝念功飲酒。《自記》。

心情抑鬱，在京郵書在粵之楊榮緒，自言「消良時於行邁，紛古情於干禄。古之學者三十而五經立，澧今年二十有六，已迫此期，未名一藝，少壯若此，中年以往，行復可知」。抄稿《答楊浦香書》。

留京師期間，先生自述情形云：「與同年翁藥房唱和。先師程春海侍郎爲澧言：近人詩多困卧紙上。澧呈所爲詩，侍郎大喜曰：此能於紙上躍起者。是時年二十六矣，嗜好乃益多，小學、音韻、天文、地理、樂律、算術、古文、駢體文、填詞、篆隸真行書，無不好也。楊浦香謂澧曰：東坡所謂『多好竟無成，不精安用夥』，君之謂也。」於所好乃稍稍減損。《東塾集·與陳懿叔書》。

冬，移寓崇文門内靈祐寺。《自記》。

**道光十六年　丙申　（一八三六）　二十七歲。**

寓靈祐寺，侯康、侯度、金錫齡抵京，同寓寺中。《自記》。是年爲太后六旬萬壽，舉行恩科會試，先生未南歸，二侯及金錫齡自粵來京，蓋爲赴試也。法式善《清秘述聞》。

會試不第，惠郡王請館於其府，辭之。與侯康、侯度南歸。途中遊西湖。《自記》。五月十三日，母劉宜人卒，年七十三。先生在南歸途中，舟次南雄，水涸舟滯，七月，始抵家。《自記》、《陳氏家譜》。

讀《後漢書》。《自記》。

**道光十七年　丁酉　（一八三七）　二十八歲。**

館於張維屏家，授其子祥晉學。祥晉於九月鄉試中式，遂解館。《自記》。始著《切韻考》。讀《後漢書》、《三國志》、徐孝穆文。《自記》。

程恩澤、陳鴻墀、潘正亨、侯康、儀克中均是年卒。阮元《揅經室集·程侍郎墓誌銘》、《自記》、曾釗《面城樓集·儀君墓誌銘》、東塾手稿《答梁玉臣書》。

**道光十八年　戊戌　（一八三八）　二十九歲。**

館於功德林禪院，虞必芳十餘人從受業。《自記》。

著《切韻考》，始著《説文聲統》。《自記》。《説文聲統》後改名《説文聲表》，是年自粤函告在京之楊浦香云：「所述《説文聲表》，粗已成編。」東塾手稿《答楊浦香書》。

本年爲戊戌科會試，先生居憂守制，未赴試。

**道光十九年　己亥　（一八三九）　三十歲。**

仍館於功德林禪院。《自記》。

納副室江氏。《自記》。

十一月二十九日，長子宗誼生，元配潘宜人出。《東塾集·長子宗誼墓碣銘》、《陳氏家譜》。

姊湯宜人卒。《東塾集·亡姊湯宜人墓碑銘》。

林則徐以欽差大臣至粤，五月，銷燬英人鴉片於虎門。

**道光二十年　庚子　（一八四〇）　三十一歲。**

著《説文聲統》十七卷成。《自記》。此書寫定時，更名《説文聲表》。

讀《資治通鑑》，自課日讀一卷，一年而畢。《自記》、《東塾集·先府君所讀資治通鑑書後》。

十月被舉補學海堂學長。《陳氏家譜》。自是遂爲學長數十年。《自述》。

冬，北上會試，與姚國成、段景華同行。《自記》。

鴉片戰争爆發，英軍進犯廣東未逞，旋襲擾廈門，攻占浙江定海，入大沽口。

清帝被迫派琦善至廣州議和。英軍乘機攻占大角、沙角炮臺。

**道光二十一年　辛丑　（一八四一）　三十二歲。**

正月至杭州，謁陳鍾麟。《自記》。

謁阮元於揚州。《自記》。

會試不第，南歸。《自記》。

五月抵家，時闔家卅口避亂僑居佛山沙坑村。《自記》、東塾存稿《答梁玉臣書》。

二月，英軍陷虎門，進逼廣州。四月，英軍炮轟廣州，奕山乞和。三元里人民奮起抗擊英軍。七月，英軍擴大戰争，北上連陷厦門、定海、鎮海、寧波等城。

**道光二十二年　壬寅（一八四二）　三十三歲。**

撰成《切韻考》。《切韻考自序》。

英軍陷吴淞、上海、鎮江，進逼南京。道光帝急派耆英、伊里布與璞鼎查簽訂《南京條約》。

**道光二十三年　癸卯（一八四三）　三十四歲。**

二月，撰《等韻通自序》。

許玉彬、黄玉階邀同張維屏、黄培芳、桂文燿、葉英華、張深、温訓、沈伯眉、石衡、徐灝及先生結詞社，月凡一會。凡五會，集所作爲《越臺簫譜》。《憶江南館詞自序》、沈世良《楞華室詞鈔》、張維屏《新春宴游唱和詩》。

四月，撰《唐宋歌詞新譜序》。《東塾集》、勵耘書屋藏鈔本《東塾文録》。

冬，北上會試，與李能定、章鳳翔同行。《自記》、李能定《花南軒筆記》。

**道光二十四年　甲辰　（一八四四）　三十五歲。**

春，抵京，寓番禺會館。《自記》。

會試不第，大挑二等。《自記》。

四月出都南歸，與李能定同行。途中與能定争辨治學，先生追憶其事謂「中年以前，爲近時之學所錮蔽，全賴甲辰出都途中與李碧舲争辨，歸而悔之，乃有此廿年學問」。《自記》、《東塾遺稿》第廿六册。

五月，過揚州，謁見阮元。阮爲題寫「憶江南館」扁。《自記》、扁額影印件。

至江寧省墓，并遊莫愁湖、小倉山、秦淮、雨花臺諸勝。《自記》。

新秋，於南歸途次章貢舟中編定所爲詞，題爲《燈前細雨詞》，凡一卷。《憶江南館詞》自序。

八月十一日歸抵里門，接梁廷枏來書慰問會試失意。先生覆書云：「弟此行原不敢望巍科鼎甲，第以十年奔走，竊冀挑得一官，而此時縣令殊不易爲，不若廣文冷官，轉有痛飲高歌之樂，今竟得之，復何所戀而不爲歸計乎！或舍侄秋闈獲雋，亦未嘗不可同賦北征，否則不作春明之夢矣。」黄氏憶江南館藏《清代名人翰墨·復梁章冉書》。

初讀朱子文集。《自記》。

**道光二十五年　乙巳　（一八四五）　三十六歲。**

著《穀梁春秋條例》。《自記》。

初識鄒伯奇，與訂交。《東塾集·墨子刊誤序》、《東塾集·學計一得序》。

**道光二十六年　丙午　（一八四六）　三十七歲。**

館於獅子禪林。《自記》。

著《漢書地理志水道圖説》，《穀梁春秋條例》遂輟業。《自記》。

十月二十六日，次子宗侃生，副室江氏出。《陳氏家譜》。

**道光二十七年　丁未　（一八四七）　三十八歲。**

著《漢書地理志水道圖説》。《自記》。

《水經注西南諸水考》撰成。原書序。

仲春，張維屏聽松園落成，大宴賓客，先生即席撰《聽松園記》爲賀，一時羊城争相傳誦。張維屏《松心詩癸集》、倪鴻《桐陰清話》。

魏源來粤，張維屏置酒聽松園歡宴之。先是，先生已在維屏處得讀魏源所著《海國圖志》，許爲奇書，然亦有異議。及魏來粤，遂以此書所説質之，源大悦，遂定交焉。其後并屢改《海國圖志》之書。張維屏《松心詩録·默深刺史至粤訪余論文數日別去昨得詩知在海州次韻答之》、魏源《寄懷張南山》、《東塾集·書海國圖志後呈張南山》。

二月，英軍佔領虎門炮臺，突襲廣州，並堅執入城要求。清政府拒之，經交涉，英人乃退兵。

**道光二十八年　戊申　（一八四八）　三十九歲。**

《漢書地理志水道圖說》撰成。原書序

八月，葬翼亭公、劉太宜人遺櫬於廣州大東門外馬嶺天一公祔山。《自記》、《陳氏家譜》。

**道光二十九年　己酉　（一八四九）　四十歲。**

正月，選授河源縣學訓導。《陳氏家譜》。

刻《東塾類稿》。《自記》。

七月，閱改所撰《公孫龍子注》。《公孫龍子注》汪兆鏞跋。

十一月廿八日，啓程北上會試，同行者張瑞墀、馮焯如。《自記》。行前，賣去東横街房舍一所，得三百餘金以作旅費。陳之邁編《東塾續集·與徐子遠書》。

阮元卒。此前先生擬函告元，請以墨子補入其所撰《疇人傳》，及聞元卒，乃已。《東塾集·鄒特夫學計一得序》。

**道光三十年　庚戌　（一八五〇）　四十一歲。**

抵京，寓番禺會館。《自記》。

在京與柳興恩相識，遂定交。先是，先生獲柳所贈《穀梁大義述》，至是柳復以較舊刻倍之之新刻相贈，並屬先生爲之序。又徵其説采入之。《東塾集·柳賓叔穀梁大義述序》、陳之邁編《東塾續集·題柳興恩穀梁大義述》。

會試不第。《自記》。

在京與莫友芝相識於琉璃廠書肆。《東塾集餘稿·致子偲先生書》。

南歸，丁熙亦會試不第，與先生並車出國門，至淮上，丁轉道諸暨謁先塋，先生則至江寧省墓。過清江浦，故人淮海兵備道桂文燿爲先生囑江寧知縣發佈告示，禁毁先生在寧先塋。《自記》、陳之邁編《東塾續集·内閣中書新興縣學訓導丁君墓誌銘》、《東塾類稿·曾祖妣韓宜人墓告示碑陰記》。

七月抵里，以孔廣居《説文疑疑》贈徐灝。原書先生題識。

門人虞必芳卒。《自記》。

十一月二十日，到河源縣訓導任。至惠州府城送考。《自記》。

**咸豐元年　辛亥（一八五一）　四十二歲。**

正月，在惠州。旋告病假歸。《自記》。

二月，告病開缺。計在官八十餘日，與陶淵明同。自謂「飢凍事小，違己事大」，與徐子遠書云：「澧已告病開缺，去歲原欲引疾不赴任，所以暫行者，以覃恩不可虛領故耳。此官真可謂飯不足者，如索諸新生印金，又甚可愧。大約教官有學租者可爲，專食印金者不可爲；一學一教官者可爲，一學兩教官者不可爲也。如果能啓導此邑人士知讀書史，亦是一事，然此殊不易，不談舉業而勸讀書，恐無人肯聽耳。不能稍盡愚心,而專爲求食,不如早賦歸去來矣。」陳之邁編《東塾續集·與徐子遠書》。著《初學編·音學》。陳之邁編《東塾續集·與徐子遠書》。

冬,北上會試。《自記》。

**咸豐二年　壬子　(一八五二)　四十三歲。**

北上途中,正月二十二日入江南境。《東塾先生遺詩》。

三月,與碩卿侄書云:「明歲恩科並加額,吾侄宜及今用功,以期上進。我自問今年必不中,所以仍來此者,以吾侄仍未舉於鄉故也。我此後決不再來會試,吾侄當努力,蓋今人之重科名,亦古人重門第之遺意,是以科名未可輕也。然我年過四十,又筋力漸不如前,頗覺場中辛苦難受,此後斷不踏棘闈矣。」陳之邁編《東塾續集·與碩卿侄書》。會試不第,獨歸,過山東謁孔林。《自記》。至馬連屯,雨漲不能行,泛舟運河。《自記》。

四月,林昌彝爲作《東塾類稿跋》。《東塾類稿》。

五月,至金陵展墓。《自記》。

過淮南,遇大風。《自記》。

時魏源知高郵州,先生便道過訪。源出其《禹貢説》請審正之,約以明年閱正歸還。陳之邁編《東塾續集·禹貢説序》。

六月九日，遊西湖。過富陽，遇大風，舟幾覆。過玉山後屢遇大風。《自記》。

**咸豐三年　癸丑（一八五三）　四十四歲。**

六月，讀《晉書》畢。

著《漢書地理志水道圖説》七卷成。

八月，讀《周禮》。冬，讀《孝經》畢。以上《自記》。

撰《説文聲表序》。此書原名《説文聲統》，又改爲《説文聲類譜》，至是將欲刻版，乃改名《説文聲表》。影印稿本《説文聲表》。與沈世良、譚瑩、金錫齡、許其光、徐灝結東堂吟社。沈世良《小祇陀盦詩鈔·贈玉生學博即送回化州任》、沈澤棠《懺庵隨筆》。

十月二十八日，生母王太宜人卒。十二月，葬於廣州大東門外長腰嶺之原。《自記》。十二月廿九日，三子宗詢生，原配潘宜人出。《陳氏家譜》。

**咸豐四年　甲寅（一八五四）　四十五歲。**

二月，館於南海縣署，授知縣胡湘子錫燕、同壽學。三月，湘卒，乃解館歸。《自記》。

三月初六日，桂文燿卒，爲作神道碑銘。《自記》、《東塾集·江南淮海兵備道桂君墓碑銘》。

六月，陳顯良攻廣州，先生攜家避居東郊蘿崗洞。《自記》。

讀《周禮注疏》，編輯《漢儒通義》。《自記》。

八月,自蘿崗洞歸里。《自記》。

十二月二十六日,四子宗頴生,副室江氏出。《陳氏家譜》。

曾釗卒。

**咸豐五年　乙卯　(一八五五)　四十六歲。**

編《漢儒通義》,讀《周禮注疏》。八月,讀《宋書》畢。讀《梁書》。《自記》。

劉寶楠卒,所著《論語正義》未成,遺命其子恭冕成之,並言當就正於先生。《儒林傳採進稿》。

侯度卒,先生爲撰傳。與前撰之侯康傳合爲一篇,名《二侯傳》。《東塾集·二侯傳》。

**咸豐六年　丙辰(一八五六)　四十七歲。**

正月初七日,讀《列子》。先生點讀之石巭齋刻本《列子》。

正月,讀《陳書》,二月初九日讀畢。《自記》。

二月,讀《南史》,十一月讀畢。《自記》。

四月,讀《周禮注疏》畢,讀《儀禮注疏》。《自記》。讀《姜白石集》。《白石詞評》。

番禺縣知縣李福泰聘先生爲《番禺縣志》分纂。同治《番禺縣志》。

揀選知縣到班,以縣令不易爲,不願出仕,請京官得國子監學録銜。《自述》、《東塾集餘稿·致仲文書》。

女律生，時先生初治律吕之學，未能通曉，連夜不眠，忽然而悟。時律適降生，遂名之曰律。《東塾集・女律遺奠文》。

廣東水師搜查偷運鴉片之亞羅號船，拔去船上英國旗。英人藉端炮轟廣州，要求入城，被拒。

十一月，粤民憤而焚燬廣州洋行。

**咸豐七年　丁巳　（一八五七）　四十八歲。**

正月，先生舉鄒伯奇補學海堂學長。《學海堂志》、《東塾遺稿》第三十九册。

四月，就凌廷堪論樂之書著《燕樂考原箋》，後金錫齡定其名爲《聲律通考》，八月成書。《自記》、《東塾集・復曹葛民書》。

七月，編録二十年前學算時舊稿爲《弧三角平視法》，以授初學者。《弧三角平視法》。

先生自幼喜刻印，後以惜目力不爲也。是年恆過孟蒲生處，蒲生亦善刻印，故先生亦稍刻之。時夷寇方劇，咸豐七年事也。《東塾先生遺詩・和張韶臺謝孟蒲生刻印並簡蒲生八首》。

九月，英法聯軍炮擊省城。十月，先生攜家避禍，住老城豪賢街梁國琦家。《自記》。

十一月，英法聯軍攻陷省城，先生攜家避居於南海縣橫沙村，居於水樓，乃題曰崇雅樓。以《詩經・六月》詩序云「《小雅》盡廢，則四夷交侵」也。《東塾集・崇雅樓銘》。

省城陷後，英兵據粤秀山，學海堂、文瀾閣皆被毁，《皇清經解》刻版缺失過半。《東塾續集・重修學海堂碑》。

讀《儀禮注疏》。先生點讀本題記。

鄭獻甫自桂林避亂來粵，英法軍陷廣州，乃走仁化，轉徙東莞。《東塾集·五品卿銜刑部主事象州鄭君傳》。

十一月二十一日，英法聯軍分隊搜查廣州各衙署，擄走葉名琛，初押於觀音山，傍晚送上英艦無畏號上。

是年，魏源卒。

**咸豐八年　戊午（一八五八）　四十九歲。**

正月，時事日非，先生感慨唏噓，嘗私記其心緒曰：「《魏書·裴粲傳》云云，前時抄此條，非有所指，乃近日葉相國之於夷寇，正復相類，爲之慨然。」「《北史·穆壽傳》：蠕蠕吴提將來犯，壽信卜筮，謂賊不來，竟不設備。吴提果至，京邑大駭，壽不知何爲。信卜筮謂賊不來而不設備，葉相似之。」「《北史·公孫質傳》：穆壽雅信任質爲盟主。質性好卜筮，卜筮者咸云蠕蠕必不來，故不設備，由質幾敗國。今復見此事，讀此爲之憤恨。」《東塾遺稿》第四十一册。

葉名琛誤國被擄，先生作《有感》、《白蟻行》等詩以志憤。《東塾先生遺詩》。

《漢儒通義》刻成。因值兵燹，故只先印數部，分存諸同人處，俟將來校對後再多印。《自記》、《東塾集·與黎震伯書》。

始著《學思録》，後來改名《東塾讀書記》。《自記》。

四月，讀《儀禮注疏》畢，讀《禮記注疏》，讀《吕氏春秋》。再閲《朱子文集》，讀《周書》、《北齊書》、《隋書》，讀杜詩。《自記》。

六月，女雅生。《東塾集·女雅壙志》。

秋，讀諸子書。《東塾遺稿》第三十六册。

仍寓横沙。黄理厓寄贈新詩，有句云「生才有用原天意」、「君如不出虚人望」。先生答書云：「此二語，澧不敢當。澧真非不欲出者，咸豐初政，北上會試而又不中，至是而始有不出之意也。近年揀選知縣，至澧所中壬辰科。然盜賊半天下，又加以夷寇，若當此時而出，則宜有戡亂之才；且有其才，尤當有其權。澧無才，縣令官又卑無權，聽人驅策，而又不知驅策者爲何如人也。」「讀書三十年，頗有所得，見時事之日非，感憤無聊，既不能出，則將竭其愚才，以著一書，或可有益於世。」《東塾集·與黄理厓書》。

七月十七日記：「不出之意決矣。」《東塾遺稿》第三十五册。

九月，回城，寓西關十三鋪，爲長子宗誼娶婦張氏。《自記》。讀《近思録》。《東塾遺稿》第四十七册。

十月，回寓横沙小園。《自記》。讀朱熹《雜學辨》、《延平問答》。《東塾遺稿》第四十七册。

張祥晉卒，爲撰墓碑銘。《東塾集·張賓嵎墓碑銘》。

英法聯軍艦隊北上，四月，攻陷大沽口，五月，中英、中法《天津條約》訂立。

**咸豐九年　己未（一八五九）　五十歲。**

正月十四夜，兄子宏緒卒。十五日，讀陶潛《讀山海經十三首》及《挽歌詩三首》，對其中「在世無所須，惟酒與長年」、「昨暮同爲人，今旦在鬼録」二語愴然有感，爲之潸然。《東塾遺稿》第四十九册。

正月至二月，仍寓横沙小園，讀《晉書》。《自記》、《東塾遺稿》第一册。

三月，往香山縣閲縣考試卷。《自記》。

四月，歸横沙，在小園中讀《宋書》。《東塾遺稿》第一册。

六月，長子宗誼吐血，七月止。《自記》。九月十五日，宗誼病卒。《東塾集·長子宗誼墓碣銘》。

讀《禮記注疏》、《陶淵明集》。《自記》。

九月，張維屏卒，歿前數日，以《崔東壁遺書》、《居業堂集》贈先生。二書卷首張維屏題記。

十月初九日，張維屏家開弔，先生在張家見《梅崖外集》一册，其中有「陶潛能存聖人之志」句，喜而録之。《東塾遺稿》第二十六册。

欲著《三禮表》，未能成。先生歎曰：「此書若三十歲時爲之，至今可成。今五十始衰，斷不能成，望後來有志者成之耳。」《東塾遺稿》第二十九册。

十一月，編朱子勸學語，刻之。《自記》。此即後來改名爲《朱子語類日鈔》者。

**咸豐十年　庚申　（一八六〇）　五十一歲。**

正月，讀《近思録》。《東塾遺稿》第四十七册。

二月，讀《禮記注疏》畢，讀《論語皇疏》畢。《自記》。

三月，讀《孝經》、《詩疏》、《唐書》。往東莞，主講龍溪書院。《自記》。

閏三月，自東莞石龍往游羅浮山。陳之邁編《東塾續集·游羅浮記》。

同月，兩廣總督勞崇光聘任總校，負責補刊《皇清經解》，乃自東莞歸省城。《自記》。校事設局於城西長壽寺，同總校者有鄭獻甫、譚瑩、孔廣鏞。《東塾先生遺詩·題豐帆亭修禊圖》、《南海羅格孔氏家譜》。

四月，刻《聲律通考》、開成石本《孝經》。《自記》。

五月，女雅死，作壙志。《東塾集·女雅壙志》。

同月，讀《墨子》。《東塾遺稿》第四十四册。

時事日惡，先生憂之，自言「七月廿七夜四鼓，聞天津音耗甚惡，夜不能寐，起而讀《詩》變風篇」。《東塾遺稿》第四十七册。

九月，寓城西十三鋪，讀《近思録》。《東塾遺稿》第四十七册。《朱子語類日鈔》五卷刻成。《東塾集·亡兒期年祭文》。

先生爲翁心存所取士，道光十五年赴京會試，嘗與其子同書唱和。心存既爲大學士，先生與淡交如舊，自言「翁相國在朝，余惟刻所著書寄呈，自餘未嘗通片紙」。《東塾遺稿》第四十七册。

正月初一日，沈世良卒。沈世良《小祇陀盦詩鈔》卷末蘊璘識、沈澤棠《懺庵隨筆》。

七月初，英法聯軍攻占大沽口。七月七日，英軍占領天津。八月聯軍攻入北京，焚圓明園，咸豐帝出奔熱河。

**咸豐十一年　辛酉（一八六一）　五十二歲。**

五月，讀《國語》、《戰國策》。《自記》，《東塾遺稿》第二十七册、四十一册。

五月廿七日，往十八甫伍氏館訪鄒特夫，見其新得哄吃嚟所刻書曰《談天》，中有説彗星者，借歸猶未閲也。二鼓見彗星出，斗魁掃紫宫。《東塾遺稿》第二十九册。

十月，讀《尚書正義》，十一月畢。《自記》、《東塾遺稿》第二十七册。

讀書常至深夜，頗有解悟，輒自警。自言「讀書有通處，愈覺惶愧。此通曉處，乃前此所不通曉者也。然則我之不通處，正無涯也。我今真自知不通者也。辛酉十一月十三夜三鼓書」。

讀《新唐書》、《新五代史》、《陸宣公集》、《孟子》。十一月讀《爾雅正義》，十二月畢。讀《淮南子》、《論衡》、《鹽鐵論》。《自記》。

宗誼歿後，先生痛念之，五月，自記云：「亡兒逝已二十月矣，今夜誤呼其小名，已而自悲。」七月廿六夜又書云：「孝通死將二年，我讀書又有所得，恨不得告之，恨其不得聞之。若我今日即死以告之，甚快也。」十二月十四夜又書云：「今年讀書頗有所得，恨亡兒已死，不得舉以教之。使其尚在，聞其説，不知歡喜敬信又何如也。嗚呼！亡兒死至今日二十七月矣。」《東塾遺稿》第二十六册、四十七册。

仍擬著書，先生《學思自記》云：「再讀書三年，乃著書，期以五年而成，凡八年，吾年六十，可以死矣。不知有此福否也？」《東塾遺稿》第四十七册。

鄭獻甫受聘越華書院講席。《林昌彝詩文集》、張心泰《粤游小識》。

**同治元年　壬戌　（一八六二）　五十三歲。**

正月元旦，林昌彝來粤，初識先生。先生旋與譚瑩邀昌彝叙飲學海堂。《林昌彝詩文集》。

補刊《皇清經解》完工。管義倉，買倉穀。《自記》。

讀《春秋三傳疏》、《史記》、《漢書》、《後漢書》。《自記》。

六月，慶修被取爲縣學附生。《陳氏家譜》。

九月，鄭獻甫離粤返廣西。《自記》。

冬，重修學海堂成。《自記》。此先生誤記。先生有《重修學海堂碑記》，中有云：「同治元年修葺堂宇。七月之朔，圮於風災。二年重修工成。」陳璞《癸亥冬日學海堂重修落成》詩，亦可證爲同治二年事。

翁心存卒，其子同書、同龢以父將歸葬，奉行述、年譜寓書先生，請爲神道碑銘。《東塾集·體仁閣大學士贈太保翁文端公神道碑銘》。

**同治二年　癸亥　（一八六三）　五十四歲。**

欲有所用而終不出，先生自言其不出之意曰：「元日四鼓睡起，讀《陸宣公集》，又感桂皓庭前日寄到書，自歎讀書著書，雖未嘗忘天下，然必待吾書出而見用，是猶決西江之水也。如曰：任其傾頹而吾書獨存，所謂子無謂無人者，尤非君子之用心也。然則爲躍冶之金乎？曰不可。科目不及，薦舉不及，則知我者無人，可知矣。而躍冶而出，徒失一身之素守，而無補天下纖毫也。仍讀書，仍著述而已矣。」《東塾遺稿》第四十七册。

四月，讀《春秋》三傳畢，讀《易疏》、僞古文《尚書疏》、《孟子疏》、《三國志》、《宋史》。九月十八日讀注疏畢，讀《文子》、《楚辭》、《易本義》、《詩集傳·國風》。《自記》。

著《學思録》。《自記》。

十二月卅日，納副室潘氏。《自記》。

郭嵩燾署理廣東巡撫，抵任後曾造訪先生。《東塾集·送巡撫郭公入都序》。

**同治三年 甲子 （一八六四） 五十五歲。**

正月初四日，巡撫郭嵩燾至學海堂小坐，約先生來，未至。午後先生與姚彦嘉往訪嵩燾，深談至夕。《郭嵩燾日記》。

二月，重刻阮元主修之《廣東通志》完成。讀《宋史》，讀《毛詩箋》、《詩集傳》。《自記》、同治三年重刊《廣東通志》、《東塾遺稿》第三十二册。

三月，兩廣總督毛鴻賓、廣東巡撫郭嵩燾設廣東輿圖局，聘先生總核其事。《自記》。先生爲定凡例。局設於廣州府學宫，參與總核者尚有鄒伯奇、徐灝、桂文燦、趙子韶。《廣東圖説》、《東塾集·子韶墓碣銘》。

四月十八日，郭嵩燾至輿圖局，與先生及桂文燦、趙子韶、鄒伯奇、王家齊晤談。《郭嵩燾日記》。

七月初八日，郭嵩燾派專人至先生處取招生之千里鏡。而招生已歸家。翌日乃由吴嘉善送至。《郭嵩燾日記》。

九月，讀《論語》。郭嵩燾議設省團練局，擬請先生司局事，固辭。先生因而有感曰：「今人知我名者，輒謂我能爲詩，此真不知我者，我愠矣。然亦何必愠乎！」「孟子之有不豫色，亦是愠。今亦有知我者矣，郭中丞也。然我不肯爲之用。」《東塾集·送巡撫郭公入都序》、《東塾遺稿》第十六册。

**同治四年　乙丑　（一八六五）　五十六歲。**

劉熙載任廣東學政，奉訪先生，論學甚契合。《東塾集·送劉學使序》。

四月，高心夔自江西來粵，見郭嵩燾，云欲游羅浮山，不然枉爲廣東一行。郭曰：「君至廣東，已見陳蘭甫，不枉此行。」心夔以告先生，先生曰：「余謝不敢當一座羅浮山也。」《郭嵩燾日記》、《東塾遺稿》第四十七册。

讀《宋史》、《素問》、《遼史》、《易疏》。《自記》。

六月，次子宗侃考取縣學附生。《自記》、《陳氏家譜》。

九月，初讀《金史》，先生云：「自叔父藏書被竊後，購《金史》不可得，今借玉生藏本讀之耳。」又謂「無可語之人，惟有讀書樂，老覺古人親」云云。《東塾遺稿》第三十九册、四十八册。

十二月十三日巡撫郭嵩燾招先生及吴嘉善、劉錫鴻、陳璞、陳經甫、張清華入署小酌。《郭嵩燾日記》。

**同治五年　丙寅　（一八六六）　五十七歲。**

正月二十日，郭嵩燾到學海堂，送專經生十名入學，十人爲桂文熾、潘乃成、梁以瑭、孔繼藩、高學燿、陳慶修、崔顔問、王國瑞、周果、伍學藻。均各擇一書肄習，並指定先生及金錫齡、陳璞、鄒伯奇四人專司指導課程。《學海堂志》、《郭嵩燾日記》。

五月，郭嵩燾被黜職。初六日，先生與何國琛、王拯、吴嘉善、丁日昌、陳璞等餞於海山仙館。十九日，丁日昌又邀同王拯、何國琛、吴嘉善、陳璞及先生重餞郭嵩燾於鄭仙翁祠。廿一日，郭氏啓程離粤，先生與陳經甫、陳璞、金錫齡等至花地舟次送別。因留船小飲。廿二日，舟行至佛山，先生始揮別歸。《東塾集·荔灣話別圖序》、《郭嵩燾日記》。

五月，學政劉熙載引病歸，先生嘗與論學甚洽，至是作《送劉學使序》。《番禺縣續志》、《東塾集·送劉學使序》。

六月，撰《學海堂續志》，所續内容繫於林伯桐原編《學海堂志》各條之後。光緒刊本《學海堂志》。

王拯北歸，道經廣州，與先生及譚瑩相往來，談藝甚歡。王拯《退遂齋詩鈔序》。

**同治六年　丁卯（一八六七）　五十八歲。**

辭地圖局事。《自記》。

著《學思録》。讀《通典》、《後漢紀》、《世説》。《自記》。

三月，以魏源《禹貢説》稿付方濬頤，使刻之，先生並爲之作序。陳之邁編《東塾續集·禹貢説序》。

撰《琴律譜》一卷。

秋，兩廣鹽運使方濬頤創辦菊坡精舍，請先生任掌教。先是，濬頤敦請先生任教，先生固辭六七次而未許，至是乃就聘。《自記》、《東塾集餘稿·覆楊柳岑書》。

選鈔張維屏遺詩二百餘首，編爲《聽松廬詩略》二卷。《自記》、《東塾集·聽松廬詩略序》。

次子宗侃科考一等。

**同治七年　戊辰　(一八六八)　五十九歲。**

再讀《孟子》畢。刻《切韻考》五卷。《自記》。

著《聲律通考》，須用陳暘《樂書》甚急，求之丁日昌。丁以宋本《樂書》見贈，并由莫友芝篆題書名於卷首。莫氏附贈以所著《唐寫本説文木部箋異》。先生復書答謝。《東塾集餘稿》之《致某君書》《致子偲先生書》。

三月，宗侃娶桂氏。宗侃補增生。《陳氏家譜》。

三月廿八日，在廣東書局開局刻《四庫全書總目提要》，先生受命主其事。《東塾遺稿》第三十九册。

六月二十日，赴肇慶，遊鼎湖山及七星巖。《自記》、林直《壯懷堂集》。

刻《切韻考》五卷。《自記》。

**同治八年　己巳　(一八六九)　六十歲。**

邀廖廷相館於識月軒。《自記》。識月軒，先生之館名也。

四月初七日，讀《通典》畢。原書題識。

五月，鄒伯奇卒。《自記》、《南海縣續志》。

五月，《四庫全書總目提要》刻竣。《東塾遺稿》第三十九册。

廣州知府戴肇辰聘先生纂修《廣州府志》，先生力辭不獲，乃許以繪圖。《自記》。撰翁心存神道碑銘成，郵付其子翁同龢。《翁同龢日記》第二册。

十一月初三日，宗侃子慶龢生。先生命出嗣爲宗誼後。《陳氏家譜》。

**同治九年　庚午　（一八七〇）　六十一歲。**

同治八九年間，門人廖廷相讀書先生塾中，承命編輯文集，録呈函文，後有所作，依次編入。《東塾集》廖廷相跋。

讀《金史》。刻《切韻考·通論》一卷。刻《經典釋文》、《四庫全書簡明目録》、《九數通考》。《自記》。

運使鍾謙鈞捐銀二萬二千兩供菊坡精舍之用。《自記》。

十二月廿四日，病脈歇至。《自記》。

**同治十年　辛未　（一八七一）　六十二歲。**

正月，大病幾殆。《自記》。賴醫師麥務耘治之而瘳，遂定交。《東塾集·麥務耘醫書序》。恐死後書墓石者虚譽而失其真，二月乃作《自述》一篇。

二月，以所編張維屏《聽松廬詩略》刻之。秋祭日，親至清水濠張維屏故居致祭，以初印本焚座前以告。《聽松廬詩略》、梁鼎芬《節庵先生遺詩》。

上半年，讀《朱子語類》。《東塾遺稿》第五十一册。

六月初八日，天一公配張宜人卒，年八十三。《陳氏家譜》。

十月，爲俞守義重刻董方立繪《皇清地理圖》作跋。陳之邁編《東塾續集·重刻董方立地圖跋》。

重刻武英殿本《十三經注疏》。廣東書局本卷首。

《番禺縣志》纂成，先生任分纂之責。

刻《通典》成。《行狀》。

十月，譚瑩卒，年七十二。爲撰墓碣銘。《東塾集·内閣中書銜韶州府學教授加一級譚君墓碣銘》。

**同治十一年　壬申　(一八七二)　六十三歲。**

三月，重刻《十三經注疏》蕆事。原書卷首。

三月起，讀《列子》。

刻《切韻考·外編》一卷。集外文《與鄭小谷書》。

八月，刻《東坡經義》成。《東塾遺稿》第四十一册。

九月，四子宗穎考取番禺縣學附生。《陳氏家譜》。

十月十九日，戴望付書，寄所著《論語注》請教正。陳慶貢藏戴望致先生札。

十月，鄭獻甫卒。十一月廿九日，接到廣西書信一包，開視乃鄭氏訃文。《東塾集·五品卿銜刑部主事象州鄭君傳》、《東塾遺稿》第四十册。

刻《切韻考外篇》一卷，餘二卷尚在校訂中。《與鄭小谷書》，載《陳垣學術論文集》第二集。

**同治十二年　癸酉　（一八七三）　六十四歲。**

香山縣知縣田明耀聘先生纂修縣志。《香山縣志》卷首。

六月，編定鄒伯奇所著書爲《鄒徵君遺書》，並與丁取忠醵資刻之。《鄒徵君遺書》卷首。

十月，刻《通志堂經解》、《古經解彙函》、《小學彙函》蕆事。原書卷首。

戴望卒。

十二月，三子宗詢娶妻沈氏。《陳氏家譜》。

**同治十三年　甲戌　（一八七四）　六十五歲。**

自春間腹疾，入夏漸止，而脚腫氣喘，轉加氣痛。後痛亦止，而腫處時消時長。薑桂之藥，日日不離，羸弱不堪。陳之邁編《東塾續集·與譚叔裕書》。

楊榮緒卒，爲作墓碑銘。《東塾集·浙江湖州府知府楊君墓碑銘》。

**光緒元年　乙亥　（一八七五）　六十六歲。**

刻《續通典》、《皇朝通典》蕆事。《行狀》、原書卷首。

四月，女婉死。《東塾集・女律遺奠文》。

劉熙載來書，勸以將《東塾讀書記》所成者先刻，未成者將來爲續編。先生以爲然，遂修改得十二卷先行付梓。陳之邁編《東塾續集・與譚叔裕書》。

十一月，三子宗詢考取番禺縣學附生。《陳氏家譜》。

冬，女律死。《東塾集・女律遺奠文》。

**光緒二年　丙子（一八七六）　六十七歲。**

二月初二日，宗侃子慶祐生。《陳氏家譜》。

十二月，慶修補廩生。《陳氏家譜》。

是年與王鑑心同管惠濟義倉。倉舊存銀十萬兩，地方官每因事提撥。鑑心謂存銀多則易生覬覦，不如實業難以移動，因與先生倡議，將銀十萬兩續置香山、番禺各屬沙田若干頃，義倉租息日以增益。《南海縣志・王鑑心傳》。

王拯卒。

**光緒三年　丁丑（一八七七）　六十八歲。**

沈曾植是年赴粤，覲仲父連州公於廣州。因得交先生，講學甚契。先生與其仲父宗濟固交好於同治年間。曾植歸後，先生命門人梁鼎芬帶去書畫扇面相贈。王遽常《沈寐叟先生年譜初稿》。

梁鼎芬從受業。《節庵先生遺詩》。

十一月，四子宗穎娶婦廖氏。《陳氏家譜》。

**光緒四年　戊寅　（一八七八）　六十九歲。**

馮焌光卒，爲撰墓碑銘。《東塾集·誥授資政大夫二品頂戴江蘇蘇松太兵備道監督江南海關馮君神道碑銘》。

七月二十二日，宗穎子慶耜生。《陳氏家譜》。

**光緒五年　己卯　（一八七九）　七十歲。**

《香山縣志》纂修完竣。《香山縣志》。

張之洞自京師寄贈楹帖，爲先生壽。聯云：「棲遲養老，天下服德；鋭精覃思，學者所宗。」乃集《後漢書》陳寔、陳元傳中語而成。汪兆鏞《椶窗雜記》。

四月，宗侃補廩生。九月，宗侃舉優貢生。《陳氏家譜》。

八月，刻《切韻考外篇》三卷成。《切韻考外篇》自序、廖廷相跋。

八月十九日，宗穎子慶貢生。《陳氏家譜》。

**光緒六年　庚辰　（一八八〇）　七十一歲。**

四月初一日，先生元配潘孺人卒，年六十六。《陳氏家譜》。

氣痛舊病，幸不發作，惟雙足竟不能行，尋丈間即需人扶掖。陳之邁編《東塾續集·與廖澤羣書》。

大憲請出辦團練籌防，總督謂老者不以筋力爲禮，斷不以辛苦事相煩。蓋借先生清望，而籌款辦事等務，則委之李學士也。同上書。

《東塾讀書記》刻成九卷。陳之邁編《東塾續集·與譚叔裕書》。

柳興恩卒。

**光緒七年　辛巳（一八八一）七十二歲。**

六月，以吴蘭修《桐華閣詞》兩刻本囑陳良玉爲之校對刪訂，刻入《學海堂叢刻》中。《桐華閣詞鈔》陳良玉序。

七月初三日，奉旨加恩賞給五品卿銜。《陳氏家譜》、《光緒朝東華録》。

十月初四日，宗詢子慶銜生。

十一月，患腹疾，猶自定《東塾讀書記》卷十三《西漢》一卷。《行狀》。

總督張樹聲本陸世儀説，仿《通典》之例設局重修史志，刪繁補闕，題以八綱，延先生總其事。乃甫開局而先生疾作。廖廷相《北郭草堂文集》、金武祥《粟香二筆》。

朱次琦卒。

## 光緒八年　壬午　（一八八二）　七十三歲。

正月，病益劇，恒自端坐，不能觀書，則使子宗侃等捧書讀之，或默誦所爲詩文。先生語宗侃等及門人曰：「吾病不起矣，然年過七十，夫復何求。吾四十時，已洞明生死之理，生死猶晝夜，無所悽戀也。吾所著《讀書記》已成十餘卷，其未成者，俟兒子與門人編録，名曰《東塾雜俎》，此書當可傳也。」《行狀》。

時病已甚，猶日日與諸門人談學問。及二十二日午時遂卒。《行狀》。

# 附録二　東塾先生著述考録

黄國聲
李福標　考録

# 引言

一、本考録原附録於黄國聲、李福標《陳澧先生年譜》（廣東人民出版社二〇一四年版）之末，今稍有改正。倘有稱引《陳澧先生年譜》處，簡稱《黄譜》。

二、除著録東塾先生所有已刊、未刊、未成之著作外，兼采及其他文獻所録資料，略有：

汪宗衍《陳東塾先生年譜》（于今書屋一九七〇年版），稱引時簡稱《汪譜》。

汪宗衍《陳東塾先生著述考略》，附載於汪宗衍《陳東塾先生年譜》後，稱引時簡稱《汪考》。

黄蔭普《廣東文獻書目知見録》（崇文書店一九七二年版），稱引時簡稱《知見録》。

吴茂燊、黄國聲《〈陳東塾先生著述考略〉訂補》（原載《中山大學學報》一九八二年第四期），稱引時簡稱《訂補》。

三、對於上述數種文獻之著録，若需補充或加以説明者，以「今按」出之。

## 十三經注疏簡端記一卷

《知見録》著録：汪兆鏞手抄本一册、馬來西亞鉛印本。

《訂補》案云：南海吴氏藏本，賀光中據傳抄本整理於《東方學報》第一卷二期。

## 周易費氏義

《汪考》著録：《默記》云：「澧老矣，所著甲部書《周易費氏義》《毛詩鄭朱合鈔》《周禮今釋》《儀禮三家合鈔》《春秋穀梁傳條例》《春秋三傳異同評》《論語集説》無一成，欲付後之學者。」按：《東塾讀書記》四有費直《易》一條，可見先生著書大旨。

《訂補》按：中山大學圖書館藏《東塾讀書記》稿第八册有費氏《易》資料，足見陳氏已着手而未能撰成。陳氏平生治學甚博，用功又勤，平日爲「擬撰書」積聚資料不少，然只能及身編定爲《東塾讀書記》，其餘遺馥剩膏，不在少數。陳慶龢《東塾讀書記》（編録本）卷十四附有陳澧《待撰未成書目》，凡分朝代六，子目數十，即此類一也。

今按：《東塾遺稿》第二十一册屢言「費氏家法」，蓋嘗措意於此。

## 毛詩鄭朱合鈔

《汪考》著録：見《默記》。未成。

## 讀詩日録一卷

《汪考》著録：古書叢刊本。微尚齋刻本。此爲先生讀詩時隨手筆記，非著述之體，爰存其目。

《訂補》案云：據汪兆鏞《讀詩日録跋》，知此書於刻本外曾有排印本，又冒廣生《讀詩日録序》云：「此編從其(陳澧)次孫公輔太守同年處借鈔，篇首有先生手書『精語、時時讀之』六字。」中山大學圖書館藏稿本一册，封面恰有陳澧自題「讀詩録及精語」等六字，蓋即陳慶祐(公輔)藏本也。又《讀詩録》後附有《學思録》稿三册，當係後人裝訂時誤附入。

今按：此書已據中山大學圖書館藏稿本整理，收入黄國聲主編《陳澧集》(二〇〇八年初版，二〇二四年增訂再版，以下稱《陳澧集》)。

## 周禮今釋

《汪考》著録：見《默記》。未成。《東塾讀書記》七有「言讀周禮者，宜通知古今」一條，可見其著書宗旨。先生門人桂文燦(皓庭)撰有《周禮今釋》六卷，蓋先生此書亦已付後之學者矣。先生有《與桂皓庭書》云：「前者晤談時，聞欲以僕所説《周禮》八法爲大著緣起，但僕所説實未的確，仍須足下審定之，僕以官屬爲今之屬員，但周禮官屬非盡屬員，似今所謂該部衙門，官職可□□説，官聯即今所謂會同，此無疑義，官常似今之所謂日行事件，官成似今之成案，官法似今之則例，官刑似今之參奏，官計似今之處分，皆不甚的確，祈足下審定之，有不妥處，必須更易乃佳耳。」

今按：《東塾遺稿》第四十七册有先生開列欲著之書，但未成，擬付後之治學者續成之者，其中《周禮今釋》下，列桂皓庭名。先生又另有《與桂皓庭書》云：「横沙招北海名培中，鄒特夫之舅氏也。前與談《禮》，渠欲取《儀禮》之事物今所未有者□明之，正與足下著《周禮今釋》同意。僕贈詩勸其博考以成書。此間有此君可談經學，足下居西關有新知學侣否？能勸得人讀經爲佳。足下昔時於此最用功，《詩》曰『風雨如晦，雞鳴不已』，此□□可風已也，我輩惟此是事業耳。」

## 周禮鄭氏注

《訂補》著録，并案云：　陳德芸《廣東未刻之書籍》云：「又名《鄭學》，黄劬學齋藏。」中山大學圖書館藏《東塾遺稿》第十三册有「余所著鄭學、朱學，亦擬名爲『宗略』、『體略』」語，足見陳氏已有此著作而未刊。

**儀禮三家合鈔**

《汪考》著録：見《默記》。未成。

**禮圖**

《汪考》著録：見備忘册自著書目，先生有《與桂皓庭書》云：「聶氏所謂舊圖，僕少時繪禮圖，似曾考過一番，今不能記矣，可檢提要一看，大約阮諶之類，五代人所見多古書，今不可見矣。」知此爲先生少時之作，後不存稿也。

今按：廣東省立中山圖書館藏《陳澧陳璞等手札》，内有先生與湯金鑄書云：「昨日過談，奉煩補寫三禮圖字，得免老眼摹寫之苦，謝甚。」湯氏同治末始爲學海堂專課生，得與先生相接。可見禮圖非僅少時所作，蓋至暮年仍繫念於此。

**三禮表**

欲著未成。見《黄譜》咸豐九年條。

**小箋**

《汪考》著録。

**書箋**

《汪考》著録：見備忘册自著書目，注云：「十三書及《説文》，惟《詩》稱小箋，或併《大戴禮》爲十五箋。」

**穀梁箋**

《汪考》著録：廖廷相等編《東塾集》中有《柳賓叔穀梁大義述序》云：「澧爲《穀梁箋》及《條例》，久而未成。」

**春秋穀梁條例**

《汪考》著録：《東塾集·柳賓叔穀梁大義述序》云：「《穀梁春秋》，千年以來絶學，澧爲《穀梁箋》及《條例》，久而未成。」《侯君模穀梁禮證序》云：「嘗欲撰《穀梁釋例》，屢作屢輟。」殆《釋例》與《條例》同爲一書，《東塾讀書記》十有言《穀梁》例者數條。又，《自記》亦及之。

**公羊穀梁二傳先後考**

《訂補》著録，并按：《汪考》未收。《東塾遺稿》内有此題名。

**春秋三傳異同評**

《汪考》著録：見《默記》，未成。《東塾讀書記》十有數條言三傳異同者。

《訂補》按：《東塾遺稿》八中有此等資料及劄記，蓋已有端緒而未暇撰成者。

**孝經紀事一卷**

《汪考》著録：嶺南大學藏本。采十七史古人尊信《孝經》之事而成，自序見《汪譜》咸豐十一年條。

《訂補》案云：中山大學圖書館藏《東塾遺稿》内有此卷。未刊。

今按：已收入《陳澧集》。

**論語集説**

《汪考》著録：見《默記》。未成。

《訂補》按：《東塾遺稿》第四十六、四十八有劄記資料若干條，末題「論語雜説」或「論語古説」，當係準備撰寫之劄記。

**孟子注**

稿本。乙丑本。

有自題云：「矢志晚年熟讀《孟子》。」其下注云：「乙丑九月初九夜書。」見《續修四庫全書總目提要（稿本）·經部·四書類》（齊魯書社一九九六年影印本）。

**孟子注二卷**

稿本。此爲庚午本，有自題云：「庚午歲讀。」又云：「晚年之學，直趨《孟子》七篇。」蓋自同治四年之後，至是再讀，又得新解，故爲另編。見《續修四庫全書總目提要（稿本）·經部·四書類》（齊魯書社一九九六年影印本）。

**小學**

《訂補》著録，并按：《汪考》未收。《東塾遺稿》四十六内，采有資料若干條，題曰《小學》；同書四十八云：「説文九千字，乃文字盡備，如今之字典也。若群書所載，則無九千字也。九千字中，固多無用者矣。余昔欲作小學書，專取有用之字，惜未成也。」陳澧早年曾擬於《讀書記》外，另撰《初學編》，以啓後學，但僅成《音學》一卷，小學本亦在《初學編》範圍内，此篇之作，當係原計劃中之一種。

**古樂微一卷**

《汪考》著録：南海廖氏藏稿本。此書僅存十二册，餘論一則。

《訂補》案云：未刊。

**古樂餘論**

《汪考》著録：原稿今藏南海廖氏，僅有一條，家大人有手抄本。

《訂補》案云：未刊。

**述樂不分卷**

《汪考》著録：稿本。

《訂補》案云：係草稿，共十四頁，内分「述琴」、「散聲」、「越九歌」三部分。廣東省中山圖書館藏。未刊。

**聲律通考十卷**

《汪考》著録：《東塾叢書》本。卷首有自序，見《汪譜》咸豐八年條。卷一古樂五聲十二律還宫考，卷二古樂五聲十二律相生考，卷三晉十二笛一笛三調考，卷四梁隋八十四調考，卷五唐八十四調考，卷六唐宋遼俗樂二十八調考，卷七宋八十四調考，卷八宋俗樂字譜考，卷九歷代樂聲高下考，卷十風雅十二詩譜考，末有門人殷保康跋。

今按：跋爲先生自作而托名殷保康，見《黄譜》咸豐十年條。已收入《陳澧集》。

**聲律餘考**

《汪考》著録：梁鼎芬、陳樹鏞編刻《東塾集》内。今僅存五篇，殆非完書。陳樹鏞有《與梁星海書》云：「送來《聲律餘考》是先師手筆，當録入文集者，命弟子别録一過，以僕所聞不止於此。今僅交出一本，無可如何，若能細檢遺篋，則禮堂寫定之絶業必不止此，惜乎不能也。」見《陳慶笙文集》。原札今藏新會陳氏勵耘書屋。

## 琴律譜一卷

《汪考》著録：　先生之孫慶龢北京刻本。原稿藏先生之孫慶貢處，余録有副本，前有小引，見《汪譜》同治六年條；　次言製琴尺度；　次周尺黄鍾管圖；　次三分損益及連比例、附表；　次言琴旁屈曲爲記律之位，并新製十二律琴圖；　次十二律旋相爲宫表，附説；　次十二調定絃法，附譜；　次言彈琴調弦二則。慶龢刻本僅有十二調定弦法，而十二律旋相爲宫表亦只存末三律，餘皆無之，實非完書，而不知原稿周詳如此也。

《訂補》案云：　家刻本一册，抄本二册，原刻板片全套，均藏中山大學圖書館。抄本之一爲舊藏，另一抄本、家刻本、及其板片爲陳澧長孫慶龢舉贈。查兩抄本與板片内容均同，惟陳慶龢抄本于「林鐘宫」譜中「按四弦應鐘之位」句下注「十一暉〇」，上有眉批云：「十一暉〇，當作十暉八分。在十一暉上，不足十一暉。原文用〇，不如用上或竟不用〇，或用欠或用弱。因〇似尚在十一暉下，比十一暉爲多爲强。或抄本衍〇，應取兄稿校對。」詳語意，則抄者爲慶龢之弟，或即慶祐也。而原刻板片則逕剜去〇。

今按：　此著已據家刻本整理，收入《陳澧集》。

**琴譜一卷**

《訂補》著録：稿本，并案云：《汪考》未收。廣東省立中山圖書館藏《東塾讀書記稿》十一册，其第一册即《琴譜》，又爲《鍾山雜著》之一種，内分「律尺」、「黄鐘律管」、「律準」、「琴制」等幾部分。未刊。

**簫譜一卷**

《訂補》著録：稿本，二册，并案云：《汪考》未收。有朱筆增改。廣東省立中山圖書館藏，未刊。

**古聲**

《汪考》著録：見《備忘册》自著書目。未成。

**名物記**

《汪考》著録。

前言記

《汪考》著録：以上五目（按：指《朱子語類紀年》《朱子文集紀年》《大義録》及《前言記》也）見《備忘册》自著書目。《東塾文録》有《與楊黼香書》云：「以訓詁之餘，辨析名物，述經傳群書之言，依《爾雅》《釋名》之體，已成數篇。」即《名物記》也。

陳蘭甫説文部首殘本

《訂補》著録，并案云：《汪考》未收，廣東省立中山圖書館藏稿本一册。未刊。

説文聲表十七卷

《汪考》著録：南海廖氏藏稿本。自序刻入《東塾集》中，見《汪譜》咸豐三年條。此書初名《説文解字聲類譜》，又名《説文聲統》，後改今名。

《知見録》著録：《説文聲統》手稿本，見加拿大英屬哥倫比亞大學《宋元明及舊鈔善本書目》。一九七一年有影印本，改稱《説文聲表》。

《訂補》案云：此書稿收藏情况較複雜，就所知分别如下：（一）北京圖書館（按即今中國國家圖書館）藏《説文聲表》稿□□卷（殘存十八卷五）；（二）廣東省立中山圖書館藏《説文聲類譜》稿十七卷；（三）加拿大英屬哥倫比亞大學藏《説文聲統》十七卷。然孰爲定稿，因未親見，殊難確定。

今按：此書以多種謄鈔本形式流傳。據陳氏致徐灝書信（見《東塾集外文》卷五《與徐子遠書》之十、十一、十二等），曾有一個多次校訂的謄清本，並據以另鈔一本付徐氏，請其爲作箋。一九五九年，加拿大英屬哥倫比亞大學亞洲圖書館從澳門購得一批中國綫裝書，其中有陳澧《説文聲統》鈔本一部，原藏者爲徐信符。書中有不少陳澧本人朱筆勾改，頁眉或行間多陳氏親筆批語，極有可能爲陳澧交付徐灝作箋之本。一九七一年，臺灣文海出版社據此鈔本影印件，以《説文聲表》之書名影印出版。現已據此影印本整理，收入《陳澧集》。

**説文聲表標目**

《知見録》著録：抄本一册，香港大學圖書館藏。

《訂補》案云：《汪考》未收。原稿舊藏黄氏劬學齋，北京圖書館亦藏有稿本，然未見實物，難下判斷。廣東省立中山圖書館藏有初稿本、録副本、清稿本各一册，後二種雖屬謄抄本，但均經陳澧親自校閲或作批語，亦當視同稿本。另外，中山大學圖書館藏抄本一册，原爲陳慶龢家藏。未刊。

**説文解字箋**

《東塾集・説文聲表序》云：「澧嘗欲爲箋附於許君解説下，以暢諧聲同義之旨，其後更涉他學，不暇爲此。」

《訂補》案云：廣東省立中山圖書館所藏陳澧《學思稿》第三册末附有《諧聲通義》一卷，正符序文所謂「以暢諧聲同義之旨」意，或即此書稿原名。

**説文略例**

《東塾遺稿》第四十八册云：「余嘗欲仿王輔嗣《周易略例》爲《説文略例》，以教初學。至今未成。」

**説文校勘記**

《訂補》著録，并按：《汪考》未收。

今按：《東塾遺稿》三十五：「《説文》自東漢傳寫以至南唐、北宋，誠有如徐鉉等所謂『錯亂遺脱，不可盡究』者。二徐之所校定，未必盡合許氏之舊也。段氏有《説文訂》之作，孫氏序亦云：『錢明經坫、姚修撰文田、嚴孝廉可均、鈕居士樹玉及予手校皆檢録書傳所引《説文》異字異義，參考本文，今刊宋本別爲條記，附書而行。』然《説文訂》尚未詳博，孫刻《説文》又未刻所謂條記者，余欲爲《説文校勘記》，此真小學家不可無之書也。今讀二徐之本，時有難通，正未可以議許氏也。」可證。

**字體辨誤一卷附引書法**

《汪考》著録：刻本。此爲初學而作，分象形字誤、會意字誤、諧聲字誤、二字形近相混、上下偏旁形近相混，凡五類，皆以六書説明，蓋示學海堂、菊坡精舍諸生者，末附《引書法》十條。見《汪譜》同治七年條。

《訂補》案云：中山大學圖書館藏自刻本（意林齋承刊）一册，原爲陳慶龢家藏舊物。

今按：已收入《陳澧集》。

**廣韻增加字考略**

香港大學馮平山圖書館藏稿本。不分卷。

《訂補》著録，并案云：《汪考》未收。陳澧原稿於書名下有雙行夾注：「此書及《廣韻切語考異》《廣韻切韻下字考》合爲《切韻訂》，不必分三書也。」陳德芸《廣東未刻之書籍》云：「以上下、上去入爲序，内分考異、增加兩式。」「黄劬學齋藏。」未刊。

今按：已收入《陳澧集》。

**切韻考六卷**

《汪考》著録：《東塾叢書》本，北京大學排印本。卷一序録，卷二聲類考，卷三韻類考，卷四表上，卷五表下，卷六通論。有自序。見《汪譜》道光二十二年條。按南海黄氏劬學齋藏《廣韻增加字考略稿》，已附入《切韻表》後。近人黄侃云：「往者，古韻、今韻、等韻之學，各有專家，而苦無條貫，自番禺陳氏出，而後《廣韻》之理明，《廣韻》明，而後古韻明，今古之音盡明，而後等韻之糾紛始解，此音學之進步也。」又云：「顧、江、段、王雖由《詩》《騷》《説文》以考古音，然舍《廣韻》亦無以爲浣準。番禺陳君《切韻考》，據切語上一字以定聲類，據切語下一字以定韻類，於字母等子之説有所辨明，足以補闕失，解拘攣，信乎今音之管籥，古音之津梁也。」（《黄侃論學雜著》）評價極高。

今按：已收入《陳澧集》。

**切韻考外篇三卷**

《汪考》著録：同上。卷一切語上字分併爲三十六類考，卷二二百六韻分併爲四等開合圖攝考，卷三後論。前有自序，末有門人廖廷相跋。見《汪譜》光緒五年條。

今按：已收入《陳澧集》。

**切韻考不分卷外編三卷附録卷上（外編存卷一、三）**

《訂補》著録：稿本，并案云：廣東省立中山圖書館藏，此稿多一附録卷上。

**切韻證**

《訂補》著録，并按：《汪考》未收。《東塾遺稿》二、三十五、四十三等「音韻反切」小册内，收有切語考證資料若干條，并有自注：「采入《切韻證》。」足見此書已曾著手而未暇撰成。

**陳蘭甫先生遺稿古音考證**

稿本。藏廣東省立中山圖書館。《汪考》《訂補》等並無著録。

今按：此乃《切韻考》外篇草稿之一部分，殆陳澧撮集，命門人或子侄抄録者。眉端間有手批，標示所抄之内容，行間亦偶見批點校改。《三編清代稿鈔本》（廣東人民出版社二〇一〇年版）據以影印，入第一〇六册。

**博雅音十一卷**

《汪考》著録：番禺徐氏藏稿本。此爲未成之稿，卷首有先生題記云：「鄒特夫徵君曾借此鈔本，今觀蟲蝕之字下有重寫者，徵君之筆也。」又云：「余欲取隋以前四部群書之反切合編爲一書，其後不果，徵君亦欲爲之，故借此本而又不果爲之，將來不知何人能成之耳。」

陳德芸《廣東未刻之書籍》云：「十册，徐氏南州書樓藏。」未刊。

**七音表不分卷**

《訂補》著録：廣東省立中山圖書館藏稿本，四册，并案云：《汪考》未收。有陳澧親筆眉批，後附《校説文所附唐韻法》《校集韻法》二則。未刊。

**等韻通一卷**

《汪考》著録：自序載《東塾集》。

今按：見《汪譜》道光二十三年條。

## 初學編音學一卷

《汪考》著録：自刻本，《粟香四筆》本。先生以清儒著書奥博者多，而足以啓迪初學者少，故著《初學編》。《備忘册》載其目曰：文字、音韻、算術、禮樂、天文、地理、義理、訓詁等，僅成音學一卷，凡四聲清濁、雙聲、疊韻、切語、字母五篇，蓋淺言之，使初學易曉，如今之學校校本也。見《汪譜》道光十八年、咸豐元年及五年條。

《訂補》案云：廣東省立中山圖書館藏抄本一册，封面鈐陰文「陳澧之印」。首頁有陳氏親筆批語：「昔時欲作《初學編》數卷，先作《音學》一卷，嘗刻於板，今失其版矣。此稿尚存，欲重刻之。丁卯小除夕蘭甫記。」其下亦鈐「陳澧之印」。内容包括：（一）四聲清濁，（二）雙聲，（三）疊韻，（四）切語，（五）字母。陳澧生平認爲啓導初學之書籍，至爲重要，每欲用「以淺持博」方法撰述《初學編》，以爲後學入門之資。原計劃分禮、樂、書、數、天文、地理等門類，但僅成《音學》一編。丁卯爲同治六年，陳氏五十八歲，雖有此志而無暇足成全書矣。

今按：已收入《陳澧集》。

## 音學一卷

《知見録》著録抄本，并按云：見汪氏《微尚齋書目》。

《訂補》案云：據上可知此編係從《初學編・音學》過録而成。

## 廣州音説及字義舉例

《知見録》著録：陳澧、詹憲慈等著，一九七一年存萃學社編集，崇文書店印行。

又，陳慶祐致陳垣書信一通（未署年份）云：「楊君子遠譚及公欲覓先祖《廣州音説》讀之。此説載在文集，數年前帶來送人已無存。廣州亂後曾屬人印數十部寄來，迄今未到。茲將案頭讀本抄出此文奉上。」見陳智超編注《陳垣來往書信集》增訂本，生活・讀書・新知三聯書店二〇一〇年版，第七十三頁。

## 毛本梁書校議一卷

《汪考》著録：南海黄任恒輯刻本。黄氏得先生批校汲古閣本《梁書》，文中確知其誤者徑改之，疑而未定者旁乙之，上下倒置者勾勒之，至史事之是非得失，則加評論，筆於書眉，朱墨燦然，黄氏輯録成書，以校字而兼論史，故名之曰《校議》云。

《訂補》案云：黄任恒《信古閣小叢書》輯入此書。

今按：已收入《陳澧集》。

**大清名臣言行録**

《訂補》著録，并按：《汪考》未收。《東塾遺稿》第二十九册云：「《大清名臣言行録》，欲著此書，每人第一行書姓與謚。無謚者書其最大之官銜，其下小注名某字某，某處人，家世、科甲、官職、著述及子孫有名者，一一詳書之而不書事迹。然後提行條録其言與事。每條小注所采之書，如兩書並有者，以詳者爲主，略者爲小注。奏疏及所著之書及文集皆言也，皆采録之。政事皆行也，皆采録之。後人評論亦擇而録之於後。」規劃詳盡而未成。

**大清官儀**

《訂補》著録，并按：《汪考》未收。《東塾遺稿》第二十九册云：「又欲著《大清官儀》一書，已告李恢垣。」未成。

**本朝謚法**

《訂補》著録，并按：《汪考》未收。《東塾遺稿》内有「《本朝謚法》書宜付伍子升刻入叢書」之語。

**史志**

名見金武祥《粟香二筆》。

**漢地理圖**

《汪考》著録：　見《自記》，未成。　先生有《與鄒叔績（漢勛）書》云：「昨未暢談《漢地理志》之説，今欲合章雲軿與拙著之圖，先刻一格版，依董圖式，以紅印之，乃使抄胥以銀朱影抄董圖，然後以墨寫拙著之圖於朱寫之上，再以墨寫章圖縣名，其與拙著圖縣名不合者則不寫，如此則《漢書地理志圖》草創已成，乃以《水經》核之，以洪氏府廳州縣志、《大清一統志》核之則可定矣，然後拙著《漢志山圖》卒業，復寫其上，則《漢書地理志圖》可成矣。　此事不難，亦甚繁。」見《清代學者書簡》。

**漢書地理志水道圖説七卷**

《汪考》著録：《東塾叢書》本。　卷一西北諸水，卷二東北諸水，卷三河水及入河諸水，卷四河南、江北諸水，卷五江水及入江諸水，卷六鬱水及入鬱諸水，卷七西南諸水。　有自序及門人黎永椿跋。見《汪譜》道光二十八年條。

今按：　已收入《陳澧集》。

## 水經注提綱四十卷

《汪考》著録：見《自述》。

《訂補》按：《東塾遺稿》二十九：「昔所抄《水經注》名曰《水道提綱》……删去記事及寫景語，乃易刻。」丁仁長等纂《番禺縣續志》卷三十二《藝文》載：《東塾遺書》十七種，其中三種未刊，《水經注提綱》四(十)卷即其中之一。

今按：《與徐子遠書》第五通亦提及此書編刻之事，云：「僕昔年所抄《水經注》未有名，今定其名曰《水經注提綱》，將來删去記事寫景之語，則易刻矣。仍爲四十卷。」

## 水經注西南諸水考三卷

《汪考》著録：廣雅書局刻本。先生《備忘册》自著書目有「疑酈」一目，殆此書之初稿，蓋以酈道元身處北朝，其注《水經》西南諸水無一不誤，故條而辨之。前有自序。見《汪譜》道光二十七年條。

《訂補》案云：原稿曾藏徐信符南州書樓。

今按：已收入《陳澧集》。

**水經注表**

《汪考》著録。

**廣東輿地圖二十卷**

《汪考》著録：同治五年刻本。同治三年上諭繪廣東地圖進呈。總督毛鴻賓、巡撫郭嵩燾聘先生與趙齊嬰、鄒伯奇、桂文燦、徐灝五人總其事，先生撰凡例。

**廣州府志一百六十三卷**

《汪考》著録：光緒五年廣州府學刻本。此書《輿地圖》一門先生分纂。

**番禺縣志五十四卷**

《汪考》著録：同治十年縣學光霽堂刻本。此書《沿革》一卷、《前事》二卷先生分纂。

**香山縣志二十二卷**

《汪考》著録：光緒五年刻本。此書爲先生總纂，撰有序文，《東塾集》未收。

## 肇慶府修志章程

原見録於金武祥《粟香室四筆》，光緒二十六年《陳氏三種》刻本收入。

《訂補》著録，并案云：《汪考》未收。與《字體辨誤》《引書法》同收入黄朝槐校刊之《陳氏三種》中。黄任恒《信古閣小叢書》亦收入此篇。

今按：中山大學圖書館藏抄本。已整理收入《陳澧集》。

## 説山不分卷附山水記四、五

《汪考》著録：稿本。

《訂補》案云：廣東省立中山圖書館藏一册，封面内頁有「説山草稿」四字，内容爲敘述我國各大山脉位置、走向及其支衍。末附山水記四、五。

今按：《説山》稿本一卷，廣東省立中山圖書館藏。已收入《陳澧集》。

## 漢官考

《汪考》著録。

**歷代選舉考**

《汪考》著録。

**諫臣録**

《汪考》著録。

**循吏録**

《汪考》著録。

**選舉通考**

《汪考》著録： 以上七目見《備忘册》自著書目，未成。 先生門人陳樹鏞著有《漢官答問》五卷，梁鼎芬刻入《端溪叢書》中。

**學海堂續志**

《汪考》著録： 學海堂刻本。《學海堂志》爲林伯桐撰，先生續記於每篇之後，以續字别之。 見

《汪譜》同治五年條。

今按：已收入《陳澧集》。

**學校貢舉私議一卷**

《汪考》著録：嶺南大學藏鈔本。咸豐元年先生任河源縣學訓導。乞病歸里，欲救當時學校及貢舉之弊，乃仿朱子《學校貢舉私議》成此。見《汪譜》咸豐元年條。

《訂補》案云：現歸中山大學圖書館，爲陳澧《東塾遺稿》（抄本）中之一種。未刊。

今按：已收入《陳澧集》。

**自記一卷**

《汪考》著録：先生之孫慶貢藏稿本。自一歲起，凡行事著述讀書輒記一條或三數條，至六十二歲止。宗衍録有副本。

《訂補》案云：《汪譜》云：「先生有自記一册，自一歲至六十二歲，每年略記生平行事。不詳作始於何年，大病乃輟記。」此卷极有參考價值，惜乎未有刊本傳世。

**日記**

《訂補》著録，并案：原稿藏潮州高氏，未刊。

**陳氏家譜九卷**

《訂補》著録稿本，并按云：《汪考》未收。此譜陳澧於咸豐元年據舊譜增修而成。世系敘至第十四世慶字輩爲止。《汪譜》未能考出陳澧曾祖名字，而據此譜可知其名平，又名治平，足見纂輯完備。此本原爲陳慶龢家藏，現歸中山大學圖書館。

今按：已收入《陳澧集》。

**申范一卷**

《汪考》著録：菊坡精舍刻本，古學叢刊本。先生讀《宋書》《南史》，謂范蔚宗爲千古冤獄，爲之申雪。梁啓超《中國歷史研究法補編》，極稱此書爲後人讀史傳之法。前有自序。見《汪譜》同治六年條。

《訂補》案云：光緒十八年（壬辰）菊坡精舍刻、廖廷相編《東塾集》後附刻《申范》一卷。

今按：已收入《陳澧集》。

## 讀史述

《汪考》著録：　原稿藏潮州高氏，今歸北平圖書館。嶺南大學藏鈔本。

《知見録》著録：　見彭國棟《重修清史藝文志》一九六八年刊本。

## 周秦諸子擇録

《汪考》著録：　嶺南大學藏鈔本。見《備忘册》自著書目，初題曰《諸子障川》，繼曰「《諸子障川》名目非是，障者遏而絶之也，當改爲《諸子附籍》」。又有曰《諸子膏肓》，蓋名異實同一書也。《讀書記》諸子卷中有節鈔諸子之精粹者即此。先生引韓昌黎云：「削其不合者以附於聖人之籍，此諸子附籍之所由名也。」

今按：　中山大學圖書館藏陳澧批校《昌黎先生文集》（號一五八二），《讀荀子》末墨批云：「余嘗抄諸子精醇之語爲一編，欲取韓子語題曰《諸子附聖録》，又抄其不合者題曰《諸子膏肓》。」《諸子膏肓》《諸子障川》之名，見於《東塾遺稿》第三十六、四十三册。所録諸子有鬻子、鄧析子、慎子、楊子、荀子、老子、莊子、墨子、韓非子、鬼谷子。

**鄭氏全書**

《汪考》著録：序文刻入《東塾集》中，見《汪譜》咸豐十年條。蓋及門人趙齊嬰（子韶）等共編。

**鄭君宏旨**

《汪考》著録：名見本集《復王倬甫書》。

**漢儒通義七卷**

《汪考》著録：《東塾叢書》本。先生讀書不分漢宋門户，因録漢儒經説爲一書，卷一天地五類，卷二聖賢六類，卷三道二十類，卷四君臣九類，卷五冠四類，卷六出處八類，卷七治道十五類。采衆家之説，分類爲書，仿《白虎通》《近思録》之例也。前有自序及序録。見《汪譜》咸豐六年條。

今按：已收入《陳澧集》。

**老子注一卷**

《汪考》著録：番禺徐氏藏稿本。見《備忘册》自著書目，自注曰不作，故所注頗簡，間有每章僅注一條，或未有注者，然發明義趣深有裨於讀《老子》者，引用王弼、河上諸家舊注，採擇極嚴。

《知見録》著録：一九六八年影印傳抄本。

今按：廣東省立中山圖書館藏石光瑛抄本，《陳澧集》據以收入。

**公孫龍子注一卷**

《汪考》著録：微尚齋叢刻本。原稿《指物論》初稿、改稿並存，是知尚未寫定，又記云：「尚須再閱加注，以發其義。」

《訂補》案云：「中山大學圖書館藏有清稿本一册，原爲陳慶龢家藏舊物。」

今按：已收入《陳澧集》。

**朱子語類日鈔五卷**

《汪考》著録：《鍾山別業叢書》本，廣雅書局本。此書初名《朱子切要語》《朱子勸學語》《紫陽書鈔》，見自著書目。後專取《語類》中關於身心勸學者，分類排比成此。有自序。參見《黄譜》咸豐十一年條。又，《東塾遺稿》第二十六册，有先生所訂《學思録大指》，中有「五百年後必有名世者。孟子之後，鄭君也；鄭君之後，韓文公也；韓文公之後，朱子也。朱子之後，其亭林先生乎」語，此書之作意於此可見。

今按：已收入《陳澧集》。

**朱子語類紀年**

《汪考》著録。

**朱子文集紀年**

《汪考》著録。

**大義録**

《汪考》著録。

**陸象山書鈔六卷**

《汪考》著録：番禺徐氏藏稿本。先生謂陸學偏駁，其害不小，乃删其書而存其精語，仿《二程粹言》之意以爲一書。見《汪譜》咸豐元年條。

《訂補》案云：或有稱作《陸象山集摘抄》者，實即一書。《番禺縣續志》卷三十云：「有家鈔本。

謹按：書凡六卷，上卷五，中卷一，抄象山文集語録之佳者爲上卷，其稍駁者爲中卷。」原稿不易見，《東塾遺稿》三十五《讀書記·陸象山一類》云：「先録象山醇實精警之論全篇者。」書抄宗旨，概見於是。未刊。

**王陽明集抄**

《訂補》著録，并案云：《汪考》未收。陳德芸《廣東未刻之書籍》云：「徐氏南州書樓藏。」未刊。

**學思録**

《汪考》著録：此書發創於咸豐八年，其後掇其旨要爲《東塾讀書記》。原稿北平圖書館藏有九册，吾家藏有二册。先生生平讀書有得，即手記於小册中，積稿逾千册，爲著《學思録》之資料。原稿已散失，潮州高氏藏有五百餘册（今歸北平圖書館），雲南廖氏藏有百五十册，其餘同人均有藏弆。中山莫鶴鳴曾請何藻翔、鄧爾雅、崔師貫、蔡守諸人整理之，録有副本，今歸嶺南大學，由陳受頤、楊壽昌諸教授從事校理，刊於《嶺南學報》中。

《訂補》案云：陳氏咸豐八年著手撰《學思録》（後改名《東塾讀書記》），以通古今學術，爲其晚年殫精覃思之作。然此稿特陳氏撰寫過程中的讀書劄記及收集資料之稿，而非寫定之書稿也。及後，陳氏始將其中一部分予以整理貫通，發明宏旨撰成《東塾讀書記》前十五卷；另一部分亦已初步撰成爲《讀書記》之後十卷，未刊，即廖廷相題識所稱「其餘未成稿本十卷，遺命曰《東塾雜俎》」者是也。除此二部分外，尚餘者爲雜録，則尚未撰寫成書。《學思録》原稿，國内外現僅存者有：一、雲南省圖書館藏一百五十册（原廖行超所藏），二、廣東省立中山圖書館藏十二册，三、香港大學圖書館藏一册，四、中山大學圖書館藏三册（原附訂在《讀詩日録》後）。至於高隱琴所藏之五百餘册，早年入藏北平圖書館者，解放後或已不在國内矣。

## 東塾著稿不分卷

《訂補》著録：稿本一百五十册，并案云：此即雲南省圖書館所藏之《學思録》部分原稿，亦即《汪考》所稱雲南廖氏曾藏者。《東塾著稿》一名，係書估或藏家于裝訂時所擬，並非原題。其散出經過，陳德芸《廣東未刻之書籍》述之甚詳，大概情形如下：一九三〇年左右，陳澧此稿散出爲書販所得，最初出現於廣州多寶齋舊書店，僅取值五百元。後乃分散割售，滇軍將領廖品卓（行超）購其抄寫最完整之一部分，所餘由羅原覺介紹售於香港高隱琴。高氏作古，所藏轉讓古公愚（直），北平圖書館所藏，似即爲古氏所讓渡者。《學思録》原稿，國内所存，以此爲多，雖非全璧，亦彌足珍貴。未刊。

又，于乃義、李孝友《陳澧〈東塾著稿〉考評》（《文獻》一九八〇年第三期），吴茂燊、黄國聲《陳澧〈東塾讀書記〉未刊稿考辨》（《文獻》一九八二年第四期），於此考證頗詳，可以參看。

**默記十六册外篇□册**

《汪考》著録：嶺南大學藏鈔本，北平圖書館藏本。先生之從侄孫受頤曾輯刊於《嶺南學報》第二卷第二期中者，似非其全也。見《汪譜》咸豐十年條。

《訂補》案云：所謂《嶺南學報》本，係指陳受頤整理録登於《嶺南學報》二卷二期者。《默記》爲《學思録》中之一種，原稿見雲南省圖書館所藏《東塾著稿》中，中山大學圖書館藏《東塾遺稿》（鈔本）亦有此卷。

今按：《陳澧集》收入《默記》九十條，乃從中山大學圖書館藏《東塾遺稿》録出。

**東塾讀書記**

《訂補》著録：稿本，廣東省立中山圖書館藏，十二册，并案云：《汪考》未收。廣東省立中山圖書館所藏《東塾讀書記》稿第二至十一册，《禮記學思稿》之第一、二册，均爲《學思録》原稿。

## 東塾讀書記十六卷

《汪考》著録：自刻本。廣州重刻本。《續經解》本。商務印書館排字本。此書爲先生生平鉅作。初名《學思録》。蓋取「學而不思則罔，思而不學則殆」之意，後讀《伊雒淵源録》，横渠嘗於學堂雙牖，左書「砭愚」，右書「訂頑」，伊川曰是啓争端，改曰「東銘」、「西銘」，則先生改今名之故也。原書二十五卷。今刻成者卷一《孝經》，卷二《論語》，卷三《孟子》，卷四《易》，卷五《書》，卷六《詩》，卷七《周禮》，卷八《儀禮》，卷九《禮記》，卷十《春秋三傳》，卷十一小學，卷十二諸子，卷十三西漢，卷十五鄭學，卷十六三國，卷二十一朱子，凡十六卷。其餘卷十四東漢，卷十七晉，卷十八南北朝隋，卷十九唐五代，卷二十宋，卷二十二遼金元，卷二十三明，卷二十四國朝，卷二十五通論，凡九卷未成而殁。遺命兒子及門人編録，題曰《東塾雜俎》。廖廷相跋先生自述，謂「未成稿本十卷者，蓋卷十三西漢爲先生殁後所刻」，故今通行本多爲十五卷，而缺西漢一卷，目録亦注云未成，蓋未削去耳。見《汪譜》咸豐八年、同治十年、光緒六年條。

《訂補》案云：一般均爲十五卷本，此種係加入卷十三《西漢》而成十六卷本。又，《汪考》云「其餘未有寫定」，不確。

今按：已收入《陳澧集》。

## 東塾雜俎稿不分卷

《汪考》著録：稿本。先生逝世時，所著《東塾讀書記》已刻成十卷，其未成之稿十卷，遺命兒子及門人編録，題曰《東塾雜俎》，殆未編成，故未見傳本也。

《訂補》案云：中山大學圖書館藏此稿本，共十七册，係陳慶龢傳家珍藏。汪氏未見原件，故云「殆未編成」。其實陳澧生前已將此書初步編定，亦兩次審閲改定，雖未分類，但類次井然，與《讀書記》中注明未刊卷數適相吻合（其中西漢卷後來曾補刻入《讀書記》十六卷刊本中，故未刊稿實只九卷）。只需略加整理，即可付刊。有陳氏親筆批校，並於光緒七年陳氏七十二歲時最後親自審定，臨終乃遺命改名《東塾雜俎》。原稿封面均經陳澧題署，或作《讀書記》，或作《學思録》，蓋係陳氏屢思改題書名所致。但雲南省圖書館所藏《學思録》（即《東塾著稿》）與此稿名雖同而實有精粗之别，蓋前者爲收集資料稿，偶有作者見解，亦皆簡略而散綴各種資料之後，尚未具成書面目。後者則係據前者所收内容，貫通而發明之，條析而整理之，已成爲完整的學術著作。未刊。

今按：一九四三年北京古學院《敬躋堂叢書》本之《東塾雜俎》十四卷本，即根據本稿整編而成。

## 東塾雜俎十四卷

《汪考》著録：北京古學院刊《敬躋堂叢書》本。此書爲門人廖廷相編輯，尚未成書，稿存先生長孫慶龢處。一九四三年癸未合肥王揖唐囑慶龢與紹興周肇祥校勘付梓，卷一西漢，卷二東漢，卷三晉，卷四南北朝隋，卷五唐五代，卷六唐疏，卷七北宋，卷八南宋，卷九遼金元，卷十明，卷十一國朝，卷十二通論，卷十三餘録，卷十四瑣記。有王揖唐序，周肇祥跋。刻成不久，王揖唐被逮，書印無多，流傳頗少。

今按：《陳澧集》收入此書，以北京古學院刊本爲工作底本。

## 東塾類稿

《汪考》著録：　自刻本。此書不分卷，每文皆屬散篇一葉或二三葉，書口不記葉次，蓋便於隨作隨增或隨時删改抽换也。各家藏本篇葉多寡互有不同，余所見者前有自序，末有林昌彝跋，凡收文五十七篇，其未載於菊坡本《東塾集》者。有《讀説卦傳》、《六書説》三首，《讀墨子》、《子張問十世説》、《讀論語》二首（以上八首除《六書説》第二首爲論轉注，《東塾讀書記》謂其説未安不存外，餘七首已節入《讀書記》中），《考正胡氏禹貢圖序》、《焦山南仲鼎銘跋》、《曾祖妣韓宜人墓告示碑陰記》，凡十一篇。

《知見録》著録：　道光二十九年刊本，一册，見鄭振鐸《西諦書目》。

《訂補》案云：　張舜徽《清人文集别録》敘此甚詳，其言曰：「始澧於道光二十九年，嘗裒所爲説經考證之文，爲《東塾類稿》，刊成一册。不分卷，只載文三十五篇，大抵爲四十以前之作。當日印布不多，傳本甚少。余嘗取與是集（指《東塾集》——引者）對勘，其未收入是集者，尚有《論語説》一，《論語説》二，《象形指事説》，《令長二字假借説》，《讀墨子》，《考證胡氏禹貢圖序》，《地理志水道圖説序》，《切韻表序》，《焦山南仲鼎銘跋》諸篇。至於《類稿》有《明堂圖説》，《書明堂圖説後》，而是集改題《明堂圖説》一，《明堂圖説》二，斯則標目稍有不同耳。」

今按：汪兆鏞一九三三年十月十七日與陳垣書云：「《東塾類稿》，昔年見之，隨作隨刻隨删，未爲定本。廖澤群諸人編刻東塾集時亦多掇拾於《類稿》中者。弟近於東塾集外搜輯遺文，鈔録成帙（可作二卷），屢勸澤群之長子伯魯（名景曾，現管廣東省立圖書館事）重刻《東塾集》，並以拙輯者附於後爲補遺，尚未有定議。蓋丁卯之亂，東塾故宅及所刻諸書版片悉付一炬。江浙友人屢托購《東塾集》而不可得，圖書館印行廣雅書局所刻書，儲資即可爲刻《東塾集》之費，不患無款，而遲遲未果，世事可歎如此。承録寄東塾遺詩三篇，感謝之至。另有友人亦云，尚有題石寶田畫册一詩，俟交到一併刻入續補遺中。」（陳智超編《陳垣來往書信集》增訂本，生活·讀書·新知三聯書店二〇一〇年版，第四七二—四七三頁）

**東塾類彙**

《文廷式日記》光緒二年正月十四日記云：「讀陳蘭甫師《東塾類彙》一卷，其例頗叢雜，蓋非以爲成書也。」見《黄譜》咸豐九年條。

## 東塾餘記

《訂補》著録：見集外文《學思録序目》，并按云：陳澧在撰寫《學思録》過程中，收集材料既多，範圍亦廣，於最後定稿時，除不適用要予删去者外，其有格於體例，未被採用而又可另列一類者，則有親筆批云：「移作别記。」蓋早有此意而未暇纂成之也。後陳慶龢揣體此意，編爲《餘記》一卷，收入《東塾雜俎》編録本内。未刊。

## 遺稿

《汪考》著録：先生生平讀書心有所得，即隨手記於小册中，稿爲貢川紙，長約五吋，寬約三吋半，厚四五分不等，積稿逾千餘册，潮州高氏藏五百餘册，雲南廖氏藏有百餘册。一九二四年間，中山莫鶴鳴曾請何藻翔、鄧爾疋、崔師貫整理之，録有副本，用青絲欄格紙鈔，版心刻有北山堂篆字。高氏藏本後歸北平圖書館，間有用北山堂稿紙者，則鈔自廖氏也。莫氏鈔本歸於嶺南大學，由陳受頤、楊壽昌諸教授整理，刊於《嶺南學報》第二卷第二、第三期及第五卷第三、四合期。梁啓超在清華大學講《中國歷史研究法》，謂欲以重價購求此稿，一則可以整理陳氏著作，一則可以看出陳氏讀書方法。錢穆《中國近三百年學術史》有「東塾遺稿」一節云:「《東塾讀書記》主漢宋兼采,勿尚門户之争,主讀書求大義,勿取瑣碎之考訂,而其書本身即爲一至佳之榜樣,蓋東塾不欲以空言啓争端,而求以實績開先路,故其書對當時學風弊端爲東塾所不滿者,僅時時露其微辭,引而不發,不肯爲率直之攻擊也。近年廣東嶺南大學購藏《東塾遺稿》鈔本六百餘小册,皆《讀書記》之前身也,其中議論雖《讀書記》所未收,而實可説明東塾論學意趣爲《讀書記》已刻諸卷之引論,且其暢言當時學風流弊,尤爲考論乾嘉以下漢學所以窮而必變之絶好材料,讀者持此以讀《讀書記》之刻本,必更有以見其著書立説之所以然,而東塾之有意於引人入鄭君之家廟,不願示人以何氏武庫者,其意尤可思也。」附記於此。

## 東塾遺稿不分卷

《訂補》著録: 鈔本,四百八十六册,中山大學圖書館藏,并案云:《汪考》所稱《學思録》録副本,後歸嶺南大學圖書館者即此抄本。當日莫鶴鳴據高、廖兩家藏本謄抄,並由鄧爾雅等校定,《東塾遺稿》一名,係後來裝訂者所擬,原稿無之。此本歸嶺大圖書館時,原有六百餘小册,存放於中文系辦公室,後散失小部,僅存四百六十八小册。此雖鈔本,但淹有兩家所藏,應近全秩。目前原稿散佚,則此本爲唯一較完全、亦可窺見原稿内容之本,蓋亦難能可貴。未刊。

今按：關於此書價值，錢穆《中國近三百年學術史》早已明言之，見上條《汪考》所引。

**陳蘭甫先生澧遺稿**

陳受頤、楊壽昌整理。乃抄撮《東塾遺稿》之精華部分而成，連載於一九三一年《嶺南學報》第二卷第二期、第三期。

錢穆《中國近三百年學術史》曾表彰之。

**陳蘭甫先生（澧）筆記遺稿**

楊壽昌整理編輯。載於《嶺南學報》第五卷第三、四期合刊。前有一九三六年七月楊壽昌題記云：「陳蘭甫先生《筆記遺稿》，其關於『爲人之道』及『讀書之法』之總要，曾於本學報登載兩期，一期爲陳受頤博士所編，一期爲壽昌所編。謹按先生《東塾讀書記》目録，卷二十爲《宋》，注云『未成』。此筆記遺稿，有數百本之多，其關於『宋』者，有數十本之多，蓋即爲《讀書記》『卷二十宋』之長編。若剪裁□括，使成條理，便可補卷二十之缺。惟茲事體大，非末學所敢任。茲但依原文編録，略爲整比，分期登於本報，期得見當日筆記之真相。海内外學者，有能讀東塾之書，而得其用心者乎？循是而求之，其有與已成之書，互相發明者歟！」

## 瑣記

《汪考》著録。

## 臆記

《汪考》著録。

## 小記

《汪考》著録：以上三種見《備忘册》中自著書目。《瑣記》刻入《東塾雜俎》中。

## 陳澧菊坡精舍講稿

《訂補》著録：一篇，中山大學圖書館藏，并按云：《汪考》未收。此係陳氏親筆寫定之講學提綱，作爲到精舍講學及交學生傳閲之用。各篇封面分别有親筆題字云：「攜上菊坡精舍」，「廿八日帶上精舍」。未刊。

今按：已收入《陳澧集》。

**識月軒筆記**

《訂補》著録，并按云：《汪考》未收。陳澧增修之《陳氏家譜》曾録入其中之二則，原書未見，似未付刻。

**陳澧手批菊坡精舍課卷二篇**

《知見録》著録：加拿大英屬哥倫比亞大學藏。

**學海堂課卷**

《訂補》著録：抄本，一册，并按云：《汪考》未收。現藏廣東省立中山圖書館。未刊。

**引書法**

《知見録》著録：抄本一册。香港大學圖書館藏。

今按：有清末廣州意林齋刊本，附於《象形字誤》之後。已收入《陳澧集》。

**弧三角平視法一卷**

《汪考》著録：廣雅書局本。此先生少日算時稿，有自序。見《汪譜》咸豐七年條。

《訂補》按：此書又另收入《東塾遺書》内。

今按：已收入《陳澧集》，乃據《東塾遺書》本整理。

**三統術詳説四卷**

《汪考》著録：廣雅書局刻本。此爲先生少作，未及寫定，門人廖廷相整理付刊，有跋。見《汪譜》道光十五年條。

《訂補》按：此書又另收入《東塾遺書》内。

今按：已收入《陳澧集》，乃據《東塾遺書》本整理。

**東塾藥方**

《訂補》著録：稿本，并按云：《汪考》未收。廣東省立中山圖書館藏一册。未刊。

今按：稿本一册。其前數葉爲粘附者，内列「陳澗東，史論惠帝三事」、「馮秉森，樂府」、「何汝桂，經解，説諸湖」等。所列凡十八人，各附所業。皆先生親筆，當爲菊坡精舍諸弟子應課内容。

**書法雜記一卷**

《汪考》著録：嶺南大學藏抄本。雜論篆、隸、真、草之筆法，皆從六書立言，存十二則，余别從先生殘稿鈔得二則。

《訂補》著録爲《書法雜説》，并按云：此係《學思録》稿中的一種，嶺大鈔本現歸中山大學圖書館藏，在《東塾遺稿》内。未刊。

今按：《書法雜記》《書法雜説》當同爲一書。

**篆説一卷**

《訂補》著録：稿本，并案云：《汪考》未收。廣東省立中山圖書館藏陳氏《學思稿》之第六至九册，即爲篆説，此本經史悠豫以剪本校過，有史氏道光二十六年（丙午）題識。未刊。

**摹印述一卷**

《汪考》著録：廣雅書局刻本。《印學叢書》本。有自序。見《汪譜》道光二十七年條。

《訂補》按：中山大學圖書館藏鈔本一册。

今按：已收入《陳澧集》，乃據廣雅書局刻本整理。

**東塾緒餘一卷續編一卷**

有何曼庵叢書本。

**陳澧集**

黄國聲主編。上海古籍出版社二〇〇八年初版，二〇二四年增訂再版。先生生平著述，收録略備。

**鍾山集**

《汪考》著録：自刻本。此亦不分卷散葉式，余所見僅三數篇。見《汪譜》咸豐九年條。

今按：一九三三年十二月二十五日汪宗衍與陳垣書云：「頃於舊紙堆中撿得《東塾類稿》數篇，皆尊藏本所已有，惟《鄒特夫地圖序》《鄭氏全書序》《長子宗誼墓碣銘》三篇，板心是《鍾山集》字様。大約《鍾山集》是咸豐末年以後隨作隨刻之文，《類稿》是以前之文，後改名《鍾山集》也。前承抄示梁星海與陳慶笙手劄中亦有『交來《鍾山集》字様』，似《鍾山集》必不止此三篇，不知尊處藏本《東塾類稿》尚有板心署《鍾山集》之文否？」（陳智超編《陳垣來往書信集》增訂本，生活・讀書・新知三聯書店二〇一〇年版，第四八一頁。）

**東塾集八卷**

《汪考》著録：光緒十二年刻本。此爲先生門人梁鼎芬、陳樹鏞編刻本。凡文一百二十四篇，其未見於菊坡本者爲《周易述跋》、《易義別録跋》（《東塾讀書記》全同）、《同律度量衡解》、《詩言志歌永言聲依永律和聲解》（《東塾讀書記》略同）、《恭讀律呂正義後編書後三首》、《宫逐羽音商角同用説》、《聲律餘論》、《苑洛志樂跋》、《題楊貞女行略後》，共十一首，前有鼎芬作序。（文與《陳慶笙文集》略同，當爲樹鏞代作）僅番禺梁氏藏紅印本，流傳極罕。

《訂補》按：此本今廣州地區各圖書館未見收藏，殊屬珍罕，惟冀私人藏家或有碩存而已。

今按：《汪考》所舉未見於菊坡精舍本之十一篇文，已收入《陳澧集》。

**東塾集六卷**

《汪考》著録：光緒十八年菊坡精舍刻本。凡文二百二十二篇，（序目誤爲二百二十篇。）爲先生門人廖廷相、鄭權、梁起、楊裕芬、汪兆銓及先生之子宗侃、宗穎、從孫慶修等編刻，有廷相跋。

《訂補》按：此一刻本末附《申范》一卷。

今按：一九六二年六月十三日陳垣與汪宗衍書云：「光緒十二年梁鼎芬曾刻《東塾集》八卷，百二十四篇，光緒十八年廖廷相又輯《東塾集》六卷，二百二篇（序目誤爲二百二十篇），觀其序目，廖似未見梁刻。」(陳智超編《陳垣來往書信集》增訂本,生活·讀書·新知三聯書店二〇一〇年版,第五四四頁)已收入《陳澧集》,乃據光緒十八年刻本整理。

**東塾續集五卷附年譜不分卷**

《知見録》著録: 一九七一年鉛印本一册。

**東塾餘集三卷**

《訂補》著録: 傳鈔本,并按: 張舜徽《清人文集别録》頁四八〇云:「此外北京圖書館尚有《東塾餘集》三卷,《陳蘭甫未刊遺文》三册,皆傳抄本。雖亦多集外之文,然精者不多。」

**東塾集餘稿**

《知見録》著録: 紅格抄本,二册。香港大學馮平山圖書館藏。

《訂補》按: 陳澧生平以治學自任,不欲以詩文稱揚於世。故手定詩文,嚴於去取,汪瑔謂「蘭甫手自删定(其文),酬應之作,大半不存」(《旅譚》卷四),餘稿二册或即删餘之稿。未刊。

## 東塾集外文四卷

《汪考》著録：宗衍校輯菊坡本未刻之文，得百餘篇輯録爲四卷。

## 東塾集外文六卷

黄國聲輯。已收入《陳澧集》。

## 東塾存稿

《知見録》著録：鈔本。見華東師大歷史系資料室編《中國近代史參考書目初編》（一九六二）。

## 東塾賸稿

《汪考》著録：先生之孫慶貢藏稿本。此爲先生手自删賸文稿，凡《協時律月正月同律度量衡解》《孝經紀事引》《書漢書食貨志後》《書孫淵如擬董江都上公孫丞相書後》《許青臯集序》《沈伯眉詩集題辭》《沈伯眉詞集序》《重刻董方立地圖跋》《廣東輿地圖凡例》《重建廣州先農壇碑（代）》《重修學海堂碑》《新會潮連鄉陳氏祠堂碑銘》《遊羅浮記》《書陸朗溪》《與馮鐵華書》《説葬》《趙飛燕印辨》《雜説》《屈靈均遊瑶圃圖贊》《學海堂祭阮文達文》，共二十首。此外自著書諸序，注明「不必賚録」；爲人作壽序，均注「不存」。

《訂補》按：廣東省立中山圖書館亦藏二册，似係微尚齋叢刻之散本，内包括《讀詩日録》《公孫龍子注》《東塾遺詩》《憶江南館詞》，則亦陳慶貢所藏之删餘文稿耳。

今按：《汪考》所列賸稿二十首，已收入《陳澧集》。

## 碎義

《東塾集》卷四《與趙子韶書六首》其二云：「錢竹汀先生無經學書，僕竟似之。昔年亦有辨正、注疏之作，欲鈔爲一篇，題曰『碎義』，此二字出《漢書・藝文志》，所謂學之大患也。此不可刻，但擇數篇入文集可矣。文集亦無好文章，不足傳，且看《學思録》何如耳。」

《訂補》著録，并按云：陳澧原擬將《碎義》作爲《學思録》之一種，《東塾遺稿》七有題爲《學思碎義》之條目及資料劄記；二十九有《碎義目録》可證。

## 聽松廬詩略二卷

《汪考》著録：學海堂叢刻本。先生鈔張維屏詩二百餘首，編爲二卷，其關於出處者鈔之，尋常應酬之作不鈔，其詩屢有刻本及自書墨迹，字句每有不同，則以意定之云。有序載集中，見《汪譜》同治六年條。

**陳東塾先生遺詩**

《汪考》著録：微尚齋刻本。先生詩無存稿，家大人輯録古今體詩二百五十餘首爲一卷。末有家大人跋。

《訂補》按：廣東省立中山圖書館藏抄本一册。

今按：已收入《陳澧集》。

**東塾先生遺詩輯補**

黄國聲輯。已收入《陳澧集》。

**東塾先生詩鈔别本不分卷**

《訂補》著録：《滄園叢書》本，一册，廣東省立中山圖書館、中山大學圖書館均藏，并按云：《汪考》未收。係近人朱子範抄録，朱氏自跋稱：抄自中山劉釗，南海楊翰芬所藏手迹，於汪兆鏞所輯《東塾遺詩》外，尚有遺珠，故名之爲别本云云。其實朱氏所録，就數量言，不及汪輯之半，就内容言，則既不編年，序次尤爲顛倒，除字句略有異同外，所録詩均已爲汪輯所收入，「遺珠」云云，并非事實。

**陳東塾先生詩詞續補本**

《訂補》著録：香港崇文書店一九七二年鉛印本一册，計包括《陳東塾先生遺詩》一卷《補遺》一卷《續補》一卷，《憶江南館詞》一卷《集外詞》一卷《續補》一卷。《訂補》按云：係汪兆鏞編集、汪宗衍續編。汪氏經多年蒐逸網遺，詩詞略有增收，但仍非全豹。中山大學圖書館藏陳澧手迹詩詞多首，即未被收入可證。陳氏生平著述散佚甚多，又非獨詩詞爲然也。

**集外未刊詩稿**

《訂補》著録：八首。另詞稿二闋。中山大學圖書館藏。《訂補》按云：《汪考》未收。全部均爲手迹，上條一九七二年出版之《陳東塾先生詩詞》（續補本）續補入上述詞二闋。

今按：上述詩、詞，均已收入《陳澧集》。

**東塾文録**

《汪考》著録：勵耘書屋藏稿本。此爲先生早年文稿，其中《與桂星垣書》、《答楊黼香書》二通、

《答梁玉臣書》、《與梁玉臣書》凡五通，爲集中未收。

今按：已收入《陳澧集》。

**陳澧未刊文稿**

《訂補》著録：六篇，未刊書劄五通。中山大學圖書館藏。《訂補》按云：《汪考》未收。文稿中抄件四，手迹二。書劄五通均抄件，係道光間致友人梁國珍等書札。

今按：已收入《陳澧集》。

**陳蘭甫未刊遺文**

《訂補》著録：三册，傳抄本。《訂補》按云：《汪考》未收。張舜徽《清人文集别録》頁四八〇云：「此外北京圖書館尚有《東塾餘集》三卷，《陳蘭甫未刊遺文》三册，皆傳鈔本。雖亦多集外之文，然精者不多。」

**正雅集摘鈔一卷**

陳澧、胡斯錞輯。《知見録》著録：咸豐九年刊本，廣東省立中山圖書館藏。

《訂補》案云：《汪考》未收。計輯同時代人石韞玉、洪亮吉等十人詩，前有曾國藩序，後有吴贊誠跋語。

**春鴻集一卷**

《訂補》著録：稿本，一册，并按云：《汪考》未收。係陳澧、張瑞墀（芝祥）、馮焯如三人同作之試帖詩集，原爲陳慶龢所藏。今歸中山大學圖書館。未刊。

**菊坡精舍集二十卷**

《訂補》著録，并按云：陳澧、廖廷相編訂，光緒二十三年刊本。《汪考》未收。

**陶淵明集札記**

陳之邁輯。一九七四年香港龍門書店鉛印本，一册。《汪考》《訂補》並無著録。

東塾家藏陶集一部，眉端行間，批注甚夥，評論所及，文藝之外，尤重陶公品德。曾孫之邁集而爲此帙，跋云：「東塾公門人汪微尚先生曾將批注全部過録，後人復予傳鈔分存。余數年前自汪孝博（宗衍）先生獲得鈔本兩種，早思將其整理付印，以廣流傳。」末附《東塾雜俎》十二則，乃取自《敬躋堂叢書》本，亦東塾讀陶之所得，可爲内外篇也。

今按：東塾生平於陶公心悦誠服，以爲孟子後，無可與比者。蓋夙慕淵明之峻節，傷聖道之陵夷，耿耿中懷，於此見之。

## 識月軒詩話

《汪考》著録：見《昭代名人尺牘續編·與金湝生手札》，原書未見。札爲先生七十歲間作，曾見先生手書「水洪老屋」横額，無上款，許玉彬室名也，題「癸丑二月書於識月軒」。癸丑爲咸豐三年，知先生早有此軒名矣。

《訂補》按：《東塾遺稿》中論杜甫、白居易、李商隱詩等資料，詩話當已采入。又金武祥《粟香二筆》卷五：「余七律詩……爲蘭甫京卿摘入《識月軒詩話》者甚多。」

今按：《東塾集外文》卷三《陶廬雜憶題識》云：「湝生同轉既入粤以前詩二卷見示，爲摘入拙著《識月軒詩話》矣。」又，金武祥《芙蓉江上草堂詩集》卷首録有陳澧《識月軒詩話》一則。此書先生晚年猶撰作不輟，似未寫定，故無存本。見《黄譜》光緒四年條。

## 番禺陳東塾先生書札

《知見録》著録：一九三七年商務印書館影印本，一册。

《訂補》按云：計共書二十五通，均爲陳氏致桂文燦論學書札。

今按：已收入《陳澧集》。

## 憶江南館詞一卷

《汪考》著録：微尚齋刻本。先生手定詞稿凡二十五首，家大人復采獲四首附録爲《集外詞》，并取《粤東詞鈔》《詞綜補》及手寫本互校，其有異同者編爲《校字記》。有自序及先生子宗穎跋、家大人跋。見《汪譜》道光二十四年條。余復輯獲《百字令》「題桂星垣玉堂歸娶圖」（勵耘書屋藏本）、《憶秦娥》「曲江舟中遇衛士」、《如夢令》「春日對雲館作」、《望漢月》「舟夜聞笛」、《念奴嬌》「張詔臺孝廉前在南昌歸里，攜一雛姬至清遠峽，小病雨中，奄然而逝，葬之峽山，詔臺悼之，既屬余文其碣，復作凝碧灣曲本屬題」（以上見李能定《花南軒筆記》）、《金縷曲》「實甫將之潮州，見示留别諸弟詞，次韻奉贈」，又「前詞已成，餘意未盡，復疊韻仿稼軒壯語呈實甫」（南海譚氏藏本），凡七闋。朱孝臧（彊村）有《望江南》「題國朝名家詞集」，其一云：「甄詩格，淩沈幾家參，若論經儒長短句，巋然高館憶江南，綽有雅音涵。」

《知見録》著録：有汪兆銓手抄本。

《訂補》按：另有陳澧曾孫之達一九二六年山東石印本，内容與原刻本無異。

今按：已收入《陳澧集》。

**憶江南館詞補録**

黄國聲輯。已收入《陳澧集》。

**唐宋歌詞新譜**

《汪考》著録：《東塾集》有自序。見《汪譜》道光二十三年條。原書未見。

《訂補》按：《番禺縣續志》卷三十二：「《唐宋歌詞新譜》□卷，未見，據《東塾集》。」其下有按語云：「謹案此書自序見《東塾集》，而門人廖廷相等采進國史儒林傳稿未載此書，殆未成之書也。姑列其目於此。」

**白石詞評**

《訂補》著録：香港龍門書局鉛印本，不分卷，一册，周康燮編集。并按云：《汪考》未收，蓋此書一九七〇年始編輯出版，汪氏著《汪考》時，此書尚未刊行。

今按：先生對宋姜夔詞頗予賞譽，嘗對《絶妙好詞》中之《白石詞》及《白石集》手批評語，後由周康燮匯輯爲《白石詞評》。另又爲白石《暗香》詞旁注音譜。龍榆生撰《陳東塾先生手譜白石道人歌譜》一文，爲此音譜識語云：「世傳《白石道人歌曲》，旁綴音譜。吴瞿安先生謂：『不傳拍子，雖翻作工尺譜，仍不能歌。』引爲大憾。番禺陳東塾先生澧爲近代大師，兼精聲律。所著《切韻考》《聲律通考》等書，世共宗仰。茲承汪憬吾先生兆鏞録示此譜，并注板眼，應可取被管絃。亟爲刊布，俾世之研治姜詞，及宋詞歌法者，共探討焉。癸酉中夏，沐勛謹識。」（一九三三年《詞學季刊》第一卷第二號）已收入《陳澧集》。

**東坡經義**

《訂補》著録，并按：《汪考》未收。《東塾遺稿》四十一《雜古文稿》内有《刻東坡經義序》（草稿）云：「宋人經義傳於今世者甚多，東坡集中有十餘首……余故抄而刻之，以通時文於古文。」然似未刻成。

**舊時文抄本**

《訂補》著録：四册，并按云：《汪考》未收。書名疑係抄者或後人所擬，内收陳澧八股文習作，有陳氏親筆批改。中山大學圖書館藏。未刊。

**千仞庵時藝**

《訂補》著録：抄本，一册，中山大學圖書館藏，并按云：《汪考》未收。千仞庵爲陳澧庵名，有《千仞庵銘》，見《東塾集》卷五。此本係其子宗侃以小字精抄而成。未刊。